A TURBULÊNCIA ADOLESCENTE

Blucher

A TURBULÊNCIA ADOLESCENTE

Estudos psicanalíticos

Organizador

R. M. S. Cassorla

A turbulência adolescente: estudos psicanalíticos

Publisher Edgard Blücher
Editor Eduardo Blücher
Coordenador editorial Rafael Fulanetti
Coordenação de produção Andressa Lira
Produção editorial Ariana Corrêa
Preparação de texto Bárbara Waida
Diagramação Negrito Produção Editorial
Revisão de texto Regiane da Silva Miyashiro
Capa Laércio Flenic
Imagem da capa iStockphoto

Blucher

Rua Pedroso Alvarenga, 1245, 4º andar
04531-934 – São Paulo – SP – Brasil
Tel.: 55 11 3078-5366
contato@blucher.com.br
www.blucher.com.br

Segundo o Novo Acordo Ortográfico, conforme 6. ed. do *Vocabulário Ortográfico da Língua Portuguesa*, Academia Brasileira de Letras, julho de 2021.

Dados Internacionais de Catalogação na Publicação (CIP)
Angélica Ilacqua CRB-8/7057

A turbulência adolescente: estudos psicanalíticos/organizado por R. M. S. Cassorla. – São Paulo: Blucher, 2024.
280 p.

Bibliografia
ISBN 978-85-212-2029-9

1. Psicanálise do adolescente. 2. Adolescência – Aspectos psicológicos. I. Cassorla, Roosevelt M. S.

24-1210 CDD 616.8917

Índice para catálogo sistemático:
1. Psicanálise do adolescente

Sobre os autores

Adriana Maria Nagalli de Oliveira
Membro efetivo, analista didata e atual diretora científica da Sociedade Brasileira de Psicanálise de Campinas (SBPCamp). Membro efetivo e docente da Sociedade Brasileira de Psicanálise de São Paulo (SBPSP). Membro do Grupo de Estudos de Operacionalidade Clínica do Conceito de Ser-um-com-o-outro.

Alceu Casseb
Psiquiatra e doutor em Saúde Mental pela Universidade Estadual de Campinas (Unicamp). Membro efetivo e analista didata da Sociedade Brasileira de Psicanálise de São Paulo (SBPSP). Membro do conselho editorial da *Revista da Associação Psicanálise Uruguaia* e do *Livro Anual de Psicanálise*, do *International Journal of Psychoanalysis*.

Ana Maria Stucchi Vannucchi
Psicóloga e mestre em Psicologia Social pela Universidade de São Paulo (USP). Membro efetivo, analista didata e atual diretora científica da Sociedade Brasileira de Psicanálise de São Paulo (SBPSP). Coordenadora de seminários no Instituto Durval Marcondes (SBPSP). Foi membro eleito da Comissão de Ensino da SBPSP em várias gestões.

David Léo Levisky
Psiquiatra e analista didata da Sociedade Brasileira de Psicanálise de São Paulo (SBPSP). Especialista nas áreas da infância e da adolescência. PhD em História

Social (USP). Assistente estrangeiro da Faculdade de Medicina da Paris V. Foi diretor administrativo da SBPSP e editor da *Revista Brasileira de Psicanálise*. Membro fundador e do conselho da Associação Brasileira de Psicanálise de Casal e Família (ABPCF). Autor dos livros: *Meu pai, um desconhecido* (Blucher, 2022); *A vida?... É logo ali* (Blucher, 2018); *Entre elos perdidos* (Imago, 2011); *Um monge no divã* (Casa do Psicólogo, 2007); e *Adolescência: reflexões psicanalíticas* (Zagodoni, 1998), e organizador dos livros: *Dicionário de psicanálise de casal e família* (Blucher, 2021); *Adolescência e violência: ações comunitárias na prevenção – "Conhecendo, articulando, integrando e multiplicando"* (Casa do Psicólogo, 2001); *Adolescência: pelos caminhos da violência – A psicanálise na prática social* (Casa do Psicólogo, 1998); e *Adolescência e violência: consequências da realidade brasileira* (Casa do Psicólogo, 1997).

Marina Ramalho Miranda
Membro efetivo e docente da Sociedade Brasileira de Psicanálise de São Paulo (SBPSP). Mestre e doutora pela Pontifícia Universidade Católica de São Paulo (PUC-SP). Especialista em Saúde Mental pela Faculdade de Saúde Pública da Universidade de São Paulo (USP). Supervisora clínica pelo Conselho Regional de Psicologia de São Paulo (CRP SP). Membro do Laboratório de Adolescência da SBPSP.

Nelson José Nazaré Rocha
Psicólogo e psicanalista. Membro efetivo e analista didata da Sociedade Brasileira de Psicanálise de Campinas (SBPCamp) e da Sociedade Brasileira de Psicanálise de São Paulo (SBPSP). Foi diretor de admissão e formação do Instituto Latino-Americano de Psicanálise (ILAP) e do Instituto de Psicanálise "Regina Carvalho", da SBPCamp.

Roosevelt M. S. Cassorla
Membro efetivo e didata da Sociedade Brasileira de Psicanálise de São Paulo (SBPSP) e da Sociedade Brasileira de Psicanálise de Campinas (SBPCamp). Professor titular pela Faculdade de Ciências Médicas da Universidade Estadual de Campinas (Unicamp). Autor e consultor do Dicionário Enciclopédico da Associação Psicanalítica Internacional (IPA). Membro do Conselho Editorial do *Libro Anual de Psicoanálisis* e da *Revista de Psicoanálisis* (Buenos Aires), entre outras publicações. Foi membro do *board* do *International Journal of Psychoanalysis*. É coordenador do Grupo de Trabalho (Working Party) "Microscopia da Sessão Analítica". Entre seus livros se encontram: *O analista, o teatro dos*

sonhos e a clínica do enactment (Blucher, 2016); *Estudos sobre suicídio: psicanálise e saúde mental* (Blucher, 2021); *Advances in contemporary psychoanalytic theory: concept and future development* (Routledge, 2017), editor, com M. Katz e G. Civitarese e *The astonishing adolescent upheaval in psychoanalysis* (Routledge, 2024), editor, com Silvia Flechner. Recebeu o Sigourney Award 2017 pelo conjunto de suas contribuições à psicanálise.

Ruggero Levy
Membro efetivo, analista didata e ex-presidente da Sociedade Psicanalítica de Porto Alegre (SPPA). Membro do conselho da Associação Psicanalítica Internacional (IPA) em 2011-2013 e 2013-2015. Conferencista principal do Congresso da IPA em Buenos Aires em 2017. Autor do livro *A simbolização na psicanálise: os processos de subjetivação e a dimensão estética da psicanálise* (Blucher, 2022).

Sergio Eduardo Nick
Psiquiatra. Psicanalista de crianças e adolescentes pela Associação Internacional de Psicanálise. Pós-graduado em Psiquiatria e Psicoterapia da Criança e do Adolescente pela Clínica de Orientação à Criança da Universidade Federal do Rio de Janeiro (UFRJ) e em Direito Especial da Criança e do Adolescente pela Faculdade de Direito da Universidade do Rio de Janeiro (UERJ). Membro titular da Sociedade Brasileira de Psicanálise do Rio de Janeiro (SBPRJ). Atual representante latino-americano junto ao conselho da IPA.

Silvia Flechner
Médica, psicóloga e analista de crianças e adolescentes. Mestre em Psicanálise. Membro titular e ex-presidente (2012-2014) da Associação Psicanalítica do Uruguai (APU). Membro do conselho editorial do *International Journal of Psychoanalysis*. Foi copresidente para a America Latina (2017-2021) do Comitê Internacional de Novos Grupos da Associação Psicanalítica Internacional (IPA). É diretora de publicações da IPA, com trabalhos publicados em revistas nacionais e internacionais. É editora dos livros *Verdad, realidad y el psicoanalista: contribuciones latinoamericanas al psicoanálisis* (IPA, 2005) e *Psicoanálisis y adolescencia: dos temporalidades que se interpelan* (Psicolibro, 2010).

Sonia Maria Camargo Marchini
Psicóloga pela Universidade de São Paulo (USP), membro efetivo da Sociedade Brasileira de Psicanálise de São Paulo (SBPSP) e coordenadora (2013-2016) do Centro de Atendimento Psicanalítico da Diretoria de Atendimento

à Comunidade da SBPSP. Coordenadora do Laboratório de Adolescentes da SBPSP e do conselho de assessoria editorial da *Revista Brasileira de Psicanálise.*

Vera Lamanno-Adamo

Psicanalista e escritora, membro efetivo e didata da Sociedade Brasileira de Psicanálise de São Paulo (SBPSP) e da Sociedade Brasileira de Psicanálise de Campinas (SBPCamp). Mestre em Humanistic Psychology pela Antioch University (Londres). Doutora em Ciências Médicas pela Faculdade de Ciências Médicas da Universidade Estadual de Campinas (Unicamp). Autora de livros e artigos publicados em revistas nacionais e internacionais, entre eles *Vivendo na fronteira: psicanálise e arte* (Appris), *Teresa Margarida: a audácia de uma mulher no século XVIII* (Penalux) e *Narciso sob tinta: fisgando o humano* (Blucher).

Conteúdo

Introdução – O psicanalista e seu paciente adolescente

Roosevelt M. S. Cassorla

A mente e o corpo do adolescente são fortemente mobilizados, de modo turbulento, como consequência do ímpeto pulsional e da avidez por figuras de identificação. Projeções e introjeções são efetuadas de forma intensa, rápida e confusa. Há que se lembrar que isso ocorre *normalmente* durante o processo adolescente, e que uma das tarefas do analista é acompanhar suas vicissitudes sem considerar patológicos mecanismos que revelam desenvolvimentos e defesas em busca da adequação possível. Contudo, por vezes essas mesmas defesas atacam a turbulência, redundando em aparente paralisia vital.

Sabemos que as primeiras pacientes de Freud eram adolescentes. Conhecendo-as profundamente ele descobriu como fantasias sexuais não suportadas buscavam tornar-se inconscientes. Frente a essas jovens, hoje, não nos surpreenderíamos se nos defrontássemos com aspectos de mente não formados ou atacados, quando o déficit na simbolização impede que as experiências emocionais sequer sejam reprimidas. Esses aspectos primitivos ou traumatizados fazem parte de todos os seres humanos e acompanham os aspectos neuróticos. Manifestam-se por meio de descargas emocionais, descargas em ato, no corpo, transformações em alucinose e sensações de inexistência.

Todos nós vivemos traumas, mínimos, maiores ou continuados. O ser humano se constitui elaborando (ou não elaborando), da forma possível, situações desse tipo, envolvendo variadas perdas e intrusões decorrentes da interação entre o ambiente e a vulnerabilidade própria. Cada vez sabemos mais sobre o que ocorre quando partes da mente são atacadas e não têm capacidade sequer de revelar sua destruição. Constituem-se vácuos, cujo conhecimento somente pode ser suposto a partir do estudo de sua periferia. A dor sentida pode nem sequer ter sido registrada, em virtude das limitações da mente (Cassorla, 2015).

Atualmente sabemos mais sobre as intuições do analista trabalhando, que podem nos dar pistas em relação aos vácuos e outros aspectos com simbolização deficitária. O analista, dessa forma, consegue preencher lacunas ou mesmo ativar redes simbólicas paralisadas, destruídas ou não existentes. Sabemos, também, que ainda que importe o que o analista fala, mais importante é como ele fala, ou melhor, como seu comportamento revela sentimentos, emoções, curiosidade e interesse humano genuíno em busca de fatos que lutam para ser simbolizados, em um trabalho conjunto da dupla analítica. O analista utiliza sua liberdade interior para criar metáforas e poesia que possam ir além do que as palavras (mal) dizem. Indispensável é considerar o outro como alguém diferente e único, que merece ter respeitados sua dignidade e seu direito de viver a vida (Cassorla, 2009, 2016).

Ainda que a técnica e o conhecimento teórico do analista mantenham sua importância, torna-se científico algo que já se intuía, mas que pouco se valorizava – a *pessoa real do analista*, isto é, aquilo que o analista é, para além das projeções do paciente, do que ele sabe ou conhece e do que sua intuição capta. É a capacidade do analista de ser ele mesmo, genuíno, sem máscaras ou disfarces.

Ser si-mesmo é auxiliado pela análise pessoal, mas vai além e aquém dela. Existe, inclusive, o risco de que a análise sirva para manter ou criar disfarces, cisões camufladas. O ser si-mesmo é exatamente o que se espera que ocorra com o paciente, que vem para a análise, principalmente se adolescente, porque não sabe quem é, porque está em vias de não ser, porque não acha que é, porque está confuso quanto a seu ser.

O processo adolescente envolve o trabalho de busca de uma identidade adulta. A turbulência implica descobrir, confusamente, o que se está sendo e as transformações evolutivas e involutivas por meio das quais se busca o que se será. O que será é fator do que se foi (ou não se pôde ser, por más elaborações e traumas infantis) e daquilo que se poderá usar de si mesmo e dos objetos (outras pessoas com as quais se identificará) agora e no futuro. Mas, aquilo que se poderá usar, tanto de si como dos objetos, vai depender do que se poderá fazer – ainda durante a adolescência – com aquilo que está sendo revivido ou se tenta reviver, somado às novas experiências que advirão da relação íntima com os demais, em especial o analista.

Em outras palavras, durante a adolescência, em um cenário pleno de conflitos e forças, o indivíduo vai reviver as vicissitudes do desprendimento e da individuação, e depois (se tiver sorte) de ser ele mesmo, separado e discriminado de figuras parentais, talvez a última chance de elaborar mais ou menos os conflitos primitivos da relação dual (que impedem a assunção do Édipo) e das relações triangulares, uns comumente mascarando os outros.

Todos esses aspectos, dos mais primitivos (revelados como defesas autísticas, identificações adesivas, identificações projetivas, ataques à rede simbólica) aos mais evoluídos (relações triádicas, recalques, bloqueios na rede simbólica), podem aparecer ao mesmo tempo durante o processo adolescente. Como pano de fundo existe a tendência a descarregar por meio de atos ou sintomas aquilo que não se pode simbolizar, tanto por deficiência do aparelho de pensar como pela demanda imensa à qual ele está submetido.

O adolescente vive conflitos no pensar e no sentir, ora parece limitado, criativo, vive confuso, descoordenado, tomado por fantasias agressivas e sexuais, briga, se retrai, se masturba, beija e "fica", tem experiências sexuais genitais e pré-genitais, sente-se atrapalhado, inibido, bloqueado, impulsivo, capaz, e tudo isso pode ocorrer ao mesmo tempo. Ele se assemelha a um atleta que corre desenfreadamente porque não consegue ainda dosar seu fôlego em relação à distância. Corre demais, para quando não devia, ora ajuda os outros, ora maldosamente passa a perna em si mesmo ou nos rivais e depois fica culpado (ou não), pode sair antes do tiro inicial ou pode manipular o tempo para evitar frustrações. Desespera-se quando perde. E, quando ganha, não sabe o que fazer. Poderá sentir-se sem forças, não iniciar a corrida, desistir logo, não mais querer viver e pensar em morrer. Ou trancar-se numa concha, onde pode sobreviver como asceta, ou intelectual, ou revolucionário, ou religioso, ou pode tornar-se um morto em vida. Ou ainda usar drogas e outros estimulantes, tanto para poder correr mais rápido como para excitar-se frente à tristeza ou à possibilidade de não ser capaz.

A avidez objetal se confunde com a ânsia de viver, de aproveitar a vida, e não é raro que a juventude seja o berço de ideias que se revelarão criativas e transformadoras da realidade, tanto em áreas científicas e artísticas como em outras vertentes da vida. A turbulência entre criatividade e ataques confusos e invejosos a essa mesma criatividade se torna especialmente visível.

O adolescente será fortemente influenciado pelo meio familiar e social, pois é nesses locais que se encontram as figuras de identificação positivas e negativas. Seu trabalho de desligamento dos adultos pode torná-lo criativamente questionador, denunciando as mazelas sociais. Por outro lado, seu desamparo pode torná-lo um alvo fácil para líderes fanáticos que, supostamente, têm fórmulas infalíveis de como se deve viver – e, eventualmente, eliminar os supostos inimigos (Cassorla, 2019).

O que está ocorrendo com o jovem mobiliza também aspectos das figuras parentais. Se o jovem tem que elaborar os lutos pela perda dos pais idealizados, estes têm que elaborar o luto pela perda dos filhos. Também se defrontarão com a realidade da passagem do tempo, com as mudanças corporais que os aproximam da velhice e com a diminuição real ou futura de sua potência vital. Não raro, ativam-se fantasias contraedípicas. Outros aspectos, mais indiscriminados, poderão também ser mobilizados.

Evidentemente fatores sociais influenciam o processo adolescente (e vice-versa). Não é possível avaliar, em detalhes, as mudanças sociais enquanto elas estão ocorrendo. A sociedade atual tem sido considerada narcísica, consumista, de relações superficiais e na qual tudo ocorre com uma rapidez que impede o aprofundamento. Substitui-se a intimidade pela falsa adaptação sedutora, enquanto as redes sociais desumanizam ainda mais as relações. A violência, o desrespeito e a falta de condições para uma vida digna são evidentes. O jovem atual, como o jovem de outras épocas, terá que aprender a lidar com esses aspectos quando consegue libertar-se da alienação.

Um dos principais problemas do analista de adolescentes é suportar o caos, a turbulência, para poder sonhar aquilo que o jovem não está conseguindo, e que transforma frequentemente em pesadelos terríficos de morte ou, defensivamente, em devaneios de conto de fadas. O analista corre o risco de ser recrutado pelas identificações projetivas do jovem, mas deve ter a paciência necessária para acompanhar esse adolescente no seu caminho de vir a ser si-mesmo sem atrapalhá-lo ou manipulá-lo.

Um dos riscos do analista é colocar em cena um superego sádico, moralístico, tentando adaptar o jovem a um modelo considerado "correto". Isso pode ser estimulado pelo próprio paciente, que, de alguma forma, está testando se seu analista o compreende, o aprova ou o condena, por meio da projeção no profissional de aspectos próprios. Evidentemente o mesmo pode ocorrer com os pais ou outras instâncias sociais.

O superego moralístico avalia em termos de *certo* ou *errado*: certo se ocorre submissão a seus mandamentos sádicos e errado em caso contrário. A função psicanalítica não é moralística: constata apenas se o que está ocorrendo é real, verdadeiro, ou defesa contra o contato com a verdade, que, dessa forma, é evitada ou falsificada.

Eventualmente, o analista se considera, de forma onipotente, um salvador do adolescente, suprindo aquilo que imagina ser deficiência parental ou da sociedade. Patognomônico dessa deterioração da função analítica é: ver com maus olhos a sexualidade adolescente e considerar a sociedade atual como permissiva e imoral, lamentar os "terríveis tempos atuais", a "alienação" dos jovens e sua suposta incapacidade para pensar. Esses profissionais expõem crenças similares às conhecidas lamentações intergeracionais, em que a geração vindoura é menosprezada (atribuindo-se a ela, projetivamente, destrutividade e inveja), anunciando-se catástrofes para o futuro da humanidade, com a certeza de que "em meu tempo era melhor"... Nada diferente das condutas filicidas tão bem estudadas pelos psicanalistas, que costumam tomar Laio e Jocasta como modelo e que deveriam, também, lembrar-se de Cronos comendo seus filhos.

É evidente que o desenvolvimento durante a análise não deve ser efetuado avaliando-se a adaptação do jovem ao ambiente, como um "bom" aluno ou um "bom" filho. Mas também pode ocorrer o contrário: o analista que não conseguiu lidar com conflitos próprios pode estimular o paciente a rebelar-se contra os pais e a sociedade, em forma destrutiva. Em ambas as situações, podemos supor inveja filicida. Psicanálise não serve para tornar alguém "bom" ou "rebelde", mas para ajudar o jovem a ser mais livre para usar sua capacidade de pensar em busca de caminhos criativos próprios.

É claro que as situações relatadas se constituem em caricaturas e é improvável que um analista preparado não perceba, em algum momento, que está envolvido em conluios obstrutivos. O analista está sempre se observando e tentando intuir pontos cegos em si mesmo, que, comumente, o próprio paciente lhe assinala. A descrição dessas situações alerta o profissional para a necessidade de observar-se cuidadosamente, solicitando interlocutores que o ajudem a identificar pontos cegos, tarefa que faz parte do trabalho de todo terapeuta.

Todo analista de adolescentes percebe que não é raro que o próprio jovem abra espaço para os pais, intuindo sua necessidade de serem ouvidos e ajudados. Jovens que proíbem o analista de conversar com seus pais criam desafios ao profissional, que deve desvendar os fatores subjacentes, respeitando desconfiança e ressentimento. O encaminhamento de pais para terapias próprias comumente falha porque o analista do adolescente não abriu espaço suficiente para que essa necessidade se revelasse.

Em um congresso de psicanálise, tempos atrás, surpreendi-me pela atitude de alguns profissionais que bradavam seu horror pelo fato de os adolescentes "ficarem" (fato que entrara na moda naquele momento). Certamente, a maioria desses terapeutas pensaria diferente hoje e substituiria as descargas sócio-moralísticas por pensamento psicanalítico. Chama a atenção, portanto, o risco de patologias identificatórias quando se lida com adolescentes. Com certeza, a grande maioria dos psicanalistas está alerta para esses riscos e busca preservar sua capacidade analítica.

Tomarei emprestadas, para esta última reflexão, ideias de um colega italiano, Giuseppe Civitarese (2007), que conseguiu colocar em palavras, melhor do que eu o faria, as condições para o trabalho analítico.

> *O analista procura ser natural e espontâneo, sem deixar de ser disciplinado. Cultiva no íntimo a consciência do caráter relativo, provisório, conjectural do seu próprio saber, um saber sempre passível de revisão, de emenda, impermeável às certezas, à arrogância, à assertividade. Quer ver nos detalhes do discurso, nos mínimos pormenores da pontuação, que poderiam passar por banais ou insignificantes, a presença viva das emoções e das mudanças destas. A linguagem propende à transparência, à claridade, preferindo vestes que de suntuoso nada tenham. Recusando a clausura definitiva do sentido, a interpretação diluída, aberta, requer do Outro um trabalho imaginativo. O diálogo pode decorrer, então, por linhas imprevistas. Instala-se um clima acolhedor, favorável à percepção de matizes, o olhar torna-se mais agudo, descobre-se o prazer do jogo psicanalítico, o do jogo do inconsciente. Revela-se útil o recurso à retórica alusiva, evocativa, elíptica, que sugere, sem explicitar completamente o sentido, deixando o espaço para o outro, para o não-dito, para a reticência, até um silêncio eloquente, não opaco nem fechado em si próprio, que cria um espaço côncavo, receptivo, oposto ao ruído e não à palavra, aberto ao im-pre-visto e ao não conhecido (inconsciente). O paciente vive o analista como um indivíduo que tolera a incerteza, as contradições, a complexidade; que se resigna a não perceber tudo de uma vez e, também, a*

> *debruçar-se sobre o abismo da dor e da insignificância da condição humana – mas que nem por isso deixa de dispor de um método que (espera ele) lhe poderá proporcionar, em relação a tudo isso, uma nova capacidade narrativa e um acréscimo na capacidade de pensar. A atitude analítica não é oracular ou sapiencial, nem tem o que quer que seja de estetizante. O ideal é que o paciente leve consigo ao despedir-se, quando se conclui o processo da análise, o segredo da natureza ilusória do real, ou que dê mostras de ter vislumbrado o demônio e que represente o sentido da caducidade das coisas, ou a ideia da inelutabilidade da dor e da morte. Em uma análise bem-sucedida ambos os interlocutores (paciente e analista) saem da terapia, quando esta chega ao fim, com uma compreensão mais profunda e mais rica do significado da vida. (p. 72)*

Os capítulos deste livro visam estimular a atenção do leitor frente a aspectos do trabalho psicanalítico com jovens. Convidaram-se autores brasileiros com grande experiência, além da renomada colega uruguaia Silvia Flechner, que me estimulou a organizar este livro, na esteira de outro do qual fomos editores (Cassorla & Flechner, 2024).

No Capítulo 1, "Parceria e turbulência na análise de adolescentes: upgrade e download", Alceu Casseb introduz os principais temas do livro, vinculando os conceitos, de forma original, à teoria do pensar. Os capítulos seguintes nos mostram as vicissitudes da técnica analítica com jovens.

No Capítulo 2, "A turbulência adolescente e a arte da nefelomancia", Ana Maria Stucchi Vannucchi nos apresenta aos conflitos do jovem enquanto trabalha com a delicadeza necessária para lidar com as turbulentas transformações vividas no campo analítico.

O Capítulo 3, "O analista, seu paciente adolescente e a estupidez no campo analítico", de Roosevelt M. S. Cassorla, mostra como o analista pode ser capturado por emoções não pensadas que se manifestam em comportamentos inconscientes.

No Capítulo 4, "Um *enactment* crônico na análise de um adolescente", Nelson José Nazaré Rocha discute uma interessante situação, comum no trabalho com adolescentes, em que o campo analítico é tomado por pessoas do entorno da dupla.

O Capítulo 5, "O continente flácido e a desvitalização do adolescente", de Vera Lamanno-Adamo, discute situações em que o campo analítico se mostra desvitalizado, refletindo aspectos do mundo interno do jovem.

No Capítulo 6, "Reflexões clínicas sobre turbulência na adolescência", Sonia Maria Camargo Marchini nos mostra a necessidade de envolvimento do analista para entrar em contato com o jovem.

O Capítulo 7, "Famílias e adolescentes: desafios contemporâneos – Contribuições da psicanálise vincular", de David Léo Levisky, estuda a relação entre a família e o jovem, mostrando-nos como podemos lidar com essa complexidade.

Os quatro capítulos subsequentes lidam com déficits de simbolização que se manifestam no corpo do adolescente. No Capítulo 8, "Adolescência: o corpo como cenário para dramas não simbolizados", Ruggero Levy estuda, em detalhes, as vicissitudes do processo de simbolização e conecta suas dificuldades com atos e somatizações.

No Capítulo 9, "Quando a alma sangra, o corpo padece: o mundo objetal violento dos transtornos alimentares no processo do adolescer", Marina Ramalho Miranda faz a conexão entre atos não simbolizados e suas impressionantes manifestações no corpo dos adolescentes.

No Capítulo 10, "Automutilação na adolescência", Sergio Eduardo Nick estuda esse comportamento, cada vez mais comum entre os jovens.

O Capítulo 11, "O adolescente e suas tatuagens: o impensável no campo analítico", de Adriana Maria Nagalli de Oliveira, estuda uma situação em que as dores não simbolizadas se manifestam por meio da pele.

Os últimos capítulos abordam o suicídio. O Capítulo 12, "A superposição de lutos na adolescência: fatores para tentativas de suicídio", de Silvia Flechner, retoma as vicissitudes do processo adolescente e nos mostra como a má elaboração de lutos, somada a fatores do desenvolvimento inicial, contribui para os atos autodestrutivos.

No Capítulo 13, "Simbiose, adolescência e autodestruição", Roosevelt M. S. Cassorla estuda o suicídio como uma tentativa psicótica desesperada de retomar relações simbióticas face ao trauma do contato com a triangularidade.

Todos os autores se debruçaram sobre material clínico. O leitor psicanalista sabe que se trata de ficções criadas pelos autores a partir de sua experiência clínica e a de seus colegas. As ficções, como ocorre com os escritores e poetas, são mais poderosas para descrever a clínica, onde palavras estão muito aquém dos fatos. Os leitores que não são psicanalistas, portanto, estão alertados para tomarem o material clínico como construções efetuadas para que se mantenha o sigilo ético.

Agradeço os colegas que, entre suas inúmeras atividades, encontraram tempo e energia para contribuir, generosamente, com esta coletânea.

Referências

Cassorla, R. M. S. (2009). O analista, seu paciente adolescente e a psicanálise atual: sete reflexões. *Revista de Psicanálise da Sociedade Psicanalítica de Porto Alegre*, *16*(2), 261-278.

Cassorla, R. M. S. (2015). Em busca da simbolização: o trabalho de sonho do analista. In H. B. Levine, G. S. Reed, & D. Scarfone (Orgs.), *Estados não representados e a construção de significado: contribuições clínicas e teóricas* (pp. 197-213). Blucher/Karnac.

Cassorla, R. M. S. (2016). *O psicanalista, o teatro dos sonhos e a clínica do enactment*. Blucher/Karnac.

Cassorla, R. M. S. (2019). Fanaticism: reflexions based on phenomena in the analytic field. *International Journal of Psychoanalysis*, *100*(6), 1338-1357.

Cassorla, R. M. S., & Flechner, S. (Eds.). (2024). *The astonishing adolescent upheaval in psychoanalysis*. Routledge.

Civitarese, G. (2007). Bion e a demanda de ambiguidade. *Revista de Psicanálise da Sociedade Psicanalítica de Porto Alegre*, *14*(1), 57-75.

PARTE I
Turbulência emocional no campo analítico

1. Parceria e turbulência na análise de adolescentes: upgrade e download

Alceu Casseb

> *Enquanto na minha juventude eu tinha sucesso diariamente e em todas as circunstâncias, agora consigo apenas periodicamente e em condições favoráveis.*
>
> Johann Wolfgang von Goethe[1]

Introdução

> *Todos nós conhecemos o termo latência. Quero esquecer temporariamente os usos correntes, pois é fácil focalizar a latência, em vez do que é latente. Constato que é útil considerar que aquilo que é latente na latência é a turbulência emocional.*
>
> Bion (1994, p. 295)[2]

Como conceber a condição emocional da turbulência? E como pensar esse estado na fase da adolescência? Proveniente do latim, o vocábulo *turbulentia* tem o sentido de confusão, desordem,

1 Goethe sobre sua produtividade literária aos 79 anos (1828), citado por Eckermann (1935).

2 Todos os trechos de obras estrangeiras foram traduzidos por mim.

perturbação e, portanto, pode indicar inquietude diante de problemas. Como acontece na aviação, na qual o termo citado descreve os movimentos bruscos e indesejáveis da aeronave, na prática clínica, inferimos que, proveniente de um estado de exacerbação emocional, a turbulência se refere a vivências conflitivas entre instâncias intrapsíquicas que são exteriorizadas, muitas vezes de modo indistinto. A turbulência se associa frequentemente a estados bélicos no paciente, como uma guerra declarada que coloca em confronto diferentes formas de intolerância, que por sua vez podem gerar ações inadequadas, impulsivas, dada a sua incapacidade, nessa condição, de articular os estímulos e vir a elaborar os próprios pensamentos.

Com uma formulação que engloba abstração e experiência clínica, Bion (1994) associa esse estado às vivências, discriminadas ou não, de frustrações vivas:

> Os Esboços *de Leonardo [da Vinci] contêm muitos desenhos de redemoinhos turbulentos na água, de cabelos em desordem. Em* O Paraíso Perdido, *no início do Livro Terceiro, Milton descreve a invocação à luz: "Resgatada do infinito vazio e sem forma". Podemos pensar em outras obras de artistas, poetas, sacerdotes, que invocam imagens ou pensamentos semelhantes em nossa própria experiência. (p. 296)*

Freud apontou que a segunda onda da psicossexualidade ocorre na puberdade. Ao evocar a ideia de puberdade, Freud indicou o caminho dos fatores que precipitam o envolvimento com a turbulência. Conhecer a mentira que emerge, as emoções que desnorteiam, as paixões que surgem irracionalmente e impelem o jovem a uma *cesura*, uma interrupção na qual há continuidade, sobre a qual Bion (1981) esclarece: "Investigar a cesura; não o analista; não o analisando; não o inconsciente; não o consciente; não a sanidade;

não a insanidade, mas a cesura, o vínculo, a sinapse, a contra e a transferência, o humor transitivo-intransitivo" (p. 136).

A *cesura* contém um outro mundo, um novo mundo emocional. Transitar por ele, ainda que por vezes sendo um espaço revolucionário, torna-se turbulento para o jovem e anuncia novos espectros emocionais.

Dois planos principais participam da eclosão de turbulências. No plano da cognição, o escopo oscila da verdade constituída ao relativismo que desorganiza ordens pré-constituídas. Acontece uma quase obrigatoriedade de vir a lidar com paradoxos. No plano emocional, o espectro tem, de um lado, calmaria afetiva e, de outro, a ambivalência afetiva. Ambos os espectros geram estados com poder modificador que reorganizam/desorganizam todo o aparelho relacional.

Quando adentramos nas *cesuras*, não sabemos se vamos sair delas, não há como gerar previsões, não sabemos se haverá progresso ou regresso. E segue-se o script do desenvolvimento humano: o período da eclosão do fazer adolescente se sobrepõe ao imaginar infantil; a contestação crítica, manifesta ou não, se alia à recusa e à intolerância como uma bandeira passional. Essa condição conduz o indivíduo a uma encruzilhada: ou vir a lidar com a tempestade emocional criada pela frustração, ou buscar mecanismos para livrar-se dela.

Em contraste com o que pensam os hedonistas, no período da *adolescência* imaginamos que essa condição de incômodo seja perene, a tônica diuturna, ininterrupta e plena de atritos. Quando assume o curso das *transições psíquicas*, tal condição torna-se matriz para um real desenvolvimento. Diante desse quadro, há diferentes situações com as quais o analista se defronta quando chamado a lidar com jovens em "sofrimento" ou "causando sofrimento aos seus pares".

As vivências desagradáveis tendem a induzir mecanismos hedonistas. O jovem busca livrar-se das angústias com bem-estar material ou químico e pode, dessa maneira, cometer atos antissociais. São indivíduos que ainda não dispõem de condições de continência para as angústias mais complexas, como paradoxos e/ou ambivalências, experimentados em vivências mais contundentes.

Quando comunicam o sofrimento aos pais, por exemplo, podem propiciar confronto transgeracional, pois os problemas se revestem de termos e elementos emocionais atualizados por experiências contemporâneas com as quais a geração anterior pode não estar familiarizada. Por um lado, o mal-estar entre gerações abre a possibilidade de desenvolvimento de ambas as partes. Por outro, quando a turbulência decorre de dificuldades que precedem qualquer desenvolvimento, eventualmente chegam a formular pedidos de tratamento. São jovens ávidos pelo mundo psíquico, pois apresentam significativa dificuldade para se dar conta de seus sentimentos.

Inequivocamente, existe aí a necessidade de uma interferência feita por um adulto emocionalmente desenvolvido para dar vida a essas comunicações. Isto é, o tratamento desses conflitos-confrontos apenas pode ocorrer em um ambiente relacional. Por adulto quero me referir àquele que não disputa território com o jovem, quer na vitalidade, quer nas capacitações do adolescente, e que é desenvolvido emocionalmente. Quero destacar a utilização da *função continente*, primeiro como receptora, gerando um acolhimento sem açúcar, que possa ter uma presença transformadora. Na atmosfera que não favorece reparações e na qual a turbulência rege as ações, o jovem aprende a evitar a experiência gerada pela posição depressiva (D → PS) (Segal, 1975).

A busca por companhia viva se exacerba quando não temos saídas para situações mobilizadoras de turbulências. Na adolescência essa urgência facilita que o jovem se deixe agregar em qualquer relação que ofereça algum apaziguamento no incremento de suas angústias. Nos grupos, o jovem encontra alguém que possa imitar, seguir ideais simétricos, muitas vezes confessar desespero, aceitando saídas nem sempre adequadas.

O jovem quer partilhar com alguém seu psiquismo em transformação, que ultrapassa a mente infantil, os pais infantis e o corpo infantil, ainda que sem um ganho visível e constante, criando espaços de atuações. Essas atuações diferem do *acting out*, pois não funcionam apenas para a evacuação de conteúdos sem continente: têm ações para além disso, propiciam vida possível como um sistema inadequado de comunicação para seu grupo, e, quando os jovens partilham e trocam relações, conseguem sensações de existência fora do plano familiar doméstico.

O adolescente deixa de empregar o lúdico infantil como espaço continente para digestão das experiências, e a *ação* surge como forma de viver a integração da nova experiência com as intensas perdas do mundo infantil. Vir a integrar o que se percebe sensorialmente com a experiência vivida conduz o jovem ao desenvolvimento; amplia o escopo da relação com as realidades interna, externa e do grupo. Elementos emocionais essenciais, como duvidar das próprias capacidades em situações de demanda urgente, fatos da vida comum para a pessoa experiente, para o jovem podem ser um atalho para o refúgio no egoísmo. Quando esse refúgio funciona como fator de equilíbrio na turbulência, tendemos a chamar a estrutura de narcísica.

Dessa maneira, o adolescente vai precisar de intimidade com a experiência emocional para decepcionar-se com o narcisismo grupal. Enquanto compensados na dinâmica grupal, esses jovens, por sua vez, se atrofiam, regridem emocionalmente, atirando-se a ações que mesclam desejo e fantasia, deixando a realidade do senso comum para a chatice dos adultos.

Nesses períodos de encarceramento no próprio psiquismo lúdico e imaginativo, o jovem mostra uma estratégia ao "ajeitar o argumento", confabulando quando suas ações forem contestadas. Parecem psicóticos produtivos, ou seja, com alucinações e delírios comparáveis aos do esquizofrênico, utilizando-se de argumentos fora da realidade, quase alucinatórios, concebidos por meio das experiências parciais não digeridas fornecidas pelo grupo. Agindo assim, criam um descrédito na realidade externa, pois o argumento justificativo de caráter lúdico-imaginativo dificilmente é aceito. O senso comum é desprezado e a "legitimidade" dada pelo grupo os faz passar por mentirosos e possuidores de um caráter nefasto que deve ser combatido. Ao mesmo tempo, coletam um certo êxito na relação de "contar com o outro", condição que pode oferecer uma alternativa para o jovem se sentir acompanhado pelo ideal do grupo.

Algumas pessoas com idade superior à dos adolescentes ainda necessitam do "espaço de atuações", não se sentem acompanhadas, evitam estados depressivos (posição) e são percebidas pelos analistas como indivíduos que recorrem a um funcionamento adolescente ao evitarem o luto, as perdas, sem processá-las; são os assim chamados adolescentes tardios, como atestamos em reuniões clínicas.

Utilizando concepções da teoria do pensar

> *Na mitologia de Bion sobre a condição humana, a capacidade pensar é uma extensão tão recente das capacidades do cérebro que o corpo como um todo é responsável por rejeitá-la de forma análoga ao tecido estranho.*
>
> Williams (2010, p. 42)

A formação da *barreira de contato*, como descreve Bion (1962), trata de instrumentar o analista clínico com um modelo para pensar a interação de instâncias intrapsíquicas, ou seja, o que transita entre o sistema consciente e o sistema inconsciente, aquilo que pode ter reconhecimento coerente e "familiar" e o que parece estrangeiro, alheio ou desconhecido, respectivamente. A função alfa cria laços entre o que foi sentido sensorialmente e a experiência emocional, ou seja, alimenta a mente com elementos capazes de pôr em operação o vir a lidar com o novo, em geral, o que perturba e produz turbulências. A função alfa, ao constituir uma membrana – barreira de contato – viabiliza o trânsito e a discriminação dos elementos que ingressam no aparelho, condição essencial que possibilita o sonhar. A imaginação infantil em transição pode assumir vida própria; cria e imagina o contato dos desejos com o novo, o complexo. Esse "sonhar" é, portanto, primordial como processo para "arquitetar" as ações e suas consequências nas realidades, primeiro na interna depois na externa.

A barreira de contato precisa de um "upgrade" da sua condição infantil, pois as condições da adolescência e do período infantil diferem entre si cabalmente. O arcabouço da barreira de contato constituído durante a infância é mais que um ponto de partida: marca tendências e anseios, produz caminhos e finalidades. A barreira de contato formada durante a infância tem características próprias; utiliza-se de regras componentes do pensamento mágico ligado ao lúdico, ao imaginativo e a construções oniscientes circunscritas. As vivências em posição esquizoparanoide tendem a ter um caráter absoluto.

A prática clínica demonstra que a função continente que forma cada composto continente-contido pode ser viabilizada apenas pela operação adequada da barreira de contato. Portanto, da renovação dos conglomerados alfa. Indubitavelmente, as ações da censura e da resistência (Freud) contribuem para a consolidação dos diferentes elementos implicados para a "renovação alfa". São ações automatizadas que evidenciam a inadequação do aparelho emocional para com o novo, o trabalhoso, o pouco prazeroso ou o que é rotulado como aprisionante.

Testar o novo, protestando, discutindo e arguindo, produz relevância com o conteúdo imaginativo e marca uma nova instrumentação para o vir a pensar. O adolescente necessita desse exercício, é avido nesta direção, a conhecer, e se torna turbulento também quando se sente criticado e/ou reprovado. Enquanto a criança se mantém "acomodando frustrações" mais que as modificando, o adolescente tende a se acomodar nas ações contestadoras.

Na adolescência, a remodelação da barreira de contato ocorre segundo um script universal multidimensional e complexo. Em biologia, é atribuída à nova leva de hormônios, sem dúvida, um fator participante, mas dificilmente pode ser vista como a responsável pelo ingresso na cesura. Quando o jovem a atravessa, cria condições para sonhar a nova complexidade. A cesura que caracteriza a adolescência invariavelmente confronta os jovens com teses e antíteses que flutuam nas incertezas. Os conteúdos e os desejos do seu mundo animal (id), que encontram ressonância e apoio nos grupos, são confrontados por leis sentidas como obstrutivas (superego). Combinados com a impotência do jovem frente ao mundo, obrigatoriamente terão que ser revisitados, se possível questionados; frequentemente a "obediência" acontece ao revés, por assim dizer.

Para cada jovem, existem segmentos da vida que não encontram um caminho para vir a ser o sonhado, que não receberam modulações da renovada função alfa. A captação sensorial é muito intensa e não há o corolário da experiência digerida. Esse conjunto em associação com as demandas do mundo primitivo/animal e os questionamentos sobre as figuras edípicas, quer na dimensão do ideal do ego, quer por influência do superego, quando localizadas em situações difíceis, formam uma tempestade emocional ou turbulência emocional. Há necessidade de reconstituir e realinhar essas características da barreira de contato, aparelhando a mente com uma função alfa refeita que possa influenciar os continentes a serviço de dar vida ao novo conteúdo, de dar andamento ao pensamento a partir do sonhar, e de propiciar a digestão da experiência priorizando o senso comum. Aquilo que foi evitado ou atuado poderá se tornar matéria-prima para o aprender.

Na adolescência, prevê-se uma crescente intolerância ao processo desencadeado pela cesura, o que também facilita as atuações. O ritmo de urgência não favorece a renovação dos elementos alfa que constituem a barreira de contato. O jovem vai se utilizar de partes da barreira de que dispõe, quando delas dispõe, para situações específicas. Quando o que tem é insuficiente ou inadequado, vai precisar da função alfa de um outro que esteja ali e que conjugue exigências emocionais. É corriqueiro observarmos um tipo de aversão relativa à afetividade que conheceu no seu mundo edípico.

Jovens inibidos constroem o complemento substitutivo das figuras edípicas em uma espécie de grupo de comportamento tribal estereotipado. Esses jovens não vêm de uma relação com pessoas inteiras, mas de uma "mentalidade" sem sujeito, feita de pseudocrenças e do artificial sentimento de pertinência. Elegem ícones de valores simétricos aos deles, aqueles com os quais seguirão tanto para ação individual, como para o trabalho de aceitação no mundo, até então vivido solitariamente. São tentativas com modelos que maximizam ou minimizam a ação das fagulhas explosivas da falta de renovação da barreira de contato.

Sós e num estado de abandono, não conseguem renovar o que veio da infância formando a barreira de contato, apenas podem maquiar argumentos, disfarçar suas inabilidades e seguir modelos estereotipados. A ânsia do que se pode obter com a renovação tem relação com a aquisição de uma identidade que conjugue crítica e contestação, desejo com realização do proibido e independência dos objetos com a transgressão das normas introjetadas. Faz-se necessária a digestão da experiência.

O grupo à disposição faz o papel da companhia que influencia a reformulação da barreira de contato. Por meio de seus ideais, podem falhar por inexperiência ou por caminhos patológicos, e assim constituir refúgios fanáticos e/ou antissociais. As decepções que os acompanham podem criar no jovem aprendiz uma acomodação em princípios rígidos que são inúteis para o aparelho de pensar o mundo animado.

Sem dúvida, o adolescente precisa se apoiar em uma pessoa emocionalmente desenvolvida capaz de empregar a experiência por inteiro; que ofereça elementos ao jovem para atualizar (upgrade) sua barreira de contato; que tenha uma operacionalidade diferente daquela que os entorpecentes oferecem. Para vir a sonhar, precisam sair do ziguezague do entretenimento, mas para isso acontecer necessitam de modelos que respeitem os processos, que transmitam o trabalho com o insuportável gerando elementos que integrem a mente, o corpo e as ações: a tolerância à dor psíquica é essencial para acontecer a integração.

As frestas criadas pela remodelação inadequada da barreira de contato que permanecem no adulto constituem um funcionamento adolescente, ou seja, seguem buscando reformulação e tendem a se estabilizar como "saídas" para a falta de um aparelho para pensar o animado, o subjetivo e o incerto. São pessoas que não suportam as dificuldades da vida, apresentam obstruções importantes para buscar soluções e tendem a um tipo de estado de mente que em geral é confundido com depressão, pois são tomados de tristeza, desvalia e desvitalização. Pacientes "adolescentes tardios" parecem sonhadores, mas não conjugam a complexidade do que dizem sonhar à vivência de realidades; ficam, portanto, reféns de soluções ultrapassadas – em geral não podem utilizar o potencial de suas competências e, quando tomados pelo funcionamento psicótico perverso, restam-lhes as transformações em alucinações (Bion, 1965).

Como já assinalado, a resistência e a constituição de um vértice de censura são essenciais para viabilizar a remodelação da barreira de contato. Fatores modulantes da nova barreira de contato são facilmente denominados rebeldia, intolerância, acreditando-se estar diante de "jovens impossíveis". Essa condição induz muitos analistas a considerar o adolescente não abordável e intratável em análise; em outras palavras, os adolescentes criariam tantas resistências que não aceitariam o método analítico.

Para aqueles que atendem ou pretendem atender adolescentes de qualquer idade, vale lembrar que a construção da relação é prioridade. A técnica do sem memória e sem desejo é essencial, pois, além de dar espaço para a individualidade do jovem, protege a personalidade do analista de sua ingenuidade. É necessário ter em mente que os adolescentes procuram refúgio para seu conteúdo psíquico saudável na personalidade do analista, da mesma maneira que, quando predominam conteúdos insanos sem continente adequado, eles necessitam dessa função da personalidade de quem os acompanha. O analista precisa estar atento para que não venha a substituir a inadequada barreira de contato do adolescente pela sua própria.

Com frequência vemos jovens apresentando o funcionamento da barreira de contato infantil organizada no vértice da agressividade-violência, ou seja, em formas aprimoradas de birra, modo expressivo de manutenção da tirania infantil. Uma maneira de lidar que sempre foi inadequada, e agora se torna perigosa. São rombos na barreira de contato, com elementos primitivos transpassando para a mente operativa sem modulação; são indivíduos sem o domínio processual das frustrações. O mínimo estímulo de frustração funciona como um despertador de demônios. São jovens difíceis para se construir uma relação, uma vez que exigem do analista um cuidado extra na elaboração das trocas dentro da sala e na interface com os pais.

Por estarem sempre pedindo abrigo em uma trincheira da personalidade do analista, tornam-se hábeis para evidenciar os furos na barreira de contato do analista. Agindo assim, demonstram como "controlam" seus pais, professores e colegas. Carregam granadas na língua e nas ações que são armas de ataque na forma de ameaça suicida, e, como homens-bomba, vivem se especializando em utilizar suas identificações projetivas e cisões (*splitting*) para dominar o objeto que foi projetado. Personificam-se parcialmente nesse objeto procurando criar a sensação de alívio e, sem saber, dispensam conteúdos, frustrados e frustrantes, essenciais para reformular a barreira de contato.

Geram obstáculos com o que se pretende ser a solução da intensidade emocional oriunda da turbulência, e assim a sensação agradável é confundida com a experiência, que não será digerida. O acúmulo de insucessos desses funcionamentos indica que o contato com as turbulências caminha para um caráter catastrófico. Isso provoca medo naqueles que circundam esse jovem; seus pares e familiares compreendem desde cedo que não devem frustrá-lo, o que facilitaria sua saída para organizar-se em telas beta (Bion, 1962).

Falhas na barreira de contato podem ser vistas também quando não encontramos termos para nos comunicar. Fazemos gambiarras do que dispomos, por exemplo utilizando neologismos, analogias e metáforas, chegamos até mesmo a contar uma história que dê conta de se fazer entender, um faz de conta. O processo de comunicação se torna ainda mais complexo na adolescência com a intrusão da interface emocional associada à ânsia de aprovação, ao entretenimento da angústia, ou simplesmente outras "aquisições" psíquicas que advêm da inclusão em um grupo.

Vou trazer um pouco da experiência que tive com um jovem por alguns anos, um relato que pretende ilustrar alguns dos pontos levantados.

Caminhos para construir uma parceria

... herói e santo realmente se aplicam aos objetos internos e caracterizam suas atividades de promoção do desenvolvimento.

Meltzer (1994, p. 263)

Kasper[3] me envolveu em seu mundo ao chegar voluntariamente para me conhecer. Não veio indicado, nem por recomendação médica ou desejo dos pais. Um conhecido falou do tratamento que fez comigo, ele gravou o nome e pela internet me encontrou. Queria conhecer essa tal de terapia e ao mesmo tempo não queria que ninguém soubesse. Procurava alguém para conversar, quem sabe vir a entender seu mundo. Buscava uma pessoa para simplesmente se relacionar.

---

3 Para dar nome ao meu paciente, utilizarei o personagem central do filme de Werner Herzog – *O Enigma de Kasper Hauser*, de 1974 – para destacar algumas características humanas discutidas aqui.

Desde o primeiro momento, seu interesse genuíno por mim e seu cuidado comigo criaram uma atmosfera de investimento incomum no atendimento de adolescentes em torno de seus 15 anos de idade. Não tinha amigos, só conhecidos que em geral odiava; colegas de escola com quem preferia não se relacionar. Os grupos o aborreciam, não os tolerava, e com clareza explicou que não queria explorar esse tema. Sempre se sentiu como o escolhido das chacotas, para ele não era *bullying*. Ninguém ousava mexer com ele; desconfiava que tais estados mentais paranoicos o defendiam, criavam ilusão de força.

A operação emocional infantil nas desconfianças que ele vivia, de repente, na sua vida passou a ser tratada como intrusão de elementos psíquicos (interpretações $\leftrightarrow$ sentimentos $\leftrightarrow$ certezas) que inundavam sua mente. Além de privá-lo de socializar-se, impunha um regime masturbatório intenso, compulsivo e que não propiciava qualquer saldo de aprendizado, pois não se dispunha a reter as evacuações dos conteúdos que se tornavam insuportáveis.

Kasper se organizava em uma espécie de refúgio egocêntrico. Sua irmã era para ele uma estranha que ampliava seu estado de intolerância gerando hostilidade infecciosa, pois atingia tudo que estava a seu alcance. Dizia que ela, sempre que tinha oportunidade, colocava-o para baixo, evidenciando sua vida vazia de amigos e com repentes de intempestividade. A relação com ela reeditava modelos ($\beta \rightarrow \alpha \Rightarrow \beta$) (Bion, 1965) que nutriam seu pensar violento intolerante.

Kasper não sentia vida em quase nada. Tudo o aborrecia. Um tipo de aborrecimento que o esvaziava, que lhe causava lentidão, um estado que nunca foi sentido como tristeza. Seus registros obstruíam as conexões dessas experiências, ligando-as a elementos absolutos (beta) de desprezo. Logo as pessoas em volta dele aprenderam a ignorá-lo em virtude das reações violentas que surgiam do que classificava como provocações, desrespeito e tentativas de cutucar suas feridas.

Kasper era um menino que, sem perceber, queria sair desse labirinto redundante, principalmente do tédio que transformava minutos em meses. Queixava-se, sem dizer nada, que para ele não havia expectativas, apenas o tempo não passava.[4] Nem mesmo a maconha era capaz de modificar o curso moroso da vida. Olhando para dentro, Kasper via seu mundo povoado por figuras sem vida e que se desfaziam na medida em que ele ousasse necessitar de alguém.

A companhia que ele solicitava, uma espécie de Virgílio para Dante na *Divina Comédia*, indicava que esse lugar poderia ser erguido, ainda que considerando a delicadeza frágil de seu psiquismo. A situação exigia que eu cuidasse desse lugar como se cuida de bebês prematuros.[5] Para o *setting* relacional, esses cuidados giravam em torno de conversar com finalidade: não podíamos apenas fazer o tempo passar, ele precisava sentir que algo daquele encontro era importante, nossa conversa devia gerar atenção e, quando possível, precisava funcionar como mais um tijolo na construção de seu novo hábitat interno. Tendo saldo de aprendizado, ele mantinha o interesse e procurava colaborar. O que denominei *cuidado com o frágil* tem estreita relação com sua facilidade para classificar as pessoas como estúpidas, desinteressantes ou insuportáveis.[6]

---

4 Dante colocava como fato a condição de se viver no inferno, onde o tempo não passa, não existe esperança nem perdão, onde a punição se utiliza dos atos reprováveis do condenado.

5 A Unidade Intensiva de Prematuros procura reproduzir o corpo materno. Evidentemente não consegue, então procura lidar com o emergente tendo em vista manter a vida de qualquer maneira.

6 Nos romances do bruxo Harry Porter, quem não era bruxo era trouxa. Esse romance marcou Kasper.

Fui aprendendo sobre sua estratégia de lidar com a estupidez, de como a utilizava para ampliar estados insuportáveis de intolerância. Ele me guiava, quando eu podia utilizar a observação das comunicações projetivas que trazia em abundância. Sua narrativa acabrunhada me oferecia a oportunidade de colocá-lo dentro da cena, ao mesmo tempo que, por vezes, ele relatava que me sentia como um personagem utópico, um tipo de relação que julgava inexistente. Eu procurava escutá-lo e promover um encontro entre nossos mundos emocionais, principalmente quando discordava de mim e reagia com indiferença, uma nova forma de reação agressiva ligada a outra dimensão de tirar força.

Enquanto eu tomava cuidado para não tocar em sua área machucada, ele passou a perceber que pode existir respeito verdadeiro (→ K) e conseguiu valorizar esses movimentos. Com a sedimentação do respeito, ele progressivamente me dava crédito por meio de um interesse que se ampliava. Ele cuidava dos honorários, pedia sessões extras, não faltava e, quando se atrasava por causa dos congestionamentos ou do motorista, demonstrava irritação.

Logo ficou evidente que bajulações, seduções ou simplesmente concordâncias vazias despertavam demônios violentos dentro dele, eram estímulos que tocavam uma pele que, por já ter sido queimada, regenerou-se com mais sensibilidade e menos capacidade de proteção. Uma área tegumentar de seu psiquismo que exigia muita delicadeza, atenção e elaboração. Deixando claro que esse *sentir-se desrespeitado* convocava as Fúrias,[7] isso em parte era sua forma de manifestar a dor da perda do pai idealizado, do lugar infantil, e em parte permitia que ele alucinasse ser potente e, assim, poderia dispensar a proteção paterna. Eu tinha que ser cuidadoso

7 As Erínias vingadoras da perda do pai. O pai interno era facilmente atacado pelo desrespeito principalmente quando ele se sentia injustiçado, por incompreensão ou por sofrer um tratamento enganoso por parte da autoridade em ação.

para não me deixar aprisionar como personagem de seus movimentos rígidos na direção de saturar o encontro emocional com a temática da perda precoce da confiança na figura paterna para quem viesse a exercer esse papel.

Dessa forma, Kasper me levava a escutar e não entrar na correria para elaborar as frases que aconteciam nos encontros, que muitas vezes eram vividas como veículos do mundo perturbador. Apesar de procurar insistentemente recantos hedonistas, eu tinha o cuidado de não me tornar o dr. Pangloss,[8] principalmente quando ele estivesse exausto e me exaurindo também. Eu o incluía na conversa de forma a procurarmos criar espaço para ele observar suas dúvidas e seus questionamentos. Quando tínhamos algum êxito, conseguíamos pensar em diminuir sua necessidade de se convencer de que dominava a vida sustentando-se no mundo da onisciência em busca de onipotência.

A oscilação dos movimentos emocionais quando reparados, esclarecidos ou superados, aproximava-nos e logo vivíamos momentos em que suas observações ambíguas com tom paranoico eram tratadas como porta de entrada para temas relacionais. Conter a emergência da turbulência era um primeiro passo para lidar com ela. Esses movimentos indicavam que ele urgentemente procurava alguma "companhia viva" (Alvarez, 1992) para, assim, poder ter um aparelho para sentir seus sentimentos.

Kasper mostrava que sentir seus sentimentos oferecia uma interessante descoberta de que ele, sim, era inteligente, de que havia um frescor na vida, se a deixasse acontecer e a revivesse. Por vezes ele me dava sinais de estar se distanciando do expediente intempestivo e violento, o que era em parte visível por manifestações de

8 Ronald Britton utilizou esse personagem do romance *Cândido*, de Voltaire, que evitava qualquer tipo de mal-estar neutralizando as emoções, na conferência "Análise complacente", proferida em São Paulo em 16 de abril de 1998.

seu ambiente. Não falava mais em desaparecer, sua maneira de se referir ao refúgio das ideias suicidas, transformada em uma saída agora mais discriminada da mesmice. Abríamos passagem para um imenso horizonte de trabalho pela frente.

Kasper passou a precisar de uma relação mais parelha. O menino crescia e logo foi sentindo que tinha voz, tinha o que contribuir – não que eu valorizasse suas colocações, isso poderia irritá-lo, mas que eu o ajudasse a falar, a ter opinião, e suas opiniões poderiam ser mais bem elaboradas, gerando um resultado por vezes satisfatório, por vezes perturbador, mas que conseguíamos sustentar e transformar em matéria a ser conhecida, espécie de tarefa a ser levada a cabo. Raramente chegávamos a conclusões. Os resultados na relação que esse processo gerava podiam ser medidos com manifestações no *setting*: além de não faltar, de chegar interessado em continuar as conversas, pedir mais sessões, Kasper se sentia vivo.

A confiança na relação gerava mais intimidade. Eu passava a buscar algum ponto presente em sua narrativa emocional que pudesse ser útil para gerar nele alguma desconfiança de que ele, sim, tem conteúdo. Aprendi com ele que o seu desconfiar é iniciar ou arquivar o processo em busca de algo que existe em um plano abstrato e é inacessível. Colocando ódio nesses elementos, ele conseguia torná-los ainda menos apreensíveis. Por outro lado, quando conseguíamos manter uma atitude investigativa, com um anseio de aprender, ele saía do domínio sádico violento para experimentar o compartilhar emoções, frequentemente como formas frágeis de quase esperança na relação com o outro.

Quando construímos a visão de algo que ele tinha condições de vivenciar, como uma notícia na mídia, ele progressivamente ia me colocando em um lugar indispensável para esta tarefa de retirar o que encobria (des-cobria) suas capacidades e, assim, gerarmos uma espécie de banco de dados que ele poderia utilizar, principalmente para suas novas estratégias de vida. Com experiência digerida que se torna um registro disponível, Kasper se permitia experimentar improvisações. Quando essas improvisações encontravam respaldo em mim, ele passava a sentir ter capacidade para pensar, espécie de sentimento de existência, como no filme, quando o personagem de Herzog consegue se comunicar e não mais aceita passivamente as manipulações, por exemplo, quando se emociona ao ter um bebê no colo. Não se trata apenas de estar na situação, mas utilizar bagagens emocionais como produtos de sua própria mente, o que gerava uma outra qualidade de inclusão, narcisismo de vida.

Lentamente, e, a princípio, apenas na sala de análise, Kasper encontrava novas formas de se fazer valer e existir. Podia sentir autorrespeito por ele mesmo quando "via" que dispunha de algo valioso, como poder sentir o que antes não era sentido. Assim, constituía confiança em si a partir de uma relação com o outro. Podia oferecer um novo continente para velhas recriminações, seus conteúdos se renovavam com seu olhar menos aguerrido e mais bem sintonizado à situação em curso. Kasper foi se equipando para vir a ser continente de algumas de suas turbulências.

Com alguma "continência" para alguns de seus titãs, Kasper podia comunicar a turbulência que agora acontecia nos sonhos acordados mesclados às suas observações sensoriais. Geralmente eram comunicações que lembravam a "alucinose", regida por exageros narcisistas. Evidentemente aí estava um dos fatores centrais para nos informar sobre seus significativos prejuízos sociais, ou seja, isolamento e inibição. Equacionando tangentes de suas turbulências, desenvolveu um certo tropismo pela confusão, o que propiciava algum alívio parcial, e, consequentemente, o levava a se apoiar em preconcepções inadequadas com caráter confusional, algo que me parecia intermediário entre a violência e o pensar.

As teorias personalistas (preconcepções) de Kasper se utilizavam das frustrações não sentidas e agora parcialmente sustentadas no aparelho para produzir algo entre o não saber e a desorganização psíquica. Querendo realizar, Kasper se mostrava com um estado de frustração que se carregava com um novo ódio, agora com um teor violento sobre si mesmo, configurando um processo oscilatório. Kasper poderia partir para a evacuação e criar um estado de desvalorização suicida. Vivíamos momentos de muita violência nos encontros, com distanciamentos importantes, como se estivéssemos em uma espécie de discussão conjugal na qual a regência do processo precisava passar para a realidade do senso comum.

Ficava muito irado com sua falta de recursos, com o tempo de vida perdido, o que atribuía, em sua teoria, a ser vítima da família disfuncional. Procurei aproveitar esse momento para nomear sua percepção do lugar que realmente ocupava no grupo familiar. Sendo seu estado de mente fortemente apoiado em ódio, era agora um ódio verdadeiramente vivenciado que poderia levá-lo a pleitear um outro lugar junto à família que tem, que não pode ser moldada a seu gosto. Podendo sentir sua decepção de não ter obtido movimentos amorosos do objeto (interno), podia sentir a frustração projetada em quem ousou vir a frustrá-lo.

Constituindo uma base de confiança, pudemos procurar restituir alguma esperança em se ter finalidades realizáveis. O sonhar, o desfrutar o objeto, o reencontro com a relação que contém ódio, mas pode também acomodar o amor, o restituir a esperança de encontrar o objeto amoroso (seio-Deus). Sonhando, mesmo que com tendências a transformações projetivas que o distanciavam de suas capacidades, víamos Kasper com uma surpreendente determinação em ser visto como uma celebridade, retornando ao espectro desamparo/onipotência. Sonhava com ídolos ao mesmo tempo que criava projetos e interesses por realizar. Uma experiência que Kasper viveu onde o mundo se tornava possível também para ele. Essa experiência centrada em si mesmo ganhava seus primeiros contornos, atirando-o em direção a viver a experiência,[9] onde ele não precisava ter todo o controle tirânico-infantil.

Sucedeu-se um período difícil, moroso e repetitivo, como tinha de ser. Nesse período, nosso trabalho gerou investimento consciente no seu mundo interno que não era como ele concebia, mas que poderia coexistir com sentimentos de arrependimento e culpa, pois esse mundo não estava inutilizado, poderiam existir reparações. Sentia sua imensa sensibilidade em busca de um objeto que, até então, não se constituía de modo confiável. Agora ele sabia que existia um objeto, mas, quando não o encontrava, vinha me pedir que o restituísse, ao menos na sua função de contenção. Nossa relação existia também para ajudá-lo a se proteger de si mesmo, da fonte interna que recriava seus titãs.

Os ciclos de aquisições a partir das transformações seguiam, e seguimos como parceiros atravessando um deserto (Bolognini, 2004), tornamo-nos cúmplices de nossos erros, e, contendo uma real importância afetiva um pelo outro, conseguíamos passar por dificuldades, cada um em seu lugar. Sigo aprendendo com o aprendizado de Kasper. A experiência emocional que pode ser trabalhada na análise de adolescentes precisa primeiramente partir de uma parceria simples, cuidadosa, que produza um respeito às condições psíquicas do jovem. Em seguida, também é necessário que o compromisso com o apropriar-se das reais capacidades da dupla esteja palpavelmente presente.

Nesse aspecto, Meltzer (1986) se pergunta: o que é uma experiência emocional? Procurou sistematizá-la, organizando uma proposta que tomo como ponto de partida:

---

9 Herzog descreve uma cena interessante. Pesquisadores queriam ver como Kasper Hauser interpretava fenômenos naturais. Perto de uma macieira, o personagem vê uma maçã cair e rolar em sua direção. O pesquisador pergunta o que houve. O menino responde com sinceridade: "ela queria vir até mim".

> *Uma experiência emocional é um encontro com a beleza e o mistério do mundo que desperta conflito entre L (love [amor]), H (hate [ódio]) e K (knowledge [conhecimento]) e menos L, H e K. Embora o significado imediato seja experimentado como emoção, talvez tão diverso quanto os objetos de excitação imediata, seu significado está sempre relacionado, em última análise, com o relacionamento humano íntimo. (p. 26)*

Vivendo junto a vida que acontece em cada encontro, tecendo um bordado quando intercalamos a agulha e a linha (Assis, 1885/1994), conseguimos vivenciar um sonhar. E quem sabe também criar condições para produzir uploads dessa intimidade.

Referências

Alvarez, A. (1992). *Live Company.* Routledge.

Assis, M. de. (1885/1994). Um apólogo. In M. de Assis, *Obra Completa* (Vol. II). Nova Aguilar.

Bion, W. R. (1962). *Learning from experience.* Maresfield Reprints.

Bion, W. R. (1965). *Transformations.* Maresfield Reprints.

Bion, W. R. (1981). Cesura. *Revista Brasileira de Psicanálise, 15*(2), 123-136.

Bion, W. R. (1994). Emotional turbulence. In W. R. Bion, *Clinical Seminars and other works.* Karnac Books.

Bolognini, S. (2004). O bar no deserto. Simetria e assimetria no tratamento de adolescentes difíceis. *Revista Brasileira de Psicanálise 38*(2), 259-269.

Eckermann, J. P. (1935). *Conversations with Goethe.* J. M. Dent & Sons Ltd.

Meltzer, D. (1986). *Studies in extended metapsychology: clinical applications of Bion's ideas.* Clunie Press for the Roland Harris Trust Library.

Meltzer, D. (1994). *Sincerity and other works*. Karnac Books.

Segal, H. (1975). *Introdução à obra de Melanie Klein*. Imago.

Williams, M. H. (2010). *Bion's dream: a reading of the autobiographies.* Karnac Books.

2. A turbulência adolescente e a arte da nefelomancia

Ana Maria Stucchi Vannucchi

> *Fora minha cabeça, que parece ter se rompido,*
> *misturando o que estava dentro e o que existe fora . . .*
> *o desejo de um se insinua em meu corpo como se fosse meu,*
> *e o barco em que eu seguia minha vida corre sem piloto . . .*
> *Aos trancos e barrancos vou inventando meus rituais . . .*
>
> Carelli (2021, pp. 136-137)

A proposta de pensar e escrever sobre a adolescência me fascina e abre a possibilidade de refletir sobre a minha clínica com adolescentes, sobre a adolescência em geral e a minha em particular. Bendita turbulência! Quem não passa por ela não consegue nascer psiquicamente como indivíduo, com possibilidade de pensar e construir sua vida de forma única e verdadeira, como dizia Ferrari (1996).

Comecemos pelas modificações corporais que caracterizam a puberdade, que tornam o jovem um estranho para si próprio. As meninas sofrem outras modificações mais visíveis, como os seios e o arredondamento dos quadris, além da menarca, que marca uma nova era, envolvendo a possibilidade de engravidar: mudança catastrófica? Como expressa a penumbra de associações dessa palavra, podemos ter mudanças, evolução, amadurecimento, ou catástrofe, tragédia (Bion, 1970/2007). Já os meninos mudam de voz e adquirem barba, sinais externos de uma revolução interna (Rassial, 1999). Como lidar com ela? As espinhas presenteiam tanto meninas como meninos, indicando uma explosão hormonal.

O que fazer com tudo isso? Como lidar com as dores, as esperanças e as desesperanças de futuro? E os amores? A curiosidade sobre a sexualidade, agora imperiosa, é voltada para a necessidade de ter experiências que tragam autoconhecimento do corpo e da mente em transformação. Sabemos que o conhecimento nasce na experiência: o fazer para conhecer (Ferrari, 1996), o ser tocado pela experiência (Frochtengarten, 2018) e o aprender da experiência (Bion, 1962/2021).

Como não se angustiar diante de perdas violentas como as da adolescência? Deixar de ser a criança "fofa" amada pelos pais e de ter um corpinho macio que cabia no colo deles? Sentir-se um ET completamente estranho a si próprio? Quem sou eu? O que quero da vida? São tantas perguntas que a mente ainda incipiente precisa se ampliar e transformar para poder conter essas vivências e atravessar as cesuras (Bion, 1976/1981) entre essas dimensões: dores/amores, passado/presente/futuro, corpo/mente, sexualidade/amor, destrutividade/agressividade necessária para a vida, narcisismo/socialismo, vida/morte, desamparo/onipotência, dualidades sempre presentes e constituintes da simetria do objeto psicanalítico (Chuster, 2018) numa dialógica sem síntese (Morin, 2000), em constante movimento e transitoriedade (Freud, 1919), que caracteriza a essência da experiência adolescente.

Freud (1905/2016) descreve muito claramente essas mudanças em "Transformações da puberdade", terceiro ensaio sobre a sexualidade. A turbulência se faz presente, instaurando a intensidade da sexualidade e da agressividade, sem que haja uma mente capaz de contê-las e transformá-las. Como nos lembram Jeammet e Corcos

(2005), o adolescente está pronto para transar e para matar: "um corpo que se tornou apto a agir as pulsões na dupla dimensão da sexualidade e da agressividade" (p. 39), mas ainda não sabe amar verdadeiramente, pois amar envolve a possibilidade de considerar e respeitar a alteridade, que é sempre uma ameaça ao eu, especialmente nos momentos de turbulência e constituição de si próprio.

O eclipse do corpo, como nos lembra Ferrari (1995), vai se instalar aos poucos, quando é bem-sucedido. Essa mente infantil, baseada em fantasias onipotentes, não pode dar conta desse novo corpo. É necessário elaborar o luto da infância e do corpo infantil, processo gerador de sentimentos depressivos. Todos esses elementos fazem parte da construção de uma nova mente, baseada especialmente no movimento incessante entre as pulsões de vida e de morte, nas identificações primárias além de todas as outras que vão se sucedendo, cujo precipitado constitui o eu. Nessa fase de mudança, a desfusão pulsional acarretada pelo processo identificatório (Freud, 1923/2007) evidencia a fragilidade do ego, e isso o expõe a muitos perigos e abismos provenientes do exterior e do interior, o que de certa forma influencia os avanços e recuos que caracterizam essa fase da vida (Blos, 1996).

Ferrari (1996) observa que, ao abandonar as ilusões infantis, no movimento do binômio ilusão/desilusão, precisa haver lugar para a esperança. E como encontrá-la? Não a esperança messiânica, mas a esperança realista, que se define como expectação: ter recursos para enfrentar a turbulência da vida (Alves, s. d.).

Minha indagação aqui se refere a como acompanhar com delicadeza esse jovem que nos procura sem segurá-lo ou empurrá-lo em sua caminhada, mas propondo novos vértices, trazendo dúvidas para suas crenças e certezas, ajudando-o a pensar e manter a esperança em um futuro desconhecido a ser construído, descobrindo suas potencialidades e recursos, e sobretudo com a humildade de poder aprender algo novo com o jovem, que nasce num mundo diferente, em mutação, onde outras possibilidades de viver surgem velozmente. Aprendo muito com meus netos adolescentes e com os pacientes jovens a que atendo, e dou muito valor a essa experiência, embora me traga muitas vezes medo e angústia de estar em um mundo tão diferente do meu, onde em alguns momentos me sinto também um ET, o que pode ser doloroso, mas também útil como possibilidade de captar a dor e a aventura dessa condição psíquica!

Vou trazer alguns fragmentos clínicos que ilustram determinados aspectos das simetrias supracitadas. O primeiro deles se refere à díade comunicação/não comunicação, vivida no clima de silêncio profundo e impossibilidade de expressão e pensamento que Laura vivia consigo mesma e com a analista. Aos poucos fui aprendendo a "sonhar o silêncio":

> [Vem à minha mente uma imagem muito marcante, que foi muito divulgada pela mídia, de um jovem enfrentando um tanque do exército chinês na praça Tian Amen em 1994, sendo esmagado pelo tanque... A imagem me choca pela violência que contém. Aguardo muitos minutos e transformo a imagem em algo menos terrível.]
>
> ANALISTA: Tenho a impressão de que você se sente espremida, apertada, com medo de perder partes muito importantes da sua própria vida...
>
> LAURA: Yesssssssss. [Fica um pouco em silêncio.] Eu tenho uma professora de Português que faz perguntas muito difíceis. Português é difícil, tem que pensar muito... [Fecha o punho] Ai que raiva!
>
> A: Percebo que você também fica incomodada, desconfortável, quando te faço alguma pergunta.
>
> L: Eu preferia que você me fizesse perguntas mais específicas...

A: O problema é que eu não sei as perguntas específicas que você precisa que eu faça. Quem sabe você me ajuda?

L: Olha, eu tenho três problemas: conflito de interesses; a parte amorosa; e também eu me sinto deslocada socialmente na escola, na velha, na nova...

A: Pois é, agora comigo você não ficou deslocada, pelo contrário, pôde ser sincera nesse momento, pôde ser você mesma.

L: Ufa, que alívio! Parece que saiu um peso de cima de mim!!!

Posso conjecturar que o "sonho chinês/ficção bélica" da analista, transformado em uma linguagem afetiva e efetiva (êxito/consecução; Bion, 1970/2007), pôde ser útil. Poderíamos pensá-la como uma imagem visual que pôde dar conta do não dito nesse momento?

Em primeiro lugar, criou a possibilidade de uma relação mais genuína com a analista, em que a experiência emocional vivida pôde ser expressa e nomeada: desejo e medo de se comunicar e se vincular, raiva e terror de ficar aprisionada num isolamento total e primitivo, satisfação e vergonha de ser sincera, elementos que compõem sua vivência atual com a analista, consigo própria e provavelmente seu "estar no mundo". Além disso, essa imagem da analista parece ter permitido que a vontade de viver de Laura e seu desejo de ser ela mesma evolvessem, trazendo capacidade de representação e expressão.

Penso que o ponto tocado revela elementos de vida e de morte, outra díade considerada, que se expressa depois na mesma sessão:

L: Sabe, hoje é aniversário da minha prima, ela faz 10 anos, a gente ia para a festa, mas meu tio, o pai dela, teve um aneurisma e foi para o hospital. Minha mãe falou que não é grave. Coitada da minha prima, vai ficar sem aniversário.

> A: Você me fala de aniversário, que comemora o nascimento, a vida, e também do aneurisma, do hospital, que envolve riscos para a vida...
>
> L: Sabe, meu avô morreu faz pouco tempo, eu sempre penso nele. A gente era muito ligado, via TV de mão dada... Eu gostava muito dele, agora minha avó está sozinha. Eu vou sempre à igreja, rezo por ele, falo com ele... Entre aspas, você sabe, né?
>
> A: Falar entre aspas é diferente de falar sem aspas.
>
> L: É mesmo, mas é como se eu falasse com ele. Eu sinto muito a falta dele.
>
> A: O seu vô se foi e você ficou aqui vivinha da silva, como a prima que fez aniversário.
>
> L: Sabe, eu tenho muito medo de morrer sem ter vivido...
>
> A: Mas você está bem viva para poder perceber isso agora.
>
> L: Isso é mesmo!

Acredito que esse trecho tenha permitido o desenvolvimento de vários elementos importantes da vida mental de Laura, que estavam de certa forma "congelados" naquele silêncio indizível e que foram de alguma maneira "sonhados" pela analista, por meio da imagem do tanque chinês. Nesse caso, parece que o sonho da analista permite uma aproximação com a realidade psíquica vivida por Laura naquele momento.

Cria-se com essa imagem e seus desenvolvimentos um espaço mental para transformar o material bruto/consciente – aniversário da prima, doença do tio, morte do avô – em emoções pensáveis, que expressam uma "batalha" entre elementos de vida e de morte em seu psiquismo. É interessante observar que um "sonho bélico" tenha podido liberar aspectos vitais e ser promotor de vida, ao colocar ênfase em seu oposto, a morte do estudante chinês. Fica aqui a menção do negativo como expansão da capacidade de pensar e não apenas do negativismo, como nos alerta Green (1993/2010).

Vale lembrar que essa imagem visual não foi comunicada para a paciente, mas me parece ter favorecido a relação entre não comunicação/comunicação e o encontro entre analista e analisanda.

Outro momento vivido com Laura, muitos meses depois, pode ilustrar outro aspecto, ligado à sexualidade. Laura fica em silêncio por um bom tempo, acho que mais de 10 minutos. Ao final desse tempo, dá um pulo no divã e aponta com a perna para uma luminária grande que fica ao pé do divã:

> L: Que legal! A luminária voltou! Na semana passada, quando ela desapareceu, eu pensei que ela não ia voltar nunca mais... Hoje na escola, na aula de Biologia, eu "tava" pensando nela e descobri que tem uma forma de esponja que é parecida com ela, mas eu não lembro o nome. É uma célula da esponja. [Continua falando alguns nomes usados em biologia para classificar plantas e animais.]
>
> A: Que boa surpresa essa! Algo que não desapareceu, que continua vivo em você.

Laura continua em silêncio por uns 10 minutos. Nesse intervalo, tenho vontade de intervir, dizer algo, mas penso que ela precisa desse silêncio, que suas sessões são em geral "recheadas" de silêncios. Penso que a palavra "recheadas" implica algum conteúdo, e não o vazio do desinvestimento. Percebo que um clima onírico se desenrola na sessão. Isso me faz pensar em um O comum (Bion, 1965/2004), um "sonho a dois" (Cassorla, 2010; Perrini, 2018). Seria isso mesmo?

Fico pensando o que seria da música sem os silêncios. Dessa forma, vou considerando o valor inestimável do silêncio. Lembro-me de uma música chamada "Laura", que Silvio Caldas cantava: "O sol banhando a estrada, frases de amor. Laura, um sorriso de criança nos cabelos uma flor". Fico pensando que o clima expressa amor romântico, feminilidade, sensualidade. Lembro-me da perna em "movimento dançante" apontando a luminária. Como traduzir para ela esse sonho?

> A: Você me fez pensar em uma dança, um casal dançando...
>
> [Sou surpreendida por outro "salto" no divã. Laura estica o pé em direção à luminária e diz:]
>
> L: É parecido com um gineceu... [E se cala.]
>
> A: Você fala com o corpo, com a perna, com o pé, com o corpo todo, como na dança... O gineceu faz parte do corpo da flor.
>
> L: É a parte feminina da flor, tem uma abertura em cima, por onde entra o pólen.
>
> A: Então nossa conversa é de masculino/feminino, homem/mulher.
>
> L: Yesssssssssssss [com convicção e alegria].
>
> A: Você ficou animada, achamos uma abertura aqui no nosso encontro!
>
> L: Abertura?
>
> A: Sim, para um encontro poder existir, precisa haver as aberturas. Você disse que o gineceu tem uma abertura, como essa da luminária e da nossa conversa.
>
> L: Ana, eu quero muito poder conversar disso, mas para mim é muito difícil... [Outro silêncio grande.]
>
> A: Acho que você quer conversar dessas sensações que você vive com seu corpo, aproximar-se dele, conhecê-lo, e também da vontade de se aproximar do Gui. Tudo isso faz parte da vida que você não quer perder...
>
> L: Meu irmão é muito diferente de mim. Eu não consigo conversar com ele, ele fica o dia inteiro no computador. Eu nem tento,

mas com o Gui, eu quero falar com ele, mas também não consigo. Demorei muito para ter coragem de ficar com alguém. Quando eu estava no intercâmbio, eu consegui, mas precisei ficar bêbada, tomei um monte de champanhe no final do ano.

A: Se você precisava ter coragem, é porque sentia medo. Mas hoje você sentiu coragem, comentou do gineceu, e a conversa foi saindo... Você foi falando da flor, foi se sentindo uma moça se transformando em mulher.

Acredito que o clima onírico se forma desde o início da sessão, quando Laura fala do retorno da luminária. Ao escrever, agora, penso no retorno das aves migratórias por ocasião da primavera, com suas flores e sua fertilidade.

Esse clima faz pensar na ilusão/ficção e em seu papel de articulação entre a realidade interna e a externa, como podemos observar no desenvolvimento da sessão. A conversa analítica, "a mais interessante do mundo" como diz Meltzer (2023), revela os movimentos de transição entre corpo e mente, e uma possibilidade de pensar as emoções vividas. Penso que esse clima primaveril possibilitou o "sonho musical" da analista condensando os elementos de feminilidade/sensualidade/sexualidade vividos por Laura naquele momento, mas ainda sem condições de serem representados e simbolizados. O sonho musical da analista não foi mencionado, mas traduzido numa sugestiva imagem de um casal dançando, imagem esta que favoreceu o surgimento da flor e do aparelho reprodutor das flores, já contidas desde o início no clima primaveril.

Acredito que nesse momento a dupla vive um sonho a dois, como na brincadeira de ler as nuvens proposta no conto de Tabucchi, citado adiante, que ilustra uma possibilidade de comunicação em meio à turbulência, evidenciando os aspectos criativos e poéticos. Essas imagens-sonhos permitem a emergência das vivências relacionadas a ser mulher e da dinâmica masculino-feminino, que se movimenta em sua vida mental e se configura como uma relação dinâmica entre elementos sensoriais e abstratos, entre corpo e mente.

Esses sonhos compartilhados vão abrindo espaço para o contato com a experiência emocional vivida no momento, permitindo que se expresse, transforme e amplie a realidade psíquica de Laura, tarefa essencial da adolescência.

Tempos depois, em outra sessão, Laura procura retomar a conversa luminária/gineceu. A conversa é difícil, com muitos silêncios. Faz-se um silêncio bem longo, não posso precisar quantos minutos. Em seguida, Laura diz:

> L: Eu não suporto esse barulho!!!
>
> [Eu sinceramente não estava ouvindo barulho nenhum. Agucei os ouvidos, atenta e perguntei:]
>
> A: Qual barulho você está ouvindo? [Lembrei-me imediatamente do barulho do silêncio, proposto por Azevedo (2020).]
>
> L: O motorzinho do dentista!!!! [com certa irritação].
>
> A: Sim, o motorzinho serve para tratar os dentes cariados, mas acho que essa conversa causou um barulho insuportável para você aqui na sala.
>
> L: Eu já usei o motorzinho uma vez, porque eu não tinha o dente lateral, e o dentista desbastou o canino para transformar em lateral. Muito chato, muito ruim...
>
> A: O motorzinho é fininho e comprido como um androceu.
>
> L: Ah, Ana, vai... Motorzinho é motorzinho, barulho é barulho.
>
> A: Você tem razão, o motorzinho, além de fazer barulho, causa dor, e atrapalha a nossa conversa.
>
> [Faz-se um longo silêncio. Percebo que Laura procura "digerir" o ocorrido.]

L: Então, eu "tô" cansada de ser assim tão obediente. Sabe, lá em casa tem três quartos. Como meus pais não dormem no mesmo quarto, eles têm cada um o seu quarto, que fica separado do resto da casa pelo corredor e uma porta. Lá fica o ninho de amor deles, e eu tenho que dormir com meu irmão. Ontem eu disse que não vou mais dormir com meu irmão, vou fazer meu quarto no escritório. Meu pai não gostou, disse que era pequeno, que a porta dava direto na sala, mas eu insisti e consegui. Vou fazer o meu quartinho lá.

A: Você aqui comigo não foi nada obediente! Logo me disse que eu estava confundindo coisas que são bem diferentes…

L: Lá em casa eu sempre tinha medo de discordar e minha mãe ficar deprimida.

A: Nesse momento você sente que pode ser do seu jeito, pode falar comigo espontaneamente. Seus pais têm o ninho de amor deles e você vai fazer o seu, longe deles e do seu irmão.

L: Yessssssssssss.

Percebe-se que, nesse trecho, o "não sonho" da analista, comparando o motorzinho com o androceu, não serviu para as necessidades expressivas da paciente, sendo mais representativo das ideias e dos sentimentos da analista e configurando algo concreto, sem as qualidades simbólicas toleráveis para a paciente no momento. Seria uma transformação em alucinose da parte da analista? Teria um caráter invasivo? Causaria uma dor insuportável? Pode ser.

No entanto, vemos que Laura recusa a proposta da analista evidenciando o barulho erotizado do motorzinho, desconstruindo-a, mas trabalha colaborativamente com a imagem trazida por ela, obtendo a condição de liberdade e autonomia! Tudo indica a presença de um encontro que traz transformações na relação analítica e na vida mental de Laura, que sente mais liberdade para ser ela mesma. Considero fundamental essa passagem, em que a analista reconhece as possibilidades do momento e acolhe as condições expressivas de Laura.

Em seguida, Laura sente liberdade para trazer para o primeiro plano suas elaborações edípicas e a possibilidade de desenvolver sua sexualidade e sua personalidade de forma mais livre das vivências incestuosas aprisionantes. Parece que a possibilidade de se discriminar da analista e de ser aceita e reconhecida nesse movimento trouxe-lhe a possibilidade de apropriar-se um pouco mais de si mesma. O sonho do "quarto próprio" se configura como um continente desses afetos e de suas necessidades de individuação. Nesses termos, é também um sonho que "abre caminho" e amplia a realidade psíquica de Laura.

Novamente, nesse final de sessão, podemos conjecturar a existência de um encontro entre duas mentes e compartilhar a leitura das nuvens? Além disso, podemos pensar que o sonho do quarto próprio pode abrir caminho para outra ação, agora de integração transformadora da realidade sensorial-material? Como lembra Ferrari, o conhecer supõe um fazer, e para poder abrir espaço para o fazer da sexualidade, Laura busca um espaço privativo e íntimo, onde possa conhecer seu corpo e talvez namorar, quem sabe construir seu ninho de amor. Penso que aqui vemos com clareza uma transição da cesura entre a dimensão da sexualidade e a do amor, bem como um movimento criativo entre passado, presente e futuro, com o projeto de uma vida própria que nasce.

Assim, considero que o pensamento onírico pode ser muito útil no trabalho de aproximação que a dupla analítica faz em direção à vida mental e também nas transformações e ampliações possíveis que esse contato favorece.

Essas reflexões me levaram ao "sonho" de Tabucchi (2010) como um modelo (Bion, 1962/2021) para pensar a possibilidade de comunicação humana, especialmente esta, entre analista e analisanda adolescente. Em "Nuvens", Tabucchi descreve a lenta aproximação entre a menina Isabella e um comandante militar anônimo, numa praia europeia, que eu imagino ser na Croácia.

De início, vemos dois mundos distantes e incomunicáveis. Isabella é uma menina de uns 10 anos, que quer tomar sol e banho de mar e não se conforma de ver o comandante debaixo de um guarda-sol, dormitando e tomando comprimidos. Surgem divergências entre eles sobre todos os temas possíveis, desde a nacionalidade até questões relativas à guerra, aos ideais humanos, aos medicamentos, à alimentação etc. Isabella fala de seu horror à guerra e fica indignada quando seu interlocutor conta que conheceu aquela praia numa "missão bélica de paz". Diz ele: "Existem homens, como seu pai, que por profissão constroem casas, e homens do meu ofício que as destroem, e assim são as coisas há séculos, alguns constroem casas e outros as destroem" (p. 56).

Isabella responde:

> *Acho que você diz tais coisas porque não come, disse com voz levemente alterada, não comer faz a pessoa dizer frases estranhas, você está delirando, desculpe se te digo, aqui estamos num hotel de primeira, é supercaro, eu vi os preços, você não pode sair dizendo essas coisas simplesmente porque lhe deu na veneta, você não come, não toma sol, não entra no mar, acho que tem algum problema, talvez precise mastigar alguma coisa ou beber um bom suco de frutas . . . (p. 62)*

Ele faz o "repouso do guerreiro", e ela tem os "problemas da idade evolutiva", falam de "divergências existenciais", como aquelas também existentes entre seu pai e sua mãe. Ela se queixa do seu silêncio, como de resto os pacientes se queixam de seus analistas:

"Parece o psicólogo que fica me ouvindo e nunca diz nada, diga alguma coisa" (p. 65).

Num certo momento, o militar propõe uma "brincadeira": a arte da nefelomancia; observar as nuvens e "ver" as figuras que elas formam. Surgem borboletas, ovelhas e um vínculo entre os dois: "as pessoas que têm incompatibilidades existenciais deixam de tê-las, as pessoas separadas se reunirão e a vida delas será graciosa como o voo de uma borboleta" (p. 69).

Acho que a possibilidade desse "sonho a dois" pode ser pensada como uma aproximação antes improvável e impossível entre esses dois seres tão diferentes, mas ao mesmo tempo tão solitários e necessitados de um encontro humano. Uma comunicação genuína entre eles? Uma comunicação propiciada por uma "brincadeira" prenhe de imagens visuais? Uma possibilidade de encontro entre duas mentes, que puderam estar em uníssono nesse momento (Bion, 1970/2007)? Ou ainda uma aproximação entre duas dimensões tão diferentes de uma mesma mente, como a vontade de viver e a percepção da morte, tanto para Isabella como para o comandante militar?

Penso que Laura e Isabella de alguma forma puderam encontrar parceiros com quem foi possível desenvolver sonhos expressivos de suas necessidades de comunicação consigo próprias e com o outro, permitindo, dessa forma, colocar em andamento a simbolização de emoções e vivências ligadas a várias dimensões da vida mental, como vida e morte, desamparo e onipotência, possibilidade ou impossibilidade de sentir-se existente psiquicamente.

O segundo fragmento clínico é de um trabalho psicanalítico com um jovem de 15 anos que me procurou a pedido dos pais, que não se achavam em condições de suportar sua rebeldia: "está indo muito mal na escola, repetiu o ano, tem amigos mal-encarados, está bebendo muito e fumando muita maconha". Revelava claramente sua onipotência como forma de lidar com seu desamparo! Como atravessar essa turbulência?

Luca logo aceitou começar um trabalho comigo: sentia-se pressionado pelos pais, culpado pelas brigas constantes com eles e pela culpa infundida pelo "sentimento de não gostar deles". Sentia-se também muito desvalorizado por eles e por si próprio, o que lhe trazia muito sofrimento e a ideia de que "viver assim não valia a pena". Parecia muito deprimido e sozinho. Tinha uma irmã pequena, de quem não se aproximava afetivamente.

Deitou-se no divã antes mesmo de ser convidado a fazê-lo, o que me deu a impressão inicial de disponibilidade e entrega para o trabalho analítico. Nos primeiros tempos, passava as sessões se queixando dos pais, especialmente da mãe, que muitas vezes explodia e o agredia por ocasião de brigas e discussões. Queria ser respeitado como adulto, mas se comportava como "moleque" e era muitas vezes tratado como criança, como sua irmã menor. Às vezes surgiam brigas com amigos e ele se sentia traído e desprezado. Algumas vezes falou das meninas e do seu medo de se aproximar delas.

Em uma determinada sessão, chegou com um corte de cabelo diferente, com uma risca marcada do lado, dizendo que esta era a marca da sua turma, cinco amigos "da pesada".

> Luca: Vamos marcar uma briga com a outra turma, do cara que me ameaçou. Agora o líder do meu grupo é um cara super-respeitado, tem grana, ele é quase um traficante. É do meu bairro, mas frequenta as bocas. Outro dia ele falou, vamos na festa X? Você sabe o que é esta festa, Ana?
>
> [Eu disse que não sabia. Então Luca me explicou:]
>
> L: Nessa favela, tem duas festas quentes, e uma delas é a X; no fim de semana, meus pais viajaram e me deixaram ficar aqui. O "chefe"

> deu a ideia e a gente foi na festa. Você precisava ver que incrível: cheio de cara armado, não sei se era metralhadora ou outra arma. Eles ficavam policiando a festa, andando em volta. A gente entrou, comprou uma "cerva" e ficou olhando pra ver se dava pra chegar em alguma "mina"...
>
> [Neste momento senti minhas pernas tremerem e tive a impressão de desmaiar de medo. Olhei para Luca estendido no divã e o "vi" todo baleado e sangrando.]

Que cena terrível! Fiquei paralisada de horror. Em seguida me lembrei de um amigo que perdeu o filho baleado numa boca de fumo, onde tinha ido comprar maconha. Estava apavorada. Acho que fui visitada por uma assombração! Tive vontade de perguntar: "Você não tem medo?", ou de dizer: "*É uma loucura ir nestas festas,* vocês não têm ideia de onde estão se metendo... Seus pais têm razão de te controlar e estabelecer horários pra você voltar! Isso que vocês fazem é uma maluquice total! Vocês podem ser assassinados nestas festas de favela!".

Entretanto, tive a possibilidade de ampliar minha mente continente e evitar juízos morais de senso comum, que apenas multiplicariam as falas paternas. Pude transformar essa visão em sonho e utilizá-la para pensar! Quando Luca ficou em silêncio, me recuperei daquela "enxurrada de tiros", vi a sala, o divã, o jovem vivo deitado e pude nomear sua onipotência:

> ANALISTA: Você fica fodão e fortão nesta festa com esse amigo!
>
> [Ele me olha espantado e boquiaberto. Eu continuo:]
>
> A: Você acredita que ter medo é coisa de gente fraca, desprezível. Então, me matando de medo, você faz o seu medo desaparecer como um passe de mágica. Sabe quando a gente assiste filme de terror pra dar risada e afastar o medo?

[Neste momento penso que algum medo é necessário para manter a sobrevivência, diferente do pavor que nos paralisa, ou da negação do medo que nos deixa poderosos, como eu via Luca operando.]

A: Os seres vivos têm medo, eu também tenho, às vezes temos medo de morrer, outras temos medo de viver...

[Luca continua em silêncio, me escutando. Depois de um tempo, olho para ele e "vejo" um lindo rapaz moreno, vivo e esbanjando beleza e sensualidade. Num passe de mágica, os buracos dos tiros e o sangue escorrendo desapareceram. Ele continua em silêncio.]

A: Agora saímos da festa X! Ufa!

L: [depois de um longo silêncio] Lembrei da Lucia [uma menina de quem ele gosta, mas tem medo de se aproximar. Luca se mexe no divã]. Eu não sei... Eu queria namorar ela, mas daí tem que dizer não pros amigos, vai ser complicado. Eu também tenho muito ciúme, e ela também. Não sei...

A: Então, precisa ter uma puta coragem pra namorar.

[Luca fica em silêncio um tempo.]

L: Coragem de dentro! Não é essa coragem de fora que eu estava falando antes! [Comove-se muito.] Que lindo, dava um cartão de Natal!

A: Um cartão de natal que você mesmo que fez!

Nesse fragmento, percebo novamente como a possibilidade de acolher esse pesadelo e transformá-lo em sonho nos permitiu entrar em contato com a profundidade do mundo psíquico de Luca, e encontrá-lo enfrentando a coragem e o medo de ser homem humano, de existir, de amar, podendo inclusive vivenciar esse medo e comover-se. Fica evidente, na minha opinião, um movimento que atravessa a cesura entre o desamparo e a onipotência, entre o narcis-ismo e o social-ismo, expressando um momento importante da constituição do eu nesse jovem.

Um momento em que o movimento da dupla se fez, no meu modo de ver, do conhecer para o ser, o tornar-se (Bion, 1965/2004). No lugar do terror surgiram um homem e uma mulher que podiam conversar. Essa experiência foi tão importante, que se transformou em vocabulário próprio da dupla analítica, evidenciando de certa forma uma atenuação dos aspectos narcísicos e onipotentes, e uma fresta no sentido de buscar e aceitar parcerias necessárias para viver.

Recentemente, pudemos conversar mais de modo mais livre e com menos persecutoriedade sobre a maconha e sua atividade anestesiante das dores do viver e dos medos do futuro. Mostrei-lhe como ele estava vivendo uma vida religiosa, onde havia um altar em cima do qual estava a maconha. Isso restringia muito seu universo e seus interesses! Luca ficou muito impressionado com isso e começou a fazer um movimento de fumar menos. Começou a perceber que sem maconha ficava mais inteligente. Surgiu nessa época um amigo diferente dos outros, com quem ele podia conversar sobre os medos do futuro e as angústias do presente, e não apenas exibir-se e disputar o poder e a força.

Num determinado momento, começa a falar que estava preocupado com o pai, que está muito doente: "não sei se ele vai sarar, tenho medo que ele morra...". Conversou sobre isso com o amigo, falaram do futuro, e também comigo esta conversa apareceu:

> L: Eu *tô* com muito medo mesmo dessa coisa do meu pai. Se for assim, como a gente vai fazer? Minha mãe não vai dar conta sozinha, minha irmã é pequena... Eu *tô* muito aflito.
>
> A: Você está se sentindo sozinho.

L: *Tô* mesmo, ainda bem que agora tenho o X pra conversar e você também. A gente saiu da prova e ficamos falando do futuro, pensando no que vou fazer da vida... Eu gosto de medicina, mas sei que é difícil para entrar e para sair da faculdade. Meu amigo quer ser engenheiro. Tudo vai depender de mim...

A: Agora é com você, né, Luca?

L: Só comigo mesmo, *tô* sozinho nessa, mas não *tô* achando ruim, não. Besteira ficar culpando pai e mãe, a escola, o governo... Acho que alguma coisa *tá* mudando em mim.

A: Você está se construindo, se fazendo, e por isso não acha ruim. Tem parte triste, aflitiva, mas tem o prazer de ir sentindo você crescer, virar gente grande, com coragem.

L: Coragem de dentro, Ana! Cada vez mais esta frase fica verdadeira! Incrível como esta conversa vai fazendo uma construção. Mesmo conversando com você, eu que tenho que viver a minha vida por mim mesmo!

Nesse fragmento, observo como Luca se move da violência e da onipotência apresentadas no primeiro fragmento para a agressividade necessária para a vida, a responsabilidade por si próprio e a elaboração da exclusão edípica, delineando um projeto de futuro com esperança em seus próprios recursos. Penso, portanto, que as transformações vividas pela dupla analítica são propiciadas pela interação das duas pessoas, analista e analisando.

No entanto, quero aqui enfatizar a responsabilidade do analista nesse convívio, pessoa com mais experiência de análise e de vida, no sentido de se permitir ser tocado pelas experiências vividas. Volto então a considerar a interminável formação do analista, suas análises e reanálises, e sua constante busca de nutrição psíquica por meio da arte, da literatura, da poesia, capazes de engendrar pensamento onírico, imagens poéticas e palavras que possam abrir novos caminhos e trazer outros sentidos, ampliando o espaço mental e adentrando dimensões arcaicas, ainda não nascidas. Estou aqui destacando as transformações do analista devidas à sua interminável formação e propondo que ele possa manter constante contato com sua mente, sua vitalidade psíquica, sua capacidade de tolerar e transformar dor mental.

Para terminar, trago um conto de Eduardo Galeano (1989/1991) que, para mim, se constitui em um sonho capaz de pensar/sonhar o que entendo por psicanálise neste momento de minha vida. Penso que olhar, como expressa o conto, sintetiza ao mesmo tempo algo abstrato, próprio do pensar e da possibilidade de alcançar algum sentido, e algo mais próximo do concreto, do sensorial, da ação motora de ver. Um salto da função alfa (Bion, 1962/2021) em direção ao sentido da experiência vivida. Além disso, o vocábulo olhar traz o aspecto essencial da imagem visual, que tanto enfatizei nos dois fragmentos clínicos apresentados.

> *Diego não conhecia o mar. O pai, Santiago Kovadloff, levou-o para que descobrisse o mar. Viajaram para o Sul. Ele, o mar, estava do outro lado das dunas altas, esperando. Quando o menino e o pai enfim alcançaram aquelas alturas de areia, depois de muito caminhar, o mar estava na frente de seus olhos. E foi tanta a imensidão do mar e tanto o seu fulgor, que o menino ficou mudo de tanta beleza. E quando finalmente conseguiu falar, tremendo, gaguejando, pediu ao pai: "Me ajuda a olhar!". (p. 15)*

Penso que nosso trabalho pode estar contido nesse pedido de Diego e na possibilidade de atendê-lo: ajudar a olhar o que é invisível aos olhos do rosto, mas que pode, com muito trabalho analítico e intuição analiticamente treinada, tornar-se visível aos olhos da mente!

Referências

Alves, D. B. (s. d.). Comunicação pessoal.

Azevedo, A. M. (2020). *Passado e presente*. Blucher.

Bion, W. R. (1962/2021). *Aprender da experiência*. Blucher.

Bion, W. R. (1965/2004). *Transformações: do aprendizado ao crescimento*. Imago.

Bion, W. R. (1970/2007). *Atenção e interpretação*. Imago.

Bion, W. R. (1976/1981). Cesura. *Revista Brasileira de Psicanálise*, *15*(2), 123-186.

Blos, P. (1996). *Transição adolescente: questões desenvolvimentais*.

Carelli, R. (2021). *Terrapreta*. Editora 34.

Cassorla, R. M. S. (2010). Função alfa implícita do analista, trauma e análise de pacientes borderline. *Livro Anual de Psicanálise*, *24*, 61-78.

Chuster, A. (2018). *Simetria e objeto psicanalítico: desafiando paradigmas com W. R. Bion*. Tristudio.

Ferrari, A. (1995). *O eclipse do corpo: uma hipótese psicanalítica*. Imago.

Ferrari, A. (1996). *Adolescência: o segundo desafio*. Casa do Psicólogo.

Freud, S. (1905/2016). As transformações da puberdade. In S. Freud, *Obras completas de Sigmund Freud* (Vol. 6, pp. 13-172). Companhia das Letras.

Freud, S. (1916/2010). A transitoriedade. In S. Freud, *Obras completas de Sigmund Freud* (Vol. 12, pp. 247-252). Companhia das Letras.

Freud, S. (1923/2007). O Eu e o Id. In S. Freud, *Obras psicológicas de Sigmund Freud* (Vol. 3, pp. 13-92). Imago.

Frochtengarten, J. (2018). *Ainda e outra vez "O aprender com a experiência" (e outras coisinhas mais: transformações em O e at-one-ment)*. Trabalho apresentado em Conversas Psicanalíticas, SBPSP.

Galeano, E. (1989/1991). *O livro dos abraços*. LSPM.

Green, A. (1993/2010). *O trabalho do negativo*. Artes Médicas.

Jeammet, P., & Corcos, M. (2005). *Novas problemáticas da adolescência: evolução e manejo da dependência*. Casa do Psicólogo.

Meltzer, D. (2023). *Diálogos clínicos com Donald Meltzer*. Blucher.

Morin, E. (2000). *Meus demônios*. Bertrand Brasil.

Perrini, E.A. L. (2018). *Recordar repetir e criar na clínica psicanalítica: do lero-lero à pancada do arrepio*. Trabalho apresentado na SBPSP.

Rassial, J. J. (1999). *O adolescente e o psicanalista*. Companhia de Freud.

Tabucchi, A. (2010). Nuvens. In A. Tabucchi, *O tempo envelhece depressa*. Cosac Naify.

Bibliografia

Bion, W. R. (1977/2016). *Domesticando pensamentos selvagens*. Blucher.

Vannucchi, A. M. S. (2013). Medo e paixão na formação analítica: uma trajetória pessoal. *Jornal de Psicanálise*, *46*(85), 49-60.

Vannucchi, A. M. S. (2020). Transformações do/no analista: entre assombros e assombrações. *Jornal de Psicanálise*, 53(98), 291-307.

3. O analista, seu paciente adolescente e a estupidez no campo analítico[1]

Roosevelt M. S. Cassorla

Este trabalho amplia reflexões anteriores em que foram discutidos aspectos do processo de desprendimento do adolescente, o que permitiu identificar fatores relacionados a comportamentos que simulam simbioses: adicção a pessoas, drogas, ideologias, religiões, gravidez precoce, atração pela morte. Discutiu-se também seu oposto, a independência precoce (pseudomaturidade) (Cassorla, 1985, 1986, 1991a). Essa linha de investigação derivou para o estudo do campo analítico quando pacientes graves defrontam o analista com emaranhados defensivos de difícil acesso (Cassorla, 2005, 2008, 2012a, 2015).

Neste texto, retomo o estudo dos emaranhados em conexão com as ideias iniciais sobre as vicissitudes da adolescência. Em particular, serão discutidas situações em que a capacidade de sonhar e pensar do analista se encontra embotada. Esse embotamento ocorre quando a dupla analítica se aproxima de vivências

---

1 Este texto é uma atualização de trabalho publicado originalmente em *Calibán – Revista Latinoamericana de Psicanálise*, *11*, 43-53, 2013, que recebeu o Prêmio Psicanálise de Crianças e Adolescentes da Federação Psicanalítica da América Latina (Fepal).

traumáticas decorrentes do processo de desprendimento do adolescente. Seguindo Bion (1958/1967), nomeio esse embotamento como *estupidez*.

Utilizo duas acepções para *estupidez*, que se complementam. A primeira se refere, no mito de Narciso, à situação em que este se apaixona pela própria imagem refletida na água de um lago. A estupidez se revela na incapacidade de Narciso de discernir *self* de objeto. Esse obstáculo na percepção da realidade faz, numa das versões do mito, com que Narciso se afogue ao tentar alcançar o objeto idealizado que ele não percebe ser sua própria imagem.

Transpondo a situação para o campo analítico, estamos numa área em que analista e paciente, por meio de identificações cruzadas, constituem uma relação fusional. Cada um sente o outro como prolongamento de seu próprio *self*, e ambos podem não ter consciência desse fato. Quando isso ocorre, o processo analítico permanece congelado na área dual de fusão-confusão, ainda que em outras áreas possa ocorrer desenvolvimento.

A segunda acepção de estupidez remete à indelicadeza grosseira de Narciso quando recusa o amor da ninfa Eco. Narciso diz a Eco que prefere morrer a receber seu amor. Podemos considerar a rejeição de Narciso como resultante do terror de entrar em contato com o outro, isto é, com a diferenciação *self*-objeto. Portanto, a função da estupidez é evitar o contato com a realidade triangular para manter a fantasia de completude narcísica.

A transposição da segunda acepção para o campo analítico indica situações em que a percepção da realidade triangular é atacada. A ameaça de discriminação *self*-objeto provoca ansiedade catastrófica. Essa ansiedade é descarregada, ao mesmo que a dupla analítica retorna à situação dual fusional. Quando o paciente atribui, com razão, essa percepção ao trabalho analítico, este será atacado. Esse ataque pode ser efetuado rompendo os vínculos entre analista e paciente (Bion, 1959/1967) e tentando deformar ou bloquear a capacidade de pensar do analista por meio de identificações projetivas massivas que o recrutam a não pensar. Esse recrutamento pode enganchar-se em fatores próprios do profissional. Portanto, a retomada da relação dual e a estupidez são precedidas de um esboço insuportável de contato com a realidade.

As configurações implicadas nas duas acepções oscilam em duplo sentido: relação dual congelada ↔ ameaça de percepção da relação triangular. Logo, a estupidez se manifesta tanto na impossibilidade de perceber-se a relação dual como na impossibilidade de vivenciar a relação triangular.

O leitor certamente está familiarizado com os modelos descritos. Eles remetem ao trabalho com pacientes que revelam dificuldades para perceber e viver na realidade triangular, onde *self* e objeto estão discriminados. Entre esses pacientes estão aqueles em que predominam configurações *borderline*, isto é, em que partes cindidas vivem em um mundo de relações duais enquanto outras mantêm contato com a realidade triangular. Esses pacientes não conseguiram, em determinadas áreas de sua mente, elaborar situações edípicas, retornando ou permanecendo em situações narcísicas. Por outro lado, a atração pelas situações narcísicas indica traumas que dificultam sua elaboração.

O mito de Édipo revela situações similares ao de Narciso. Se neste o estado inicial é a fusão indiferenciada e a triangularidade é a ameaça, no mito edípico a triangularidade adquirida se torna insuportável, e por esse motivo é desfeita. Isso ocorre, por exemplo, quando Édipo inicia a investigação em busca do assassino de Laio.

Édipo consulta Tirésias, o adivinho cego. Ocorre um tenso e agressivo diálogo no qual Tirésias tenta abrir os olhos de Édipo para a realidade.[2] Um esboço de sua percepção ameaçadora leva

2 Este diálogo pode ser encontrado na obra *Édipo-Rei*, de Sófocles, teatralização do mito.

Édipo a se defender efetuando violentas projeções dentro de Tirésias. Édipo acusa grosseiramente Tirésias de estar em conluio com Creonte (irmão de Jocasta) para tirar-lhe o trono. Dessa forma, Tirésias, o agente da percepção ameaçadora, passa a ser responsabilizado pelas fantasias inconscientes de Édipo. Ao projetá-los dentro da dupla Tirésias-Creonte, esta se torna depositária dos aspectos vorazes, invejosos e destrutivos, livrando a dupla Édipo-Jocasta, os reais usurpadores do trono de Laio.[3]

Se considerarmos que mitos podem descrever configurações emocionais, não nos surpreenderemos com o fato de Narciso e Édipo serem adolescentes, pois é justamente na adolescência que a oscilação e a confusão entre aspectos narcísicos e edípicos se apresenta com intensidade. Portanto, o psicanalista que lida com adolescentes corre riscos similares aos desses mitos. O jovem Narciso poderá ver o analista como um prolongamento de si mesmo, uma imagem no lago. O analista corre o risco de identificar-se com essa imagem e ver, também, o adolescente como um prolongamento de si mesmo. O espelhamento apaixonado se revela como conluios de idealização mútua sem que o analista perceba o que está ocorrendo.[4]

Sabemos que o adolescente passa por grande turbulência emocional (Bion, 1977/1987), fruto da intensidade e da confusão pulsionais frente a um ego ainda não suficientemente maduro. O conflito consequente é tornado mais complexo pela revivescência de situações edípicas infantis que se manifestam num corpo capaz de colocar em ato fantasias assassinas e incestuosas. O conluio de idealização mútua tenta, de alguma forma, manter essas fantasias

3 Penso que Tirésias também estaria projetando massivamente em Édipo fatos conflitivos "edípicos" próprios, miticamente expostos em sua interferência nos conflitos entre Zeus e Hera e no assassinato de serpentes durante o ato sexual (Cassorla, 2008, 2010).

4 Conluios duais, idealizados e/ou sadomasoquistas serão chamados adiante de *enactments crônicos*.

sob controle ao transformar uma potencial relação triangular em relação dual. Porém, a ameaça de perda desse controle é constante. As fantasias edípicas provocam, figuradamente, tempestades e *tsunamis*, revolucionando o plácido espelho d'água que refletia a completude narcísica. O jovem paciente Narciso se desespera com a ameaça de desintegração da imagem (e do *self*) e a consequente percepção de que o analista é outro, não *self*. Essa percepção é vivenciada como terrivelmente traumática.

As diferentes formas como essas configurações são externalizadas no campo analítico, somadas às condições do analista de transformá-las, nos orientam em relação às possíveis elaborações que estão ocorrendo (ou não) durante a adolescência de determinado paciente. Quando a dupla analítica oscila, com certa flexibilidade, entre relações duais e relações triangulares, o analista intui que predominam fatos da adolescência "normal". Rigidez alerta para o risco de estabilização de configurações *borderline*. Essa estabilização, no entanto, somente deverá ser considerada após a diminuição da turbulência adolescente.[5]

A estupidez e a cegueira do analista para as configurações descritas indicam identificação com os aspectos narcísicos do paciente. A autopercepção dessa estupidez pode nunca ocorrer, redundando em paralisia do campo na área em questão e impasses analíticos, ou poderá ser percebida quando o analista discute seu material com colegas ou quando, incomodado, escreve ou reflete sobre seu incômodo. Trata-se de um segundo olhar (Baranger, Baranger & Mom, 1982).

No entanto, em muitas situações, a estupidez é percebida, paradoxalmente, quando se revela na segunda acepção estudada. Isto

5 Gammelgaard (2010) discute profundamente o estado atual do conceito de *borderline*. Em Outeiral (1993), encontram-se trabalhos abordando essas configurações no adolescente sob diversos enfoques teóricos.

é, o analista, acompanhando o paciente, como que perde a cabeça. Sua estupidez, tornada evidente, estimula o analista a investigar o fato. Em seguida, isto é, *après coup*, o analista se dá conta de sua estupidez anterior em relação aos conluios duais. Esses aspectos serão ilustrados no material clínico.[6]

A classificação, propositalmente didática, das relações objetais em duais (narcísicas) e triangulares (edípicas) será complementada, sumariamente, com elaborações metapsicológicas. Freud (1911/1969) mostrou a importância da capacidade de suportar frustração para que a capacidade de pensar se desenvolvesse. As contribuições kleinianas indicam que a possibilidade de pensar depende da capacidade do ser humano de formar símbolos (Segal, 1957/1983). Essa capacidade está intimamente ligada à possibilidade de elaboração adequada das posições esquizoparanoide e depressiva. Essa elaboração, por sua vez, ocorre simultaneamente com a elaboração da situação edípica. Em modelo bioniano, a oscilação entre as duas posições (EP ↔ D), somada a uma relação continente-contido adequada, avança na compreensão dos fatos. A capacidade de sonhar e pensar envolve a constituição de uma rede simbólica, na qual os primeiros esboços de símbolos – elementos alfa que se apresentam como pictogramas – são transformações de elementos beta, sem significado. Bion amplia as ideias freudianas sobre os sonhos ao considerar essas transformações como produto de uma espécie de trabalho de sonho, o trabalho de sonho alfa ou função alfa. O desenvolvimento da capacidade de sonhar e pensar, por sua vez, permitirá maior capacidade de lidar com frustrações e aprender com a experiência emocional.

A partir desse referencial (Bion, 1962/1966), consideramos que a capacidade de pensar se revela pelo sonho (tanto diurno quanto noturno), colocado no campo analítico por meio de cenas,

---

6 Essa situação será nomeada adiante como *enactment agudo.*

enredos e narrativas simbólicas. Esses sonhos somente serão possíveis quando o paciente (ou parte dele) vive na realidade triangular. São fruto da parte não psicótica da personalidade. O analista capta os sonhos do paciente, identifica-se com ele, e os ressonha, desfazendo ou modificando defesas fruto do conflito edípico. O sonho do analista é contado ao paciente, que, por sua vez, o sonha novamente e assim por diante. Constituem-se *sonhos a dois*.

Em área em que a simbolização está prejudicada, isto é, em área dual ou parte psicótica da personalidade, não será possível sonhar. Elementos sem significado ou com significado deteriorado ou bizarro serão eliminados por meio de identificações projetivas. O conjunto desses fatos pode ser chamado de *não sonhos*.

Os não sonhos são externalizados no campo analítico por meio de descargas de elementos que não se conectam à rede simbólica. O analista se deixa penetrar pelos não sonhos de seu paciente e, utilizando sua função alfa, dá-lhes significado. O analista transforma em sonho o não sonho do paciente. Nesse momento, o paciente é introduzido na realidade triangular. Se ela não for suportada, o paciente reverte o sonho em não sonho. O analista tenta de novo e de novo e, na melhor das hipóteses, a própria função alfa do analista termina por ser introjetada, possibilitando que o paciente sonhe por si próprio.

Quando os não sonhos do paciente atacam a capacidade de pensar do analista, por vezes enganchando-se em aspectos próprios do profissional, este também produz não sonhos. Nessas situações, o campo analítico é tomado por *não sonhos a dois*. Estes constituem a matéria-prima dos conluios duais descritos anteriormente (Cassorla, 2005, 2008, 2015).

As ideias de sonho e não sonho aplicadas aos mitos nos mostram que o adolescente Narciso, ao não sonhar, não pode discriminar *self* de objeto. A eventual transformação de seu não sonho em sonho, pelo analista (ou por Eco), é revertida em não sonho. Impedir que o analista sonhe, constituindo-se não sonhos a dois, é a melhor forma de manter a relação narcísica. O processo analítico permanece congelado na área em questão.

O jovem Édipo tem capacidade de sonhar, mas o sonho o faz tomar consciência de fatos terríveis vinculados a assassinato e incesto. Não suportando essa percepção, Édipo reverte o sonho em não sonho destruindo o significado da realidade triangular.

Lembremos que Narciso e Édipo coexistem no mesmo adolescente e a oscilação não sonho ↔ sonho (com as infinitas possibilidades intermediárias) é equivalente à oscilação entre relações duais e triangulares e EP ↔ D.[7]

O conluio idealizado pode transformar-se, rapidamente, em um conluio sadomasoquista e vice-versa. Como a idealização não pode ser mantida permanentemente (afinal, mesmo em conluio idealizado, o analista também frustra, por exemplo, interrompendo a sessão), o paciente se ressente e passa a atacar o analista. Este revida ou se submete e o paciente faz o mesmo. A situação se repete e repete sem poder ser significada e sonhada. Paciente e analista se mostram cegos e estúpidos ao não se darem conta do que está ocorrendo.[8]

Fenomenologicamente, a oscilação entre conluios duais idealizados e sadomasoquistas se revela, ao observador externo, como seduções e ataques. Estes envolvem acusações, vitimização, chantagens, ameaças de abandono, tentativas de suicídio etc., que se

---

7 Na fronteira entre as duas configurações, o jovem se assemelha a Hamlet: "Ser ou não ser, eis a questão". "Não ser" se manifesta como conluio narcísico e/ou indiscriminação na morte e "ser", em penoso contato com a realidade.

8 Penso que conluios idealizados correspondem à "pele fina" e conluios sadomasoquistas, à "pele grossa", organizações patológicas (Steiner, 1993/1997) descritas pioneiramente por Rosenfeld (1987/1988) em pacientes *borderline* (Cassorla, 2012a, 2015).

arrastam em forma ressentida. O analista, recrutado pelas projeções, pode sucumbir a elas sentindo-se culpado e/ou odiento e/ou impotente e/ou sedutor etc. Impossibilitado de pensar suas experiências emocionais, o analista contribui para a manutenção da relação dual.[9]

O funcionamento mental do adolescente pode ser deduzido a partir das características de suas relações objetais. O retraimento de Narciso impede o contato com o outro e podemos supor que ele mantém uma relação de indiscriminação com Liríope, sua mãe. Os conflitos de Édipo se relacionam intimamente com pai e mãe internalizados e projetados. Em ambos os mitos, surgem claramente conflitos das figuras parentais. É possível imaginar Liríope apaixonada por seu belo filho. Tirésias anuncia que Narciso morrerá se olhar a si mesmo. A prática psicanalítica sugere que Liríope interpretou o vaticínio convenientemente para manter a relação dual. Jocasta, por sua vez, "fecha os olhos" para a percepção de que Édipo poderia ser seu filho e o auxilia a conquistar o trono paterno.[10]

Os fatos descritos até aqui nos alertam para a rede de identificações projetivas cruzadas que toma o campo analítico quando trabalhamos com adolescentes (Cassorla, 1997). Elas envolvem pais, familiares, professores, parceiros amorosos e buscam recrutar o analista. Fazem parte do dia a dia do trabalho com jovens. O analista não pode ignorar esses fatos e muitas vezes, para compreendê-los, terá que entrevistar os familiares. Curiosamente, em geral, o paciente não deseja participar dessas entrevistas, como que intuindo a necessidade dos pais de terem um espaço próprio.

---

9 Como modelo auxiliar, consideremos dois gêmeos numa espécie de útero, enlevados mutuamente (conluio idealizado) e/ou atacando-se em forma ressentida (conluio sadomasoquista). Mas, permanecem no útero, evitando nascer para a realidade.

10 O mecanismo de "fazer vista grossa" é discutido em Cassorla (1993), em trabalho inspirado por Steiner (1985).

Em outras palavras, não seria fácil atender psicanaliticamente Narciso ou Édipo sem ouvir pelo menos Liríope e Jocasta. Certamente, após ouvi-las, elas seriam encaminhadas para outros analistas.

A clínica

Sabia que estava irritado com Katia. Sabia, também, que me sentia preocupado e impotente. Era a quarta sessão, em sequência, a que Katia faltava. Nas anteriores, como sempre, o "mordomo" havia deixado recado gravado. "Katia manda avisar que não poderá ir porque...". O motivo era explicitado: "teve que viajar com a mãe", "tem consulta médica", "saiu com o pai".

Ainda que eu ficasse irritado com os recados, e com o fato de o mordomo estar entre nós, sentia uma certa mudança – alguma consideração por minha pessoa. Antes Katia nem sequer mandava avisar. Faltava muito e, quando comparecia, comportava-se como se nada tivesse acontecido. Quando eu investigava fatores relacionados às faltas, Katia dizia, como se fosse óbvio, que faltara porque tivera outro compromisso. Para Katia não havia por que informar seu analista, nem antes da falta, nem depois.

Katia chegara à análise fazia poucos meses. Nas primeiras sessões me contara, reticente, fatos indicativos de um surto psicótico cuja manifestação mais evidente ocorrera dois anos antes, quando se mudara para estudar na cidade H. Estava com 17 anos na ocasião.

Ao mudar-se para H, Katia havia interrompido recentemente uma análise que iniciara aos 7 anos de idade. Contou-me que, após certo tempo, sua psicanalista passou a atender também sua mãe, seu pai e sua irmã, em horários diferentes. Quando a analista passou a contar-lhe fatos pessoais, pedindo-lhe que mantivesse segredo, Katia ficou confusa e após algumas semanas contou o fato para os pais. Por esse motivo, todos cessaram os tratamentos.

Essas informações me fizeram suspeitar da intensidade das identificações projetivas cruzadas nesse núcleo familiar. Ajudaram-me, também, a formular hipóteses sobre o mal-estar que vivenciara quando a primeira consulta fora marcada. Sua mãe havia me ligado e me pedido para ver Katia. Disse-me claramente que os pais preferiam não falar comigo e que eu me entendesse diretamente com ela. Esse aparente respeito pela individualidade me surpreendera positivamente.

No entanto, após as primeiras entrevistas, em que me senti confuso com as informações, resolvi conversar com os pais. Katia me disse, enfaticamente, que não queria que eu falasse com eles. Ela não sabia dizer-me quais eram os motivos e percebi que não admitia continuar investigando o tema. Imaginei que, se eu não respeitasse seu pedido, ela não mais confiaria em mim.

Sem perceber, eu já estava envolvido num conluio sadomasoquista em que tanto Katia como seus pais me paralisavam. Minha idealização inicial sobre o respeito da família à individualidade transformou-se numa submissão a seus desejos. Por algum tempo mantive a idealização e não me dei conta suficientemente da submissão. Tornara-me estúpido e cego, ainda que em outras áreas de minha mente eu desconfiasse que havia algo errado.[11]

Logo me ficou claro que os aspectos psicóticos de Katia persistiam e seu retraimento visava escondê-los, ainda que também os anunciassem. As sessões começavam com a frase "Estou bem, cada vez melhor", seguida de "É isso" e "Não tenho o que falar". Sentia-me forçado a investigar e perguntar, perdendo minha espontaneidade. Os silêncios e as respostas monossilábicas de Katia podiam deixar-me exasperado. Em algumas ocasiões parecia que Katia,

11 Posteriormente, ficaria claro para mim que a família simbiotizada, ao dificultar meu trabalho, se protegia do desprendimento potencial de um de seus membros, isto é, da percepção das relações triangulares.

como que penalizada comigo, me contava algo mais, mas assim que eu investigava o relato, era interrompido. Katia sentia minha participação em sua vida como muito perigosa, mas se me sentisse distante, tentava, receosamente, aproximar-se. Minha correspondência a fazia retrair-se novamente. Quando tentava descrever esses movimentos, Katia me ignorava ou me via como perturbado. Ainda que me sentisse impotente e confuso, acreditava que se continuasse pacientemente meu trabalho, as coisas ficariam mais claras com o tempo.

Katia buscava manter um conluio idealizado comigo tentando convencer-me de que "estava cada vez melhor" ou contando-me fatos alvissareiros que não me faziam sentido. Não me era difícil perceber os ataques ao vínculo manifestados por meio de proibições, faltas, omissão de informações e atrasos no pagamento. No entanto, o fato de não conseguir livrar-me deles (isto é, não poder sonhá-los para dar-lhes significado) me faria perceber, adiante, que estava parcialmente envolvido em não sonhos a dois.

Aos poucos, explicações racionalizadas sobre o surto psicótico apareceram. Teria sido uma fase "em que se sentia em unidade com Deus e o Universo", fase da qual sente muita saudade, mas, ao mesmo tempo, vivia aterrorizada. Lembra que em certa ocasião, ao ter uma crise de pânico, saiu correndo sem rumo pelas ruas. Rapidamente passou a acreditar que tudo tinha origem em feitiços e drogas que professores e colegas a teriam feito ingerir sem que ela percebesse. E teriam feito isso porque invejavam sua inteligência e queriam roubar-lhe o namorado.

Com o tempo, pude suspeitar que, na ocasião do surto, predominavam relações idealizadas simbióticas com colegas, professores, namorados e pais, alternando-se ou confundindo-se com relações sadomasoquistas em que ocorria violência, chantagens, submissões e seduções. A sexualidade também se revelava confusa. Os relatos eram efetuados em forma monótona, controlada, embotados afetivamente. Sentia Katia e o processo analítico aprisionados no passado. Katia desconsiderava qualquer colocação relacionada ao que estava ocorrendo no presente, mais ainda se ocorresse dentro do campo analítico.

Katia me passava uma imagem de seus pais, herdeiros de uma linhagem familiar, como uma Família Real. Chamava a atenção a suposta cegueira dos pais, que acreditavam que Katia estava apenas "estressada". A teoria do envenenamento por drogas era sustentada convenientemente por todos.

Em certo momento, Katia contou que, na ocasião do "estresse", iniciara uma terapia alternativa na cidade H. Semanas depois, sua mãe iniciou terapia com a mesma pessoa, em outro horário. Certo dia, a terapeuta disse, durante a sessão da mãe, que Katia estava muito doente, psicótica. Essa informação abalou o orgulho familiar e Katia foi retirada da terapia. Curiosamente, a família fingia ignorar que ela tomava medicação antipsicótica receitada por um psiquiatra.

Lembro que, momentaneamente, fiquei chocado com as condutas da terapeuta e seu "leva e traz". A expressividade de Katia, ao contar-me a "calúnia antiética" da profissional (dessa vez sem qualquer embotamento), embotara minha capacidade analítica. Somente ao escrever a sessão percebi o óbvio: que Katia me alertava para que eu fosse cuidadoso ao defrontá-la com a loucura. Caso contrário, a Família Real simbiotizada resgataria a princesinha ameaçada. Repetia-se o que havia ocorrido com a suposta analista anterior.

Aos poucos descobri que, antes de mudar-se para H, Katia era uma menina perfeita, "boazinha e obediente". A hipótese de que se mudara para tentar se dessimbiotizar dos pais tornou-se evidente. O contato brusco com a realidade triangular manifestou-se como surto psicótico, revelando o terror de aniquilamento consequente ao desprendimento vivenciado como traumático. Para evitar reviver o trauma no campo analítico, a menina "boazinha", talvez pseudomadura (Meltzer, 1966), e a família perfeita me recrutavam a participar da simbiose familiar. Entre suas poderosas armas se encontrava a identificação projetiva massiva que, ao tornar-me estúpido, poderia bloquear minha percepção do fato.

Em determinada sessão, a partir de um lapso revelador, descobri que Katia estava me escondendo uma decisão importante tomada durante a análise e que havia alterado significativamente sua vida. Indagada sobre o motivo da omissão, deu uma desculpa frágil. Senti-me enganado e desconsiderado.

Nesse momento, consciente de que tentava controlar meu ódio, adverti Katia que sua omissão de informações tornaria a análise impossível. Enquanto falava senti-me assustado, certo de que havia perdido o vértice analítico. Comportava-me como superego moralmente condenatório e a ideia de que estaria tentando proteger a relação era distante. Como Katia permaneceu indiferente, minha confusão aumentou e passei a ter certeza de minha estupidez.

Esperava que Katia ficasse ressentida com minhas observações. No entanto, após esse episódio, a análise adquiriu características surpreendentes. Katia não mais faltava às sessões. Seus relatos eram mais simbólicos. Nesse momento, ficou-me ainda mais claro que, na fase anterior da análise, grande parte do material que ela trazia (e escondia) era constituída por elementos sem significado ou por símbolos deteriorados (Cassorla, 2012b) que haviam perdido sua função expressiva (Barros, 2011). Confirmava que eram não sonhos.

Nessa nova fase, Katia me mostrava como tentava retomar a relação dual com seu namorado, buscando controlá-lo. Foram se tornando claras, tanto para mim como para ela, as vicissitudes da oscilação entre a relação dual e as terríveis consequências advindas da percepção de que o namorado era outra pessoa. No entanto, no campo analítico, Katia se comportava como uma paciente colaboradora e "boazinha". Sua tentativa de imobilizar-me por meio dessa suposta colaboração me era clara.

Katia reagia às fantasias ou ameaças de ruptura da relação narcísica com o namorado com violência, chantagens e vitimização. Tinha certeza de que era vítima da rivalidade de outra moça. Logo descobri que Katia havia "roubado" o namorado de sua rival. Em momentos em que sentia o terror de Katia deixar de existir, imaginava que ela poderia tentar matar-se. Minha intuição se revelou correta quando sofreu um grave acidente dirigindo embriagada, após uma discussão com o namorado. A Katia "boazinha" revelava sua destrutividade. Também desconfiava do aparente aproveitamento que Katia fazia da análise. Imaginava algo sedutor.

Após esse período, que durou poucas semanas, Katia voltou a faltar, agora sem avisar. Após três faltas consecutivas, telefonei para sua residência. Quem atendeu foi o mordomo, que me disse que Katia estava dormindo. Pedi que me ligasse assim que acordasse. Nada aconteceu. Outro telefonema, dias depois, fez o mordomo desculpar-se. Não sabia da sessão e não acordara Katia. Nesse telefonema ele me contou espontaneamente que Katia estava estranha, se trancava no quarto e falava pouco. Mostrou-se condoído comigo por Katia faltar à análise e imaginava que eu devia estar preocupado. Observei o mordomo-mãe fazendo parte da Família Real simbiótica. Essa percepção me fez indagar sobre os pais de Katia. O mordomo me informou que estavam viajando, "agora que a senhora estava melhor". Terminei por saber que a senhora sofria de uma doença grave. Senti-me irritado com Katia por ela não ter me contado. Percebi-me reformulando, em minha mente, todo o processo analítico anterior. Pedi que me telefonassem assim que retornassem, mesmo consciente de que Katia não queria que eu falasse com eles.

Katia continuou ignorando minhas mensagens. Imaginei que ela poderia estar em surto e correndo risco suicida. Angustiava-me não ter qualquer hipótese sobre o que estava ocorrendo. Nessa ocasião ocorreu um encontro científico e senti-me inconveniente por discutir a situação com uma gentil colega que mal conhecia. Buscava sonhadores auxiliares para meus não sonhos.

Dias depois, a mãe me ligou, surpresa por Katia estar faltando. Marquei uma entrevista com os pais. Mas, antes, Katia retornou, em seu horário habitual. Contou que estava bem. Faltara porque estava muito ocupada. Sabia que eu queria falar com seus pais e quis saber os motivos. Disse-lhe que havia coisas que não estavam claras e que seus pais poderiam esclarecer-me. Deixei claro que não abriria mão de vê-los. Afirmei, também, que percebi sua dificuldade em vir para as sessões. Enquanto tergiversava, disse-lhe que sua desculpa, de estar muito ocupada, não me fazia sentido.

Naquele momento Katia contou, brava, que viera a uma sessão, mas eu não estava. Descobri que isso ocorreu num dia em que Katia seria a primeira paciente porque o paciente anterior não viria. Lembrei que eu havia chegado 5 minutos antes de seu horário e ficara aliviado ao perceber que chegara antes dela. Katia chegara pouco antes de mim e, sabendo que eu não havia chegado, fora embora. Perguntei-lhe por que não me esperou. Disse que, como não estava sendo esperada, concluiu que eu não queria mais atendê-la.

Foi possível aproveitar esse episódio para mostrar a Katia seu ódio por ter se sentido rejeitada. Por isso me abandonara. O ressentimento odiento impedira que ela respondesse minhas mensagens. Katia projetara em mim o terror de aniquilamento vivenciado frente à percepção de que eu era outra pessoa, com vida própria.

Durante a conversa arrisquei um modelo. Eu, como se fosse um lacaio, deveria estar sempre de prontidão para adivinhar as necessidades e os desejos da princesa. Como eu não me comportara direito, a princesa me mandou embora. Ignorando minha existência, ela faria com que eu sentisse o terror de não existência que vivenciava constantemente, mas não tinha clareza sobre o fato (ao não saber simbolizá-lo e sonhá-lo, esse não existir aniquilante era vivenciado terrificamente como coisa-em-si). Ao mesmo tempo, Katia esperava que eu, desesperado pela vivência de não existência, a procurasse e me desculpasse. Seu ressentimento, no entanto, a impedia de ceder.

Durante essas interpretações, Katia associou com a relação que tinha com o namorado. Percebeu que projetava nele seu próprio desamparo e sua necessidade vital de ser vista e considerada. Katia associou a compulsão repetitiva com o que estava ocorrendo no campo analítico. Agora a dupla analítica podia sonhar a dois. Em determinado momento, quando lhe disse que parecia que eu estava mais interessado em sua análise que ela mesma, Katia soltou uma quase gargalhada, um riso franco como eu nunca havia ouvido. Achei graça em seu riso e me vi rindo com ela.

Minha função analítica fora retomada. A presença do terceiro (o lacaio que, não sendo lacaio, não estava à espera da princesa) e a possibilidade de discutir esse assunto, sonhando-o a dois, mostrava como a relação dual estava sendo desfeita.[12]

---

12 Este episódio, como o anterior em que chamo a atenção de Katia para a omissão de informações, simula estupidez do analista (*enactment* agudo), mas desfazem-se relações duais transformando não sonhos a dois (*enactments* crônicos) em sonhos a dois. Em outros trabalhos, demonstro que, durante os conluios duais, em áreas paralelas, o analista utiliza implicitamente sua função alfa, costurando buracos traumáticos. Quando há costura suficiente, o trauma é revivido, em forma atenuada, e pode-se viver na realidade triangular (Cassorla, 2008, 2015). O alívio que eu sentira por ter chegado a meu consultório antes de Katia embutia culpa por defrontá-la com a realidade triangular e dúvidas sobre sua capacidade de suportar esse trauma. Possivelmente, algum tipo de retaliação também estava envolvido.

A sessão seguinte validou o trabalho anterior, quando Katia me trouxe um sonho noturno, fato nunca antes ocorrido. Era atacada por um bando de animais-mulheres. Sentia que seria fuzilada. Os fuzis eram batons e as balas eram pirulitos. Conseguia desviar-se das balas. Era aterrorizante, mas o melhor ocorreu quando acordou e percebeu que se tratava apenas de um sonho. Contou que foi uma das melhores sensações que teve em sua vida. Mostrei-lhe que, agora, podia sonhar à noite os terrores que a atacavam 24 horas por dia. Ela disse ter certeza de que estava melhorando. O sonho de Katia indicava a presença de uma barreira de contato (Bion, 1962/1966), que se forma ao mesmo tempo que se elabora a situação edípica e surge a capacidade de simbolizar. Katia, no sonho, tentava dar significado a áreas de sexualidade perversa polimorfa.

Em seguida, introduzi a informação sobre a doença da mãe. Nesse momento, Katia me mostrou como tentava inutilmente negar esse fato. Essa negação tentava protegê-la do contato com terrores mortíferos e com a culpa por tê-la abandonado, mudando-se para H. A doença surgira poucos meses antes. Abriram-se possibilidades para, no futuro, trabalharmos revivescências de ataques, culpas e retaliações edípicas.

Após vários cancelamentos, os pais conseguiram vir. Katia não quis participar das entrevistas. Não foi difícil perceber a simbiose familiar. Os pais eram primos em segundo grau e as famílias viviam juntas havia gerações. As informações trazidas me fizeram suspeitar fortemente de transmissão transgeracional de defesas simbióticas. Foi possível perceber, também, que o momento para entrevistar esses pais tinha sido adequado. Deixei de condenar-me por uma suposta estupidez. A aparente ausência da família encobria, na verdade, mecanismos de controle do analista e, portanto, de manutenção da simbiose. Penso que, ao tentar evitar os problemas ocorridos nas outras terapias, as "fofocas" com os terapeutas, os pais oscilaram para o extremo oposto.

Durante a conversa, os pais terminaram por admitir que a filha havia tido um surto psicótico e imaginavam que ele poderia retornar a qualquer momento. Confessaram seu medo, já que havia esquizofrênicos na família, um segredo familiar. Tinham, também, consciência de que a doença da mãe havia abalado a integração (na verdade simbiose) familiar. O prognóstico da doença era, agora, melhor. Estavam iniciando terapia familiar, todos juntos... Cuidadosamente sugeri que também se tratassem individualmente, com analistas diferentes.

Estupidez, arrogância e curiosidade

Em "O ódio na contratransferência", Winnicott (1947/1978) coloca que, se o analista não demonstrar, de alguma forma, o ódio que o paciente lhe despertou, o paciente tampouco acreditará que pode despertar amor. Esse trabalho antecipou a vertente intersubjetiva da psicanálise contemporânea, que enfatiza o fato de que nada ocorre com um dos membros da dupla analítica que não seja influenciado ou influencie o outro membro (Baranger & Baranger, 1961-1962/1969; Brown, 2011). Neste texto, mostrei que, quando cabe, a manifestação do ódio na contratransferência pode desfazer conluios duais, ainda que o analista pareça estúpido.

Bion (1958/1967) demonstrou que a presença, no campo analítico, da tríade *estupidez-arrogância-curiosidade*, mesmo que de forma esparsa, encobre e ao mesmo tempo revela uma catástrofe psicológica destrutiva. No texto bioniano, estupidez tem a acepção de obtusidade, burrice. A estupidez considerada neste texto é acompanhada pelos outros dois elementos da tríade durante os conluios duais estudados e também quando eles se rompem.

O paciente manifesta *curiosidade* ao desejar continuar sua análise. Esse desejo o faz correr um risco considerável: não conseguir manter a fusão fantasiada com o analista. O risco de retraumatização, de destruição da relação dual, é similar ao de Adão e Eva quando são seduzidos pela serpente. E ao de Édipo quando consulta tanto o oráculo como Tirésias. E ao de Narciso frente a Eco.[13]

A fusão necessária é acompanhada de *curiosidade* em relação ao analista. O analista é conhecido a partir de sua reação às identificações projetivas que o paciente coloca dentro dele. O analista frustra o paciente se não se deixa recrutar e mantém mente própria. O paciente será expulso do "paraíso" dual tendo que enfrentar a realidade traumática.[14]

A *arrogância* se vincula à onisciência e à avaliação moralística que substitui a percepção da realidade por julgamento condenatório. Dessa forma, indiscriminado do objeto, o paciente condena ditatorialmente tudo aquilo que ameaça a relação dual. Qualquer fato que indique a existência do outro, da realidade triangular, será considerado, oniscientemente, como mau e errado. O que é arrogância para o observador é o uso legítimo de seus direitos para o paciente.[15]

A *estupidez* se vincula às deficiências na capacidade de simbolizar, sonhar e pensar. Pode manifestar-se como onisciência, em conluios duais, e/ou por descargas na ameaça de contato com a

---

13 A serpente, o oráculo e Tirésias podem ser tomados como equivalentes à preconcepção edípica (Bion, 1962/1966). A tomada de consciência traumática da realidade triangular, incluindo a consciência da morte, resulta de curiosidade desobediente (Cassorla, 2010, 2021).

14 O paciente é expulso do Paraíso e jogado no Inferno. Se esse Inferno puder ser sonhado, será transformado em Terra, a realidade. Mas os demônios infernais e os deuses idealizados continuarão sempre assombrando (Cassorla, 2010).

15 Bion (1962/1966) nos mostra que, quando a intolerância à frustração é muito grande, a personalidade desenvolve onipotência para substituir a realização da preconcepção ou da concepção com a realização negativa. A onisciência passa a substituir o aprender com a experiência. Ao mesmo tempo, um superego moralístico passa a avaliar a realidade como certa ou errada, substituindo a ideia de falso ou verdadeiro.

triangularidade. A deformação da realidade e a visão condenatória daquilo que frustra vinculam a estupidez com a arrogância.

Como vimos, o analista corre o risco de ser recrutado, *tornando-se* um aspecto da parte psicótica do paciente. Impedido de sonhar, o analista não se dá conta do que ocorre. Torna-se estúpido e arrogante, como o paciente. É curioso pelo simples fato de ser analista. Com adolescentes, esse recrutamento é potencializado pelas identificações projetivas cruzadas que envolvem outras pessoas do entorno do jovem. O analista se identifica com a arrogância e a estupidez que fazem parte da simbiose familiar. Pode, também, tornar-se depositário de culpas persecutórias e depressivas quando se imagina traumatizando o paciente e a família ao lhes mostrar a realidade triangular.

Em "Experiências com grupos", Bion (1961/2001) pioneiramente descreve situações desse tipo. Ele nos diz que o analista não percebe que sua mente está torporosa e que toma como realidade o que é, na verdade, produto de identificações projetivas massivas. O analista imagina que os intensos sentimentos que vivencia estão inteiramente justificados pela situação objetiva. Posteriormente, Bion atribuirá esse torpor à ação da tela beta, que provoca no analista aquilo que o paciente deseja.

Joseph (1989/1992), por sua vez, mostra-nos elegantemente como o analista é recrutado a representar aspectos do paciente para manter o *status quo*. Outros autores pioneiros no estudo das identificações projetivas massivas incluem Grinberg, Rosenfeld, Sandler, Grotstein e Ogden. Todos mostram como o analista é induzido e recrutado a tornar-se um aspecto do paciente, tema que Ferenczi já sugeria, muito antes.[16]

---

16 Uma revisão das ideias desses autores pode ser encontrada em Cassorla (1997) e Brown (2011), e a evolução do conceito de identificação projetiva, em Spillius e O'Shaughnessy (2012).

Tenho chamado de *enactments crônicos* os recrutamentos mútuos que mantêm a relação dual (não sonhos a dois). Quando a capacidade de sonhar está sendo retomada, a relação dual é desfeita bruscamente, emergindo no campo analítico como trauma atenuado. A essa situação chamo de *enactment agudo*, que envolve um mix que inclui descargas, não sonhos sendo sonhados ao vivo e sonhos sendo ressonhados. O termo *enactment* funde dois significados: o termo jurídico "promulgação", isto é, algo que obrigatoriamente tem que ser obedecido, e o termo teatral "encenação".[17]

No material clínico ilustrativo, há dois *enactments* agudos. O primeiro envolve o seguinte conjunto: a omissão de informações de Katia, seu lapso revelador, o ódio do analista e sua fala agressiva. O segundo, a situação em que Katia chega à consulta e não encontra o analista, a chegada afobada do analista 5 minutos antes da sessão, seu alívio ao perceber que Katia não chegara e o ir embora intempestivo de Katia.

Teorias e conjecturas: Édipo e Katia

As vicissitudes da adolescência foram descritas neste trabalho enfatizando a oscilação, em graus variados, entre relações duais e triangulares tendo como cenário a revivescência das situações edípicas. Em seguida, abordaremos, sumariamente, a complexidade dessas situações em Édipo e Katia.

Como todos os adolescentes, ambos se sentem invadidos por pulsões que reativam fantasias inconscientes e ansiedades primitivas. Como vimos, ameaças de desestruturação se mesclam a tentativas de reestruturação do *self*. Mecanismos psicóticos, confusionais, persecutórios, depressivos e mais primitivos se mesclam

17 A evolução e o detalhamento dessas ideias podem ser encontrados em Cassorla (2015).

a neuróticos e tanto podem constituir-se como base para patologias como propiciar elementos para reelaborações. A turbulência intrapsíquica se manifesta na dinamização dos movimentos EP ↔ D (dual ↔ triangular), com as consequentes mudanças catastróficas, mas de forma dinâmica, com desestruturações que confundem o observador não atento, que toma por patologia um movimento intenso, porém normal, antecedendo reestruturações. Quando não ocorre oscilação adequada, ficamos alertas, mas somente após cessar a turbulência adolescente poderemos verificar se a rigidez se perpetuou.

Ao mesmo tempo, os processos de externalização e internalização se acentuam, ocorrendo uma turbulência identificatória e ficando-se mais vulnerável à introjeção de objetos que reforcem ou alterem as identificações mais arcaicas.

Podemos dizer, portanto, que Édipo e Katia estão ávidos de objetos, com os quais precisam identificar-se para que sua identidade adulta se torne mais coesa. São, também, mais vulneráveis a sua influência. A capacidade de frustração determinará a conduta frente ao objeto. Se sentido como traumatizante, as defesas narcísicas são retomadas. Dessa forma, o jogo projetivo-introjetivo é efetuado de forma intensa e considera-se que o trabalho principal da adolescência é justamente a aquisição de uma identidade adulta, por meio desse interjogo de identificações.

Katia e Édipo vivem a ruptura da rigidez da latência, seguida de uma confusão de identidade ligada à reemergência da severa cisão interna do *self*, própria dos períodos pré-edípico e pré-genital. Isso leva a ondas de desejo genital em todas as suas formas infantis polimorfas e perversas (Meltzer, 1979).

A retomada de aspectos dos estados perverso-polimorfos, levando a excitações descoordenadas e desejo de gratificação imediata, provoca também identificações projetivas violentas. Ocorre uma potencialização dos aspectos sádicos de todas as zonas, ao funcionarem simultaneamente, junto com uma confusão proveniente da concomitância de fantasias diversas (Grinberg, 1976).

O resultado dessas configurações resulta em tentativas de desprendimento, de dessimbiotização do núcleo familiar (Blos, 1985; Paz, 1980; Bleger, 1977; Mahler, 1982). Mas, frente à realidade triangular, as defesas narcísicas podem entrar em jogo, constituindo-se simbioses normais (Cassorla, 1991a) até que o embate pulsional e a atração pelo objeto as superem. Isso faz parte da elaboração do desprendimento.

Édipo e Katia estarão, ao mesmo tempo, elaborando lutos. Pela infância, pelos pais, pelo corpo infantil, pela bissexualidade (Aberastury, 1980), e defesas persecutórias, depressivas, melancólicas, maníacas, muitas vezes manifestando-se confusamente, podem ser consideradas sob esse vértice.

A digressão teórica efetuada deve ser vista como pano de fundo para as resumidas conjecturas imaginativas com as quais concluo este trabalho. São sonhos da vigília em que imagino vicissitudes dos adolescentes Édipo e Katia.

Édipo ouve boatos (fora e dentro de sua mente) de que é filho ilegítimo. Traumatizado, deixa Corinto em busca de si mesmo. Não tem consciência do que está fazendo, mas busca discriminar-se de seus pais adotivos, que impediam que entrasse em contato com a realidade. Enganado por eles, nem sequer fora informado de que era adotado e estava sendo preparado, como príncipe, para manter a simbiose da Família Real. Sua primeira parada é o oráculo de Delfos, onde deverá passar a noite sonhando. O sacerdote vaticinará a partir da escuta de seus sonhos. Passa uma noite terrível, acossado por cenas terríficas repetidas compulsivamente. Não sabe se são pesadelos ou realidade. Desesperado, tenta colocá-las em palavras para o sacerdote: terra tremendo, montanhas desabando, uma mulher sedutora chorando? Mas, como príncipe que era, enquanto conta, tenta manter uma indiferença arrogante. Após ouvi-lo, o sacerdote violentamente o acusa de ser um futuro criminoso, que matará o pai e se casará com a mãe. O sacerdote chama os guardas e Édipo é expulso do templo. Ouve a multidão enfurecida clamando sua morte. Dentro ou fora de sua mente? Édipo foge desesperado, à beira do aniquilamento, e corre sem rumo, como um louco.

Katia adolescente sai de sua cidade e vai para H. Não sabe, mas está tentando escapar da simbiose familiar, arriscando-se na busca de si mesma. Foge, também, de perceber a ameaça de morte da rival edípica. Na faculdade, sua primeira parada, sofre um trauma terrível. Estava sendo perseguida e drogada (pelas colegas rivais ou a droga já estava dentro dela?). Sentia-se tomada de forma confusa por desejos incontroláveis, competitivos, assassinos, invejosos, sexuais (frutos da droga interna). Na verdade, ela nem saberia dar-lhe esses nomes. Uma multidão de colegas e professores (seriam pais e irmãos?) ora queria seduzi-la, ora queria matá-la. Ou era ela quem queria? Estava confusa se eram fatos reais, pesadelos ou alucinações. Talvez tudo, ao mesmo tempo. Em outros momentos, sentia-se superior, conectada diretamente com Deus, todo-poderosa. Às vezes chorava tristemente, saudosa de ser a princesinha do Palácio Real, onde era cuidada pelos reis, seus pais, e por um batalhão de lacaios que adivinhavam seus desejos antes mesmo de eles se manifestarem. Quem sabe, se morresse, poderia voltar a viver nesse mundo, no outro mundo? (Cassorla, 2021). Mas, o inferno compulsivamente retorna. E Katia foge, como louca, pelas ruas e pela estrada da vida.

Édipo e Katia revivem, como adolescentes, situações traumáticas primitivas. O primeiro, no mito, fora marcado por terrível ameaça de morte. Não desejado, ao nascer não encontrou quem contivesse seus terrores de aniquilamento. Foi abandonado para morrer no monte Citéron. Esses terrores são revividos quando é condenado e abandonado pelo sacerdote. Este se comportou como um analista estúpido recrutado por identificações projetivas massivas. Édipo não entende seu destino de ser parricida e incestuoso. Somente depois descobrirá que, quando bebê, os pais desejaram matá-lo pelo primeiro motivo. O parricídio estava dentro dele antes de nascer (e o desejo incestuoso também), e agora que tinha forças para matar (e corpo para copular), sentia-se mais aterrorizado. Mas nada lhe era claro.

Sabemos menos sobre Katia, mas a forma como se manifestam seus terrores adolescentes sugere traumas similares. Tudo indica que em sua mente se inscreveram marcas traumáticas de morte das quais faziam parte fusões defensivas simbióticas transgeracionais. Katia fracassa em sua tentativa de desfazê-las e se simbiotiza desesperadamente com amigas e namorados. Quando estes não se grudam a ela, insistindo em ser não *self*, Katia se sente aniquilada. Foge em pânico, não sabe para onde, até encontrar algo ou alguém com quem tenta se con-fundir. Quando Katia encontra o oráculo, sua terapeuta, esta estupidamente a chama de louca. Desesperada e aterrorizada, Katia se torna mais louca.

Katia imagina que pode escapar da loucura confundindo-se com Deus, com o namorado, com a droga. Édipo imagina que escapará da loucura projetando-a em Corinto. Se fugir para longe, não matará seu pai nem cometerá incesto. Mas não consegue ir para longe de sua mente.

Vejo Édipo desesperado, caminhando pela estrada, com ódio de si e do mundo. Pensa que seria melhor morrer. Na encruzilhada, mais uma frustração: uma caravana, um homem armado arrogante. Se fosse morto tudo estaria resolvido (seria um homicídio precipitado pela vítima; Cassorla, 2021). O jovem e o homem disputam a passagem. O ódio de Édipo e seu desejo de vingança são maiores que o desejo de morrer. Édipo mata o homem, que era

Laio, seu pai, mas ele não sabia. Agora Édipo se sente melhor. Mas, logo a culpa o toma. Desta vez, a culpa é ainda maior, insuportável, e Édipo não sabe por quê.

Katia, dentro de sua mente, mata a mãe rival, mas tem que fugir da percepção. Mas a mãe e o casal parental mortos se tornam mortíferos e Katia é atacada por dentro. Culpada e destruída, não tem para quem pedir ajuda. Volta para casa e se tranca no quarto imaginando que pode se esconder de seus crimes. Como Narciso, não quer atender qualquer demanda a não ser o espelho da internet. Dorme com narcóticos (derivados de narcisos), produz pesadelos não sonhos, envolve-se em redes de calúnias no Facebook. Desespera-se. Busca um novo oráculo. Eu, seu analista. Traz-me enigmas e os esconde. Quer e não quer saber quem é, quem foi, quem será. Eu investigo, proponho-lhe novos enigmas. Ela foge. Ela se gruda. Tudo ao mesmo tempo. Se conseguirmos decifrar, se Katia descobrir quem é, eu não serei mais necessário.

Édipo descobre que há uma espécie de oráculo, a Esfinge, que mata os jovens que não decifrarem seus enigmas. Seu desejo de morrer retornara mais forte. Sua curiosidade mórbida e sua estupidez arrogante fazem a Esfinge tornar-se atraente. Nada tem a perder – a morte será bem-vinda (ou a morte será simbiotizar-se à mãe-Esfinge?). A Esfinge aterroriza porque está aterrorizada. Édipo, ao olhá-la, capta esse terror que é similar ao dele. Condoído, busca entendê-la como ele busca entender-se. Já caminhou muito por essa estrada e aprendeu alguma coisa. Sabe como é engatinhar, com quatro pés, no chão salpicado de pedras, experimentou andar com seus dois pés doloridos e teve que usar um cajado, seu terceiro pé que será substituído, na velhice, por sua filha Antígona. Precisa da ajuda para suportar sua mente traumatizada. Édipo sonha essas experiências emocionais e decifra o enigma. Agora vive na realidade triangular e pode sonhar e pensar. Não precisando mais da prótese mãe-Esfinge, esta, como uma boa analista, se mata simbolicamente.

Édipo se casa com Jocasta, tem filhos e seu reino é feliz. Até que surge a peste. Essa peste interna é a revivescência dos impulsos homicidas que ocorrem quando Édipo completa a mesma idade que Laio tinha quando foi morto e seu filho mais velho, a mesma idade que Édipo tinha quando matou Laio. As configurações identificatórias são acionadas como reações de aniversário (Cassorla, 1986, 1991b). Como adolescente pseudomaduro, Édipo desenvolve um surto na maturidade (Ungar, 2004).

O oráculo vaticina que a peste (loucura) cessará quando se descobrir o assassino de Laio. Aqui Sófocles inicia *Édipo-Rei* e a tragédia de todos nós, que na verdade não tem início. É um eterno retorno.

Referências

Aberastury, A. (1980). *Adolescência*. Artes Médicas.

Baranger, M., & Baranger, W. (1961-1962/1969). La situación analítica como campo dinámico. In W. Baranger, & M. Baranger, *Problemas del campo psicoanalítico*. Kargieman.

Baranger, M., Baranger, W., & Mom, J. (1982). Proceso y no proceso en el trabajo analítico. *Revista de Psicoanálisis*, *39*(4), 527-549.

Barros, E. M. R. (2011). Reflections on the clinical implication of symbolism. *International Journal of Psychoanalysis*, *92*(4), 879-901.

Bion, W. R. (1958/1967). Sobre arrogância. In W. R. Bion, *Estudos psicanalíticos revisados* (pp. 81-86). Imago.

Bion, W. R. (1959/1967). Ataque ao elo de ligação. In W. R. Bion, *Estudos psicanalíticos revisados* (pp. 87-100). Imago.

Bion, W. R. (1961/2001). *Experiences in groups*. Routledge.

Bion, W. R. (1962/1966). O aprender com a experiência. In W. R. Bion, *Os elementos da psicanálise: inclui O aprender com a experiência*. Zahar.

Bion, W. R. (1977/1987). Turbulência emocional. *Revista Brasileira de Psicanálise*, *21*(1), 121-33.

Bleger, J. (1977). *Simbiose e ambiguidade*. Francisco Alves.

Blos, P. (1985). *Adolescência: uma interpretação psicanalítica*. Martins Fontes.

Brown, L. J. (2011). *Intersubjective processes and the unconscious: an integration of Freudian, Kleinian and Bionian perspectives*. Routledge

Cassorla, R. M. S. (1985). Depression and suicide in adolescence. In Pan American Health Organization (Org.), *The health of adolescents and youths in the Americas* (pp. 156-169). PAHO.

Cassorla, R. M. S. (1986). Reações de aniversário: aspectos clínicos e teóricos. *Jornal de Psicanálise*, *38*, 25-39.

Cassorla, R. M. S. (1991a). Simbiose na adolescência: implicações clínicas. In M. Maakaroun, R. P. S., & A. R. Cruz (Eds.), *Tratado de adolescência: um estudo multidisciplinar* (pp. 514-523). Cultura Médica.

Cassorla, R. M. S. (1991b). O tempo, a morte e as reações de aniversário. In R. M. S. Cassorla (Org.), *Do suicídio: estudos brasileiros* (pp. 61-88). Papirus.

Cassorla, R. M. S. (1993). Complexo de Édipo, curiosidade, vista grossa e catástrofe psicológica. *Revista Brasileira de Psicanálise*, *27*(4), 607-626.

Cassorla, R. M. S. (1997). No emaranhado de identificações projetivas cruzadas com adolescentes e seus pais. *Revista Brasileira de Psicanálise*, *31*(3), 639-676.

Cassorla, R. M. S. (2005). From bastion to enactment: the "non--dream" in the theatre of analysis. *International Journal of Psychoanalysis, 86*(3), 699-719.

Cassorla, R. M. S. (2008). The analyst's implicit alpha-function, trauma and enactment in the analysis of borderline patients. *International Journal of Psychoanalysis, 89*(1), 161-180.

Cassorla, R. M. S. (2010). A leste do Éden: loucura, feitiço e suicídio. *Revista Brasileira de Psicanálise, 44*, 147-157.

Cassorla, R. M. S. (2012a). What happens before and after acute enactment? An exercise in clinical validation and broadening of hypothesis. *International Journal of Psychoanalysis, 93*(1), 53-89.

Cassorla, R. M. S. (2012b). In search of symbolization. The analyst task of dreaming. In H. Levine, G. Reed, & D. Scarfone, *Unrepresented states and the construction of meaning: clinical and theoretical contributions* (pp. 212-219). Karnac.

Cassorla, R. M. S. (2015). *O psicanalista, o teatro dos sonhos e a clínica do enactment*. Blucher, Karnac.

Cassorla, R. M. S. (2021). *Estudos sobre suicídio: psicanálise e saúde mental*. Blucher.

Freud, S. (1911/1969). Formulações sobre os dois princípios do funcionamento mental. In S. Freud, *Edição Standard Brasileira das Obras Psicológicas Completas de Sigmund Freud* (Vol. XII, p. 273-278). Imago.

Gammelgaard, J. (2010). *Betweenity: a discussion of the concept of borderline*. Routledge.

Grinberg, L. (1976). *Teoría de la identificación*. Paidós.

Joseph, B. (1989/1992). Equilíbrio psíquico e mudança psíquica. In B. Joseph, *Equilíbrio psíquico e mudança psíquica: artigos selecionados de Betty Joseph*. Imago.

Mahler, M. (1982). *O processo de separação-individuação*. Artes Médicas.

Meltzer, D. (1966). The relation of anal masturbation to projective identification. *International Journal of Psychoanalysis*, *47*(2-3), 335-343.

Meltzer, D. (1979). *Estados sexuais da mente*. Imago.

Outeiral, J. O. (Org.). (1993). *O adolescente borderline*. Artes Médicas.

Paz, L. R. (1980). Adolescência: crise de dessimbiotização. In A. Aberastury, *Adolescência* (pp. 165-184). Artes Médicas.

Rosenfeld, H. (1987/1988). *Impasse e interpretação*. Imago.

Segal, H. (1957/1983). Notas a respeito da formação de símbolos. In H. Segal, *A obra de Hanna Segal: uma abordagem kleiniana à prática clínica*. Imago.

Steiner, J. (1985). Turning a blind eye: the cover up for Oedipus. *International Review of Psycho-Analysis*, *12*(2), 161-172.

Steiner, J. (1993/1997). *Refúgios psíquicos: organizações patológicas em pacientes psicóticos, neuróticos e borderline*. Imago.

Spillius, W., & O'Shaughnessy, E. (Eds.). (2012). *Projective identification: the fate of a concept*. Routledge.

Ungar, V. (2004). O trabalho psicanalítico com adolescentes, hoje. *Revista Brasileira de Psicanálise*, *38*(3), 735-749.

Winnicott, D. W. (1947/1978). O ódio na contratransferência. In D. W. Winnicott, *Textos selecionados: da pediatria à psicanálise* (pp. 341-353). Francisco Alves.

4. Um *enactment* crônico na análise de um adolescente[1]

Nelson José Nazaré Rocha

Este texto descreve e discute aspectos frequentes na análise de adolescentes, quando o campo analítico é tomado por descargas em atos envolvendo não apenas a dupla analítica, mas também pessoas do entorno, como pais, familiares, professores, outros profissionais de saúde etc. Constitui-se um emaranhado de identificações projetivas, não suficientemente percebido pelos membros da dupla, que pode consubstanciar-se no que tem sido nomeado como *enactments*.

O paciente descrito (em um relato deformado para manter o sigilo ético) foi atendido no início de minha atividade como psicanalista. A experiência me permitiu muito pensar e refletir sobre situações em que o paciente mobiliza pessoas de seu meio ambiente que, por vezes, sem se dar conta, acabam atacando a capacidade analítica do profissional.

1 Este artigo, aqui ligeiramente modificado, foi originalmente publicado na *Revista Brasileira de Psicanálise* em 2009, Volume 43, número 2, pp. 173-182, sob o título "*Enactment*: modelo para pensar o processo psicanalítico".

O conceito de enactment

O conceito de *enactment* tem sido muito usado na literatura psicanalítica. A palavra não tem correspondente em português, como vários dos conceitos psicanalíticos. Seria algo como colocar em cena, encenar, e pressupõe, sim, uma espécie de encenação, mas é algo além disso. Difere dos conceitos de *acting* e *acting out* na medida em que pressupõe uma encenação, uma atuação também no sentido teatral – e não só no sentido de *acting out* (ou *in*),[2] ou seja, ação no lugar de palavras –, de que tanto o paciente quanto o analista tomam parte.

Alguns autores postulam que já existe uma infinidade de conceitos novos na nossa ciência e que os já existentes dariam conta de tratar daquilo a que o conceito de *enactment* se propõe. Outros defendem o uso do termo, exatamente por permitir salientar a grande diferença para o conceito de *acting out*, mormente pela conotação negativa que esse último adquiriu com o uso. Penso também que a grande validade do conceito de *enactment* é distingui-lo do conceito de *acting out*, por ressaltar seu aspecto comunicativo.

Não que o conceito de *acting out* não tenha sido usado também nesse sentido. Foi, mas, concordando com muitos autores (entre os quais destaco: Roughton, 1993; Boesky, 1998; Thomä & Kächele, 1989), o conceito ficou impregnado de conotação pejorativa, designando atos impróprios produzidos pelo paciente, às vezes até com características delinquenciais e, ademais, é usado até para descrever comportamentos do paciente que, fazendo parte de sua própria psicopatologia, nada têm a ver com a situação analítica em si.

---

2 Sobre esta discussão, remeto o leitor ao capítulo "In Versus Out: A Spurious Distinction" do inteligente artigo de Dale Boesky (1998), no qual o autor aponta para o ofuscamento que essa discussão traz para a distinção metapsicológica entre intrapsíquico e ação, concluindo: "*Muitas discussões sobre dentro versus fora confundem geografia com metapsicologia.*" (p. 49).

Contudo, o maior diferencial do conceito de *enactment* é seu o aspecto inter-relacional: é a concepção de um fenômeno que ocorre envolvendo a díade paciente-analista.

Não vou aqui tecer considerações conceituais sobre o termo; para tanto, recomendo o artigo de Cassorla (2001), bem como seu livro sobre o tema (2015), em que são levantados vários postulados a favor e contra o conceito. Apenas salientarei um ou outro aspecto dessa discussão.

Começo por definir como vou utilizar o termo, uma vez que não há uma definição universal. Algumas tentativas de tradução já foram feitas. Alguns autores já usaram "posta em cena" ou "colocar em cena", por exemplo. Prefiro, como outros, utilizar o termo em inglês, como já fazemos com tantos outros termos estrangeiros de difícil ou impossível tradução (*insight*, *acting*, *rêverie* etc.). Assim, entendo por *enactment* um fenômeno clínico que pode ocorrer na inter-relação entre paciente e analista, iniciado por qualquer dos partícipes, mas necessariamente envolvendo uma espécie de encenação inconsciente dos dois – do contrário, será uma atuação – na qual ambos representam papéis inconscientemente inter-relacionados e interdeterminados.

Considerando ainda a falta de expressão equivalente em nossa língua, cito uma ideia apresentada por McLaughlin em 1989, na abertura de um dos famosos painéis sobre o tema promovidos pela Associação Psicanalítica Americana, do qual era o coordenador:

> *Na fala comum e na definição do dicionário, a palavra* enactment *sugere uma ação cujos propósito, força e intenção são elevados à alta intensidade. Essa intensidade dá concretude e realidade ao impacto que causa na outra pessoa implícita no campo da ação. É, portanto, um ato cuja intenção é persuadir ou forçar o outro a uma ação recíproca. A mensagem é expressa*

> *em palavras, silêncios, atitudes e, particularmente, em comunicações não verbais. (citado por Morton, 1992, p. 827, tradução minha)*

E assim, partindo dessa ideia emprestada, saliento o que considero fundamental na descrição desse conceito: uma ação que tem tal característica de força e intenção que, encontrando no receptor condições que o impeçam de processar conscientemente os efeitos dessa ação, determina como resposta uma outra ação, com características semelhantes, e, dessa forma, o processo se desenrola, com maior ou menor magnitude.

O *enactment*, em seu aspecto comunicativo, costuma veicular atualizações na transferência (Roughton, 1993), traumas, repetições, processos mentais muito primitivos, e assim acontece uma espécie de formação de compromisso da dupla (Boesky citado por Morton, 1992) no qual, ao mesmo tempo, elementos são revelados enquanto outros são escondidos. Isso também já evidencia seu aspecto resistencial, o que não deixa de ser também uma comunicação.

De qualquer forma, a função que será cumprida dependerá do uso que o analista puder fazer do fenômeno. Quando um *enactment* é percebido pelo analista, a análise obterá o que de mais precioso um *enactment* pode oferecer: compreensão dos mecanismos da dupla, dos mecanismos mentais do paciente e do analista, o que implicará o desenvolvimento do processo. Quando, ou enquanto, não é percebido, cumpre com sua função resistencial, ou, na melhor das hipóteses, continua-se colhendo o que de bom uma formação de compromisso pode oferecer numa situação dessas.

A clínica

Apresentarei a seguir material clínico, com o intuito de ilustrar e embasar clinicamente a discussão de um conceito que, como a própria psicanálise, nasceu da clínica.

Jacobs (2001) faz uma interessante distinção entre o que ele classifica como *enactments* "explícitos" e "implícitos" (*overt* e *covert enactments*). Afirma que os explícitos, os mais evidentes, exatamente por essa característica, são logo percebidos pelo analista e tornam-se óbvios e abundantes materiais para análise. Todos temos exemplos desse tipo de fenômeno em nossa clínica: os pacientes que nos "colocam para dormir", por exemplo, ou aquelas situações nas quais ficamos absolutamente confusos e incapazes de focalizar a escuta e organizar o pensamento etc.

Vou citar uma situação desse tipo: uma pessoa, em análise comigo há mais de dois anos, iniciando seus estudos sobre psicoterapia e psicanálise, no meio de uma sessão me pergunta: "Ah! Você tem aquele artigo do Bion, 'Ataques ao elo de ligação'?". Imediata e prontamente eu respondo que sim, enquanto me levanto, pego o livro na estante e o entrego a ela. Assim que me sento em minha poltrona, me dou conta do que havia acontecido. Após alguns poucos instantes de intensa autocrítica, pude refletir sobre o ocorrido e vislumbrar o quanto aquilo revelava dos mecanismos daquela pessoa, cuja queixa principal naquele momento era sobre o pai, que tudo lhe negava e nada facilitava no difícil início de sua carreira. Pudemos aproveitar essa situação para aprofundar, na transferência, a análise desses pontos e do seu funcionamento mental (sem falar no óbvio conteúdo que o próprio título do artigo solicitado expressava!).

Por sua vez, os *enactments* implícitos, aqueles mais sutis, não são tão facilmente perceptíveis e podem passar despercebidos por um período bastante longo, carregando o risco de produzirem outras consequências para o processo analítico. *Enactments* desse tipo, "condutores primordiais de comunicação entre analista e paciente" (Jacobs, 2001, p. 8), carregam mensagens que têm um maior impacto no processo. Também postula esse autor que, por estarem na raiz de um impasse que se estabeleceu na dupla, eles têm o potencial de veicular conflitos entrelaçados entre paciente e analista, que assim podem ser compreendidos e a análise, retomada.

Cassorla (2015) postula uma classificação diferente, que hoje me parece mais precisa e mais útil: *enactments* agudos e *enactments* crônicos.

Apresentei em outro lugar (Rocha, 2006) uma situação clínica na qual um *enactment* desse segundo tipo estava acontecendo há algum tempo. Tratava-se de um adolescente *borderline*, que eu chamei de Adriano, com o qual comecei a trabalhar quando ele tinha 15 anos. Em função da dinâmica da família de Adriano e de uma série de acontecimentos e suas contingências, sem me dar conta disso, acabei recebendo os pais de Adriano em meu consultório muito mais do que era preciso e em frequência mais do que suficiente para colocar em risco a necessária condição de intimidade do par analítico. Isso foi acontecendo aos poucos, no decorrer dos dois primeiros anos de análise, sem que eu me desse conta, como já disse, até que aconteceu um fato, o qual, junto com seus desdobramentos, descrevo no artigo supracitado, do qual reproduzo partes a seguir.

O fato

Adriano e eu trabalhávamos juntos havia pouco mais de dois anos. Num dia comum até então, se é que existem dias comuns no trabalho psicanalítico, fui até a sala de espera para recebê-lo e deparei com uma moça que o acompanhava, e que me disse: "Nelson, boa noite! Eu sou a Maria, irmã do Adriano. Vim hoje com ele porque aconteceu uma coisa que você precisa saber e talvez o Adriano não tenha coragem de contar. Então eu peço a você que me deixe entrar para contar isso e depois eu saio e vocês conversam".

Fiquei aturdido com essa inusitada solicitação. Tentando encontrar algum norte, olhei para Adriano, que estava com uma expressão muito embaraçada, e perguntei: "O que você acha disso, Adriano?". Adriano meneou a cabeça afirmativamente, alternando seu olhar desconcertado para mim e para a irmã.

"Você quer que sua irmã entre junto conosco, Adriano?", insisti, indignado. "Fui eu que pedi para ela vir", respondeu-me. "Então vamos", disse eu, vencido, mas não convencido.

Quando entramos na minha sala, Maria ia se sentando na poltrona que Adriano costumava usar. Sem pensar indiquei-lhe outra, dizendo: "Sente-se aqui, esse é o lugar do Adriano".

Maria então me contou, com expressão grave e voz embargada: "Minha mãe viajou para o exterior. O Adriano foi dormir na casa do Fred, amigo dele. Estava lá um priminho do Fred de 5 anos. A mãe do Fred saiu com a mãe do menininho e daí, enquanto o Fred estava tomando banho, o Adriano abaixou as calças do menino e enfiou o dedo no ânus dele, dizendo que iam fazer igual papai e mamãe faziam. O menino contou para a mãe e a mãe do Fred veio na hora trazer o Adriano de volta em casa e me contou o que tinha acontecido, dando o maior escândalo. Eu falei para o Adriano que conversasse isso com você, mas ele falou que não sabia se ia ter coragem de te contar isso. Eu não sabia o que fazer, minha mãe não está aí... Daí eu propus para o Adriano que eu viesse te contar, assim pelo menos eu teria certeza de que você ficaria sabendo. Ele topou, achou melhor assim. Eu só combinei com ele que eu não contaria nada para a minha mãe por telefone, quando eles chegarem a gente conversa. É isso!". Fez menção de levantar-se.

Perguntei a Adriano: "Tem alguma coisa que você queira conversar enquanto a Maria está aqui?". Ele fez que não com a cabeça, dizendo muito baixinho, quase chorando: "Só que fui eu que pedi para ela vir te contar isso".

Maria levantou-se, dirigiu-se ao irmão e muito afetivamente disse: "Espero você lá fora, Adriano". Agradeceu-me e saiu da sala.

Eu estava mais aturdido ainda, meus sentimentos, completamente confusos. Entre outros, sentia compaixão e raiva ao mesmo tempo. "Por que Adriano foi fazer isso?"; "Por que essa guria que se acha mãe do Adriano tinha de invadir o espaço analítico?"; "Por que eu deixei?"; "Mas eu nunca notei nada de perverso no Adriano, o que será isso que ele fez?"; "Como os pais vão reagir a isso quando souberem? Vão esfolar o Adriano!"; "Coitada da Maria! É praticamente uma menina ainda e tendo que segurar esse rojão!"; "Puxa vida, a mãe do Fred conhece o Adriano desde pequeno! Será que ela não poderia ter sido mais continente com ele? E com a Maria? Afinal, ela os conhece desde criancinhas e está sabendo que a mãe deles não está no país!"; "Por que essa mulher tem de largar tanto os filhos assim também?"... Enfim, minha mente estava num redemoinho de perguntas e de sentimentos.

Ao mesmo tempo, eu sentia que tinha de oferecer alguma segurança para aqueles dois jovens que estavam ali perdidos, na minha frente. Enquanto me levantava para abrir a porta para Maria sair, disse a ela: "Acho que foi bom você não ter contado para a sua mãe por telefone. É melhor que eles fiquem sabendo quando chegarem. Se enquanto isso você precisar de alguma coisa, eu estou à sua disposição". Foi o máximo de reasseguramento e de continência que consegui oferecer a Maria, além da minha escuta. Sem ter consciência disso, estava me sentindo na obrigação de tomar conta dos dois, de dar suporte e continência a eles; era eu quem estava "me achando" pai deles, da Maria também, não só do Adriano! Mas disso eu ainda não "sabia".

Os desdobramentos do fato

Naquela sessão e na seguinte, conversamos sobre o ocorrido. Adriano, muito constrangido, dizia não entender o que havia se passado, por que havia feito aquilo. Dizia não sentir nenhum tipo de atração sexual por aquele garoto em especial, nem por qualquer outro.

De imediato consegui apontar para Adriano sua tendência de fazer as situações se voltarem contra ele e, como consequência, afastar as pessoas que lhe eram importantes. Fred e José eram os únicos amigos de Adriano, eles formavam um trio, e era claro para Adriano que ele havia perdido esses dois amigos, além da mãe de Fred, pessoa muito importante na vida dele. Conversamos sobre essas perdas e sobre a certeza que Adriano tinha de que tanto um amigo quanto outro não o aceitariam mais. Falamos também sobre o medo e o constrangimento que ele sentia para enfrentar os pais, quando chegassem da viagem.

Nessas duas sessões, procurei, mas não detectei nada que pudesse indicar perversão em Adriano; não entendi o ocorrido por essa via, mas como mais uma atuação agressiva de Adriano.

Dois dias após o fato, recebi um telefonema de Maria. Disse que não tinha aguentado segurar sozinha aquela situação e havia ligado para a mãe. A mãe pediu que Maria me ligasse para que eu marcasse um horário para ela me ligar. Estava muito aflita pela notícia e pela distância. Aos prantos, ela me perguntava se o filho era um "homossexual pervertido" e um "pedófilo". Tentei acalmá-la em relação a essas angústias, dizendo a ela que não era esse o caso, que o sentido da atitude de Adriano havia sido o mesmo de outras tantas vezes, ou seja, mostrar sua capacidade destrutiva e autodestrutiva. Conversamos longamente; entre outras coisas, ela falava que teriam que pensar em algum castigo para Adriano, que precisaríamos falar sobre isso etc. Marcamos uma entrevista para quando chegassem.

Chegaram dois ou três dias depois, vieram para a entrevista e trouxeram Maria. A mãe disse que Maria estava muito assustada com tudo e queria entender o que estava acontecendo com o irmão. Tentei mostrar que aquilo não caracterizava Adriano como homossexual ou pervertido, que fazia parte da dinâmica que estávamos trabalhando. Disse-lhes: "Essa atitude veicula um ataque *inconsciente* de Adriano, que produziu esse efeito todo, mobilizando-nos todos desta maneira. Na verdade, Adriano enfiou o dedo nos nossos ânus".

Eu estava também bastante assustado com tudo. Não me dava conta disso, só de uma grande preocupação com todos: com Adriano, com seus pais, com Maria. Percebia em mim a necessidade de defender Adriano e de aplacar a angústia de seus pais.

Nos dias seguintes, seus pais voltaram mais duas vezes ao meu consultório.

O *insight*

Uns dias depois, recebi na secretária eletrônica o pedido de uma colega, a analista de Maria, e num recado subsequente o mesmo pedido de outra colega, a terapeuta do casal, para que conversássemos sobre o ocorrido. Na hora fiquei muito incomodado. Meu primeiro sentimento foi de que devia a elas uma explicação, o que me fez tentar organizar uma agenda para fazer os telefonemas, quando subitamente me ocorreu: "Explicação de quê? Devo por quê? De quem é essa análise?".

Naquele momento, tive o *insight* e pude vislumbrar o *enactment* crônico que estávamos vivendo naquela relação analítica: a palavra que ressoava em minha mente era *promiscuidade*. No dicionário, encontrei esta definição de promíscuo: "[Do lat.

promiscuus] Adj. Agregado sem ordem nem distinção; misturado, confuso, indistinto" (Ferreira, 1999). Meus pensamentos concentravam-se nessa definição. De fato, era isso o que vinha acontecendo, havia perdido minha intimidade com Adriano. Veio-me à cabeça (peço licença pela crueza, mas sinto que tenho que expressar pontualmente como me veio): "Foi no meu cu que ele enfiou o dedo! E não para me foder, mas para me mostrar isso!". O "isso" era exatamente o que eu chamei de promiscuidade, a perda de nossa intimidade, a minha identificação ora com seus pais, ora com ele, fazendo com que eu me desculpasse por ele ou permanecesse em uma posição crítica, censora e preocupada em relação a ele.

Minha primeira atitude foi fechar-me com Adriano. Não tive mais nenhum contato com seus pais. Não respondi às colegas.

A compreensão

Aos poucos, fui tentando metabolizar as informações que podia colher de minhas reflexões e leituras. Pude ver que deveria existir um conjunto de identificações e contraidentificações projetivas cruzadas (Cassorla, 1997) entre Adriano, seus pais e eu. Pensava em *enactment*, assunto que busquei para tentar compreender melhor.

Como consequência imediata da limpeza do campo analítico (Baranger & Baranger, 1961-1962/2010; Baranger, Baranger & Mom, 1982), Adriano e eu pudemos resgatar nossa intimidade, tão necessária à dupla. A evidência concreta disso foi o pedido de Adriano para aumentarmos o número de sessões. Ele pôde trazer assuntos muito importantes e de difícil abordagem, como suas angústias em relação ao seu corpo e à sua sexualidade; sua dificuldade de relacionar-se com as pessoas; e, principalmente, sua solidão.

Minha compreensão sobre ele foi crescendo. Fui, por exemplo, estudando e compreendendo mais as questões do paciente *borderline* (Kernberg, 1984/1995; Woiler, 2001); fui compreendendo melhor a configuração de sua personalidade, de sua analidade defensiva (Freud, 1908/1976; Shengold, 1985); pude aprofundar as relações entre o que era observado e analisado e sua história de vida; pude ampliar a compreensão da dinâmica familiar e de suas implicações na vida de Adriano etc.

Discussão

Poderíamos considerar como *enactment* o episódio que relatei sob o título "O fato". Não creio que essa asserção esteja de todo errada, todavia ela não expressa a real extensão do que penso, uma vez que nosso *enactment* iniciou-se muito tempo antes; o referido fato foi o precursor, ou, melhor dizendo, o catalisador do *insight* sobre o longo *enactment* crônico que estava acontecendo.

As pressões externas, vindas dos pais de Adriano, são inegáveis, bem como as contingências de estar atendendo um adolescente com a história e as características de personalidade de Adriano. Mas o que dizer da minha, vamos dizer assim, falta de cuidado com o *setting*? Em função do que já descrevi, fui me colocando numa situação que, de uma forma ou de outra, permitiu aquilo que depois se revelou para mim como uma falta de intimidade com Adriano. Não creio que isso tenha se devido somente às pressões e às contingências externas, nem somente às internas. Penso que algo na minha relação com Adriano mobilizou isso tudo.

Não consigo precisar quando, como ou quem deu início ao *enactment*. O certo é que, desde cedo, flancos foram abertos que permitiram a entrada do mundo externo em minha relação com Adriano, inclusive das citadas pressões feitas pelos pais. E essa não é minha prática ordinária com nenhum outro paciente, adolescente ou não, *borderline* ou não. Pude pensar, *a posteriori*,[3] aspectos mentais de Adriano que provavelmente me colocaram nessa situação, fazendo com que repetíssemos na relação analítica situações muito primitivamente vividas por ele.

Adriano nunca teve um espaço seu, próprio. Por uma série de contingências, desde muito cedo em sua vida houve várias modificações na configuração familiar, tanto nas relações domésticas quanto na situação física da casa em si. Na sua adolescência, período em que conheci Adriano, seu quarto era vigiado e vasculhado o tempo todo pela mãe, pela irmã e pela empregada, todos em busca de sujeiras escamoteadas e desvios no padrão de organização preconizado pela família.

Estarmos nesse *enactment* garantia que esses e outros assuntos não pudessem ser percebidos, vistos e analisados. Como descrevi anteriormente, meus sentimentos eram de compaixão, raiva, culpa etc., todos misturados. Essa mistura fazia com que, de um lado, eu me ocupasse em atender às demandas dos pais, tentando "corrigir" Adriano. De outro, me sentia no dever de "convencer" seus pais de que Adriano não era uma pessoa de má índole, que ele não fazia as coisas "por sacanagem", como diziam. De qualquer maneira, eu estava desempenhando contratransferencialmente um papel muito parecido com o daqueles com quem Adriano estava habituado a relacionar-se, ora vigiando, ora corrigindo, ora admirando, e assim por diante.

---

3 Compreender *a posteriori* é uma das contingências lógicas do *enactment*, uma vez que ele é definido como um fenômeno que acontece fora do campo da consciência do analista, e só depois que ele é desvelado o material por ele veiculado pode ser compreendido e utilizado no processo analítico. Sobre o uso do conceito de posteridade – *a posteriori*, traduzido no francês por *après-coup* e assim consagrado por Lacan –, remeto aos comentários feitos por Laplanche e Pontalis (1975).

Em várias situações a presença do *enactment* se faz notar. Mas foi só a partir de um fato clínico de muita intensidade e das consequências por ele produzidas que eu pude ter o *insight* sobre o *enactment*. Entre essas consequências estão, evidentemente, os *insights* e a análise de meus pontos cegos vinculados ao que vinha ocorrendo na relação com Adriano, os quais pude trabalhar em minha análise pessoal. Ressalto isso para evidenciar, uma vez mais, a inter-relação inconsciente entre paciente e analista, implícita no fenômeno clínico que estou discutindo. Esse fato clínico de muita intensidade é o que Cassorla (2015) chama de *enactment* agudo, que pode levar à revelação de um *enactment* crônico.

Junto com a compreensão das minhas dificuldades contratransferenciais, pude entender alguns dos processos mentais de Adriano veiculados por meio do *enactment*. De pronto, por exemplo, fui capaz de perceber e analisar com ele uma das funções de seus atos impulsivos, das coisas que ele fazia sem perceber. O "fazer para chamar a atenção", conforme diziam seus pais, foi compreendido com outro sentido. Efetivamente, dentro da análise, o fato serviu para – teve a função de – chamar minha atenção para o que vinha acontecendo em nossa relação analítica. Adriano, elevando a falta de intimidade, a promiscuidade, ao nível de um grande *cutucão*, pôde reclamar o espaço próprio que não estava tendo comigo e, com isso, chamar minha atenção, despertando-me para o que vinha ocorrendo.

Vale ainda ressaltar que esse *enactment* também expressava muito das fantasias sexuais de Adriano, principalmente relacionadas à cena primária. Na sua atuação com o menino, quando ele diz: "Vamos fazer o que o papai faz com a mamãe?", podemos entender uma clara referência a algumas de suas fantasias sobre a vida sexual do casal parental. Como me disse o dr. Theodore Jacobs (2006): "Parece que ele estava atuando nos dois papéis; o papel do macho, que penetra, e da fêmea, que é penetrada. Concordo que este *enactment* expressa as fantasias sobre sua relação com ele, incluindo o desejo dele de provocá-lo para que você desse a ele um relacionamento mais privado e íntimo do que aquele que vocês dois estavam tendo, mas eu também penso que ele estava *enacting* uma importante fantasia sexual que precisava ser analisada e compreendida" (tradução minha).

Conclusão

Penso que o que de melhor está contido na ideia de *enactment* é a rede de identificações e contraidentificações projetivas, que produz uma encenação inconsciente, da qual analista e analisando participam igualmente. Isso torna evidente que a ideia de *enactment* traz em seu bojo uma descrição fenomenológica, não um conceito metapsicológico. Do ponto de vista metapsicológico, parece-me muito mais preciso pensarmos em termos de identificações e contraidentificações projetivas ou no par transferência-contratransferência.

Friedman e Natterson (1999) afirmam que os *enactments* são "apenas uma outra maneira de descrever o processo analítico" (p. 226) e concluem seu artigo afirmando: "Transferência-contratransferência *é essencialmente um sinônimo para o fenômeno do enactment*" (p. 246). Inspirado novamente pelas palavras do dr. Jacobs (2006), quero enfatizar que concordo com esses autores no sentido de que todo *enactment* diz respeito à dinâmica transferência-contratransferência, mas o contrário não é verdadeiro; muitos fenômenos transferenciais e contratransferenciais não se constituem em *enactments.*

A despeito disso, o conceito de *enactment* me foi um instrumento muito útil nas conjecturas, na análise e na compreensão desse processo analítico. Penso e recomendo o uso desse instrumento como um *modelo* para auxiliar a descrever e a pensar sobre a situação analítica. Falo de modelo no sentido em que foi usado por Bion: como um instrumento para pensar. "O momento seguinte ao uso do modelo é a realização que corresponde à intuição e à abstração. Na hora, diz Bion, em que tenho a intuição, posso abandonar o modelo, que então se torna inútil" (Rezende, 1993, p. 15). Concluo citando Bion (1974): "Modelos são descartáveis, teorias não" (p. 31).

Referências

Baranger, M., & Baranger, W. (1961-1962/2010). A situação analítica como um campo dinâmico. *Livro Anual de Psicanálise, XXIV*, 187-214.

Baranger, M., Baranger, W., & Mom, J. (1982). Proceso y no proceso en el trabajo analítico. *Revista de Psicoanálisis, 39*(4), 527-549.

Bion, W. R. (1974). *Bion's Brazilian lectures I.* Imago.

Boesky, D. (1998). Acting out: a reconsideration of the concept. In S. J. Ellman, & M. Moskowitz (Orgs.), *Enactment: toward a new approach to the therapeutic relationship* (pp. 37-61). Jason Aronson.

Cassorla, R. M. S. (1997). No emaranhado de identificações projetivas cruzadas com adolescentes e seus pais. *Revista Brasileira de Psicanálise, 31*(3), 639-676.

Cassorla, R. M. S. (2001). Acute enactment as a "resource" in disclosing collusion between the analytical dyad. *International Journal of Psychoanalysis, 82*(6), 1155-1170.

Cassorla, R. M. S. (2015). *O psicanalista, o teatro dos sonhos e a clínica do enactment.* Blucher, Karnac.

Ferreira, A. B. H. (1999). *Novo Aurélio: o dicionário da língua portuguesa – século XXI.* Nova Fronteira.

Freud, S. (1908/1976). Caráter e erotismo anal. In S. Freud, *Edição Standard Brasileira das Obras Psicológicas Completas de Sigmund Freud* (Vol. IX). Imago.

Friedman, R. J., & Natterson, J. M. (1999). Enactments: an intersubjective perspective. *Psychoanalytic Quarterly, LXVVIII*, 220-247.

Jacobs, T. J. (2001). On unconscious communications and covert enactments: some reflections on their role in the analytic situation. *Psychoanalytic Inquiry, 21*(1), 4-23.

Jacobs, T. J. (2006). Comunicação pessoal.

Kernberg, O. F. (1984/1995). *Transtornos graves de personalidade: estratégias psicoterapêuticas*. Artes Médicas.

Laplanche, J., & Pontalis, J.-B. (1975). *Vocabulário da psicanálise*. Martins Fontes.

Morton, J. (1992). Enactments in psychoanalysis. Painel presidido por James T. McLaughlin. *Journal of the American Psychoanalytic Association, 40*(3), 827-841.

Rezende, A. M. (1993). *Bion e o futuro da psicanálise*. Papirus.

Rocha, N. J. N. (2006). *O enactment como instrumento de compreensão de um processo psicanalítico*. Apresentado no XXVI Congresso Latino-Americano de Psicanálise, Lima.

Rocha, N. J. N. (2009). Enactment: modelo para pensar o processo psicanalítico. *Revista Brasileira de Psicanálise, 43*(2), 173-182.

Roughton, R. E. (1993). Useful aspects of acting out: repetition, enactment, and actualization. *Journal of the American Psychoanalytic Association, 41*(2), 443-472.

Shengold, L. (1985). Defensive anality and anal narcissism. *International Journal of Psychoanalysis*, 66(Pt 1), 47-73.

Thomä, H., & Kächele, H. (1989). *Teoría y práctica del psicoanálisis*. Editorial Herder.

Woiler, E. (2001). *Da margem da vida para a vida: estudo de algumas funções e qualidades do psicanalista na experiência com o paciente borderline*. Apresentado na SBPSP, São Paulo.

5. O continente flácido e a desvitalização no adolescente[1]

Vera Lamanno-Adamo

> *Como seriam as coisas e as pessoas antes que lhes tivéssemos dado o sentido de nossa esperança e visão humanas? Devia ser terrível. Chovia, as coisas se ensopavam sozinhas e secavam, depois ardiam ao sol e se crestavam em poeira. Sem dar ao mundo o nosso sentido humano, como me assusto. Tenho medo da chuva, quando a separo da cidade e dos guarda-chuvas abertos, e dos campos se embebendo de água.*
>
> Lispector (1969/1994)

A ocorrência de transformações biológicas, psíquicas e sociais na adolescência gera novas experimentações marcadas pela intensidade de sentimentos e por questionamentos acompanhados de vivências turbulentas que podem gerar crescimento. Trata-se de um período de travessia permeado por impulsividade incontida, agressividade, ansiedade, somatizações, isolamento, apatia, inatividade; em maior ou menor grau de intensidade e duração.

---

1 Reformulado a partir do trabalho escrito em parceria com Fábio Adamo (*in memoriam*), publicado na *Revista Brasileira de Psicanálise*, 31(4), 959-972, 1997, e no livro *Trabalho do negativo* (Casa do Psicólogo, 2014).

Alguns adolescentes manifestam na sala de análise amor, ódio, inveja, ciúmes, fantasias homicidas e suicidas, desejo de vingança, medo de retaliação, terrores inomináveis. No entanto, chamou a atenção a experiência clínica com certos adolescentes que apresentavam uma impossibilidade continuada de serem tocados por sensações, sentimentos, emoções e pela presença do analista em todas as suas manifestações. Com esses adolescentes prevalecia uma contínua desvitalização no campo analítico.

As comunicações da analista caíam numa zona de insensibilização incapaz de alavancar alguma reação. Esses adolescentes pareciam aprisionados na fantasia de possuírem elementos ilimitados de receptividade. Uma capacidade sem nenhuma fronteira, sem nenhuma barreira. O macio, o áspero, o calmo, o violento, o venenoso, o frutífero, o pontiagudo, o arredondado, tudo sendo recebido sem qualquer oposição, sem qualquer restrição.

Pareciam possuir um continente (Bion, 1962/1988b) análogo a uma vagina hipotônica que não apresentasse constrição durante as relações sexuais. O extremo oposto do vaginismo, apesar de ambos os fenômenos redundarem em impossibilidade de sentir prazer. Embora um continente sem elasticidade possa sugerir magnanimidade e poder absoluto, observou-se muito mais uma espécie de displicência nas funções de conter, algo feito a *grosso modo*, sem a atenção e o cuidado devidos.

L., um jovem de 17 anos, respondia a qualquer tipo de comentários e interpretações com "*É verdade, é verdade*". Não o experimentava como sendo impenetrável, não sentia os seus infindáveis "é verdade" como uma espécie de fortaleza ou paredão exercendo a função de rechaço. A fala da analista não parecia passar por um processo seletivo.

Não percebia, na forma como o paciente a recebia, movimentos de retenção e expulsão, característicos de um organismo cumprindo funções de absorção. O que era dito pela analista parecia acomodar-se numa cavidade elástica demais, assim, qualquer conteúdo que tentasse ali se alojar tornava-se amorfo e indistinto.

As sessões geralmente iniciavam com certo entusiasmo por parte da analista, mas frente aos constantes "é verdade" do paciente, a sua capacidade de associar, formular ideias e comunicá-las ia perdendo a vitalidade e dando lugar a uma forte sensação de entorpecimento.

Esse não é um fenômeno novo na sala de análise. Nossos pacientes, em maior ou menor intensidade, apresentam dificuldades de discriminar, de associar, de ser seletivos. Não raro, a experiência clínica atenta para um "desajuste" entre a interpretação do analista e a forma como os pacientes a recebem.

No entanto, o padrão de receptividade flácida não indica somente a expressão de mecanismos de defesa que têm por efeito uma evasão da experiência emocional vivida sob a forma de estímulos que perturbam o aparelho mental. Pode denunciar também uma função continente sustentada por uma complexa dinâmica de relação continente-contido sob a égide da flacidez.

Na época que essas ideias estavam sendo formuladas, encontrei uma elaboração de Green (1986/1990) em uma de suas conferências proferidas em São Paulo. Sugeriu o autor que um certo contido não se aloja em um único continente, que um determinado continente se subdivide em uma série de outros que abrigam um mesmo contido, porém o fazem por meio de diferentes estruturas defensivas. Fortalecida por essa noção de Green, pareceu frutífero conjecturar sobre uma modalidade flácida de continente-contido, sua origem, suas propriedades e sua função.

Continente e contido são termos que Bion (1962/1988a) utilizou em seu livro *Aprendendo com a experiência*, embora esse conceito tivesse sido desenvolvido antes, numa série de três artigos:

"Sobre a arrogância", de 1957 (1957/1988); "Ataques ao elo de ligação", de 1959; e "Uma teoria sobre o pensar", de 1962; todos eles reunidos no livro *Estudos psicanalíticos revisados* (Bion, 1967/1988).

Fundamentado nas elaborações de Melanie Klein (1946/1991) a respeito do mecanismo de identificação projetiva, isto é, uma variedade do mecanismo de projeção que leva o sujeito a sentir que atributos de sua personalidade podem ser removidos dele próprio e transferidos para um objeto, Bion usa como modelo a ideia de um continente para dentro do qual os dados sensoriais e as vivências emocionais privados de significação podem ser projetados. Aos elementos que podem ser projetados para dentro do continente denominou contido.

Esse processo é um método primitivo de comunicação e o precursor do pensar. À medida que o continente, por meio de uma afetividade sintonizada, possa oferecer um processamento ao contido, poderá promover evolução do conteúdo sensório-somático – elemento beta – para elementos mentais intimamente vinculados ao processo de sonhar e pensar – elemento alfa (Bion, 1962/1988b). Um processo que introduz não só a noção de que a identificação projetiva possa ter uma função comunicativa, mas também, e sobretudo, de que aquilo que foi projetado para dentro da mente do analista possa ser transformado.

A esse processo de transformação de elementos beta em elementos utilizáveis na produção de pensamentos Bion (1962/1988b) deu o nome de função alfa. Uma operação mental construída a partir do mental disponível do outro, isto é, de uma mente capaz de receber o conteúdo nela projetado e transformá-lo em elementos para memória, sonho, pensamento. Repetidas interações dessa qualidade constituem o meio pelo qual os mecanismos de projeção e expulsão podem tornar-se introjeção e integração.

Vários psicanalistas se interessaram pelo estudo das funções de conter. Winnicott (1960/1982) referiu-se à noção de ser envolto por algo bom como uma sensação de ser contido. Esther Bick (1968) equacionou-a a uma sensação de ser envolvido por uma pele que protege e abriga. Essa noção também foi desenvolvida por Anzieu (1985/1989).

Assim, as funções de conter engendram tanto uma qualidade de abrigo (isto é, uma sensação de estar dentro de algo seguro) como uma sensação de coerência interna, promovendo a constituição de um mundo interno com limites (o continente) onde o sentido pode ser encontrado (contido).

Bion (1965/1983) fala de possíveis perturbações no continente. Salienta um continente violento, voraz, invejoso, assassino e predatório. Um continente dominado por uma inveja determinada a possuir tudo o que os objetos que existem possuem, inclusive sua própria existência. Utilizando-se da grade, considera forças que regem um continente dessa espécie. Movimentos (nos eixos vertical e horizontal da grade) em direção do mais diferenciado para o menos diferenciado têm a propriedade de indicar ausência de característica de duração ou posição e, portanto, ausência de existência. Movimentos que indicam uma força em constante movimento em direção à negação da vida, da verdade, das pessoas, das coisas, das emoções, uma força que, mesmo depois de aniquilá-las, continua destruindo a existência, o tempo e o espaço.

O continente flácido, seguindo essa linha de pensamento, opera sob o domínio de forças que se movem em direção à aniquilação da verdade, do tempo, do espaço, do significado e da existência. Essa aniquilação é alcançada não por compressão ou despojamento, mas por flacidez, por falta de firmeza para segurar o que existe, por falta de comprometimento com o que existe.

O continente flácido acomoda tão complacentemente tudo o que os objetos que existem possuem que, paradoxalmente, tudo o que ali se alojar deixará de existir. Esse processo pode culminar numa identificação com tal objeto e o paradoxo então recair sobre o indivíduo existir o suficiente para sentir que não existe (Bion, 1965/1983).

O Chá Maluco de *Alice no País das Maravilhas* sugere uma interessante metáfora para pensarmos este espaço sem noção de tempo e espaço. Um mundo onde viver num poço de melado e extrair melado do poço é a mesma coisa; um mundo onde eu gostar daquilo que consigo é a mesma coisa que eu conseguir aquilo de que gosto; onde basta sussurrar uma palavrinha no ouvido do tempo e, num piscar de olhos, será a hora que quiser, por quanto tempo quiser, a mesma hora sempre.

Pensando o continente flácido em termos de imagens pictóricas, estas se aproximam das figuras flácidas amolecidas e achatadas de Dalí. Os relógios moles, achatados, estão aderidos à superfície e se amoldam a ela quase que de forma absoluta. O violino e o piano se desprendem do chão pelas mãos de uma mulher e se constituem, ao se desgarrarem da superfície de sustentação, numa massa amolecida, sem volume, sem espessura. O busto flácido se mantém ereto às custas de alguns gravetos, e o pescoço se amolda à base de sustentação de forma gelatinosa. Os relógios moles pendem na pintura numa paisagem solitária e lembram um par de ovos fritos, e os ovos fritos constituem, na imaginação de Dalí, a recordação mais antiga da vida pré-natal (Liaño, 1982).

Essas considerações remetem a um segundo momento deste trabalho: como esse tipo de configuração de continente se estabelece como modalidade de funcionamento? Frente a que circunstâncias o continente se estrutura de forma preponderantemente flácida?

Algumas noções de Imbasciati (1990) auxiliam a pensar a origem de um continente flácido. Esse autor sugere que numa protomente fetal, a primeira ideia de mãe muito provavelmente seria a de uma cavidade indiferenciada. Haveria uma predisposição da mente do bebê para considerar a mãe como um saco que tudo contém indistinta e indiscriminadamente. Essa predisposição da mente do bebê, adicionada à situação real do bebê ao seio, mais a situação de ter sido contido no útero (no saco e no líquido amniótico), resulta numa representação muito rudimentar da mãe como *algo* que serve para alojar qualquer coisa.

Com o tempo, essa cavidade primitiva, segundo Imbasciati (1990), será identificada com a barriga da mãe. A princípio, o bebê a conceberia como uma barriga onicompreensiva que abriga indiferenciadamente seio, leite, cocô, bebê, vísceras. Gradativamente poderá, na mente do bebê, formar-se a representação da mãe como continente diferenciado: de um lado, um mamilo que contém leite, de outro, uma barriga-intestino, de outro ainda, uma barriga-bebê.

Esse processo de diferenciação está sujeito a perturbações. Por um lado, há a disposição inata do bebê à destrutividade, ao ódio e à inveja excessivos, como tão bem assinalou Klein. Algumas personalidades, sugere Bion (1959/1988), não podem tolerar a capacidade da mãe de conter experiências que eles próprios não podem conter, provocando intensos ataques invejosos. Por outro, há o ambiente que pode negar ao sujeito a possibilidade de cisão e identificação projetiva (Bion, 1959/1988) ou de oferecer um foco adequado de experiências perceptivas para promover coesão para o bebê, seja esse foco um mamilo na boca ou um objeto de visão (Bick, 1968).

A esse respeito, Winnicott (1967/1975) salienta o fracasso materno em oferecer o seu próprio rosto como espelho. Assim, a apercepção assume o lugar da percepção, resultando numa impossibilidade de descoberta de significados no mundo das coisas vivas e vistas. Se o olho da mãe é irresponsivo, então um espelho é algo a ser visto, mas para dentro do qual não se olha.

A função do pai é importante nesse processo. Quando o pai, em vez de acolher e beneficiar esse estado inicial de fusão da mãe com o seu bebê, se intromete, no sentido de interrompê-lo (e a mãe aceita passivamente essa interrupção), cria-se um momento de intermédio entre a mãe e o bebê. Um espaço vazio próximo ao que Winnicott (1967/1975) disse sobre o horror que seria se a criança olhasse para dentro do espelho e não visse nada.

Por um lado, um pai narcísico rivalizando com uma mãe que, preocupada com seus próprios pensamentos, não oferece resistência à invasão de seu território e, por outro, um bebê com forte intolerância à dor e à frustração.

Desses extremos desencontros pode se originar uma configuração flácida de continente. Uma estrutura derivada da protoimagem-cavidade indiferenciada que, além de não ter passado por um processo evolutivo no psiquismo, sofreu severa distorção. Na adolescência, para dar conta das inquietações, da agitação e do tumulto que estão em jogo nesse período, pode ocorrer um recrudescimento da identificação com o objeto/mãe/cavidade indiferenciada que contém qualquer coisa de forma indistinta e indeterminada.

Embora carregue dentro de si a propriedade de abrigo, o continente flácido distingue-se do modelo original de onde se derivou, na medida em que não exerce uma armazenagem vitalizante. Não presta o importante serviço de armazenar os contidos ainda informes e indistintos à espera de uma ideia central organizadora.

Pelo contrário, o continente flácido se presta somente à desvitalização. Em vez de exercer funções de propiciar sentido e conexão à experiência sensorial e emocional, promove analgesia e amorfia.

A ausência de vigor, firmeza e elasticidade do continente esvazia de significado o contido. Não por despojamento ou compressão, mas por inércia, por estar sob a égide de forças que promovem desligamento. A ação do continente é passiva, apresentando-se maleável a ponto de não servir efetivamente como delimitador.

Uma vez esvaziado de significado, o contido, desvitalizado e repetitivo, não é capaz de despertar vigor e interesse no continente. Instaura-se, assim, uma espécie de círculo vicioso, tendo como produto final o gradual e progressivo comprometimento da realização emocional, do sentido e do significado do que se vive.

Retorno ao paciente mencionado no início deste trabalho. Quando procurou análise, L. estava com 17 anos. Um rapaz alto, magro, com postura e jeito de andar que me fizeram lembrar um boneco de pano, desajeitado e amolecido. Sua pele era de uma textura fina e branca, como papel de seda.

Segundo a mãe, que o acompanhou durante a primeira entrevista, L. sempre foi um menino fechado, na escola ficava num canto e não brincava com as outras crianças. Tinha muitos pesadelos e muitos medos durante a infância, que se suavizaram entre os 7 e os 12 anos, mas tomaram a forma de pânico após esse período.

Levou mais ou menos um ano para falar aos pais a respeito. Chegava no portão da escola, era invadido por um terror inominável e então batia em retirada. Voltava para casa, trancava-se no quarto e aconchegava-se na cama. Só saía de lá ao entardecer, quando os pais estavam voltando do trabalho.

O seu frágil senso de existência parece não ter sido capaz de tolerar as mudanças do período de adolescência, com suas demandas e seus desafios. Possivelmente, refugiava-se em sua cama tentando recriar os momentos iniciais de sono da mãe com seu bebê, por meio dos quais pudesse adquirir um sentimento de existência, continuidade e realidade.

O mesmo parecia ocorrer na análise. Por meio do clima letárgico que foi se instalando nas sessões, poderia estar buscando o momento fusional a partir do qual pudesse ser concebido como um ser vivo, hígido e pulsante.

Rotineiramente, deitava-se no divã e dizia: "Hoje vou cortar o cabelo... Amanhã vou a uma festa... Meu pai está com enxaqueca... Meu avô não quer tomar banho... Minha namorada começou a estudar inglês...". Essas frases se repetiam sessão após sessão, com pouca ou quase nenhuma alteração no repertório. Eram ditas em intervalos de cinco, dez, quinze minutos entre uma e outra. Não existia um elo dinâmico entre elas. Vagavam numa zona morta, indistinguíveis em si e entre si.

Quando conseguia lhe dizer algo, imediatamente L. dizia: "É verdade, é verdade". Prevaleciam nesse paciente formalismo e pragmatismo, talvez para dar conta de um senso da vitalidade e da vivacidade que há muito haviam deixado de operar, se é que algum dia chegaram a operar em sua mente.

Certa vez, deitou-se calmamente no divã, como de hábito, e disse: "minha avó morreu ontem". Não disse mais nada. Ficou em silêncio por um longo tempo. Perguntei se era muito ligado à avó, se estava triste, ao que ele formalmente respondeu: "gente fica triste quando as pessoas morrem".

Durante a análise, terminou o ensino médio e dizia querer ser advogado. Por quê? Não sabia responder. Tinha que cursar uma faculdade e advocacia era uma boa profissão.

O seu querer era muito vago. Não parecia lhe pertencer, assim como ele mesmo não parecia pertencer ao mundo daqueles que ficam tristes quando perdem uma pessoa próxima. Apresentava-se quase que totalmente adormecido aos problemas e aos conflitos inerentes à condição humana.

Uma espécie de clone, pensou a analista durante um de seus encontros. Não parecia ter sido fruto de uma união sexual, desejos, sonhos. Parecia não ter descoberto ainda o sentido humano no mundo das coisas vivas e vistas: se ensopava sozinho e secava... e depois ardia ao sol... e se crestava em poeira...

Mas L. não vivenciava, conscientemente, sentimentos de inércia, letargia e insignificância. Estes eram criados transferencialmente, no clima desvitalizado das sessões. A analista foi se percebendo cada vez menos curiosa e sentindo cada vez mais o equivalente a uma perda das funções mentais. No decorrer da análise, passou também a experimentar, durante as sessões, uma forma de claustrofobia. Olhava para o relógio sem parar, contava os minutos, os segundos. Algumas vezes se pegou pensando em terminá-las antes do tempo.

A analista à espera de um ser desejante capaz de sonhar, brigar, cooperar, e o paciente o reverso: mentalmente anoréxico, num estado próximo ao sonambulismo, nem sono nem vigília, nem consciente nem inconsciente.

Um dia, me dei conta de que preenchia o tempo da sessão contornando imaginariamente as paredes e as janelas do consultório, as pás do ventilador, os cantos da mesa. Percebi que essa experiência de "formatar" imaginariamente todos os objetos do consultório, incluindo portas, janelas e paredes, se repetia em quase todas as sessões. Pude, então, em algum momento, conectar essa experiência com uma necessidade de literalmente dar coerência, direção e sentido a um mundo privado de foco e elos de ligação. Essas percepções trouxeram uma mudança profunda no entendimento de aspectos do comportamento repetitivo e desvitalizado de L. nas sessões.

Numa sessão, ele se deitou e falou, como de costume, que precisava cortar o cabelo; que o pai, agora, estava chegando mais tarde em casa pois ocorrera uma mudança de horário no seu trabalho; que a namorada estava estudando bastante para as provas; que a mãe estava resfriada; que na noite anterior se sentiu estranho novamente, com aquela sensação de estar pisando nas nuvens (referia-se a uma metáfora utilizada pela analista).

Comuniquei-lhe que parecia estar desejando que a análise pudesse lhe oferecer fortes elos de ligação entre ele e o pai, ele e o avô, ele e a namorada, ele e o seu cabelo, que, de tempos em tempos, crescia e precisava ser cortado. Sem esses elos de ligação, sem poder perceber o que cada um daqueles fatos e aquelas pessoas tinham a ver com a sua vida, com o que sentia, com o que pensava, caía num mundo nebuloso, estranho e ameaçador.

L. ficou em silêncio por algum tempo e então disse: "Sabe, a dermatologista acertou o remédio para o meu cabelo, não está caindo mais e agora está mais cheio, até o meu pai já percebeu".

Então lhe disse que se sentia mais volumoso quando acertávamos aqui também, quando podíamos detectar seus desejos, suas necessidades, suas dificuldades.

"Quando perde essas conexões dentro de si", disse, "você fica como Sansão com os cabelos cortados, sem força, sem esperteza, sem vitalidade, sentindo-se estranho, pisando nas nuvens, ameaçado de cair num espaço incapaz de lhe sustentar".

"O meu avô", disse L., "está meio maluco ultimamente, meio bobo, sei lá, não fala coisa com coisa. Outro dia ele estava vendo TV e apareceu uma árvore de Natal, e ele disse que quem trouxe a primeira árvore de Natal para a cidade havia sido ele. Eu lhe perguntei como isso poderia ter acontecido, já que a árvore de Natal datava de, no mínimo, 2 mil anos. Ele está meio louco, falando coisas que não tem nada a ver".

"Você está falando de uma outra maneira o que eu estava lhe dizendo. Quando você perde o contato com a sua história, com os vários sentidos que ela tem dentro de você, quando não conecta mais uma coisa com outra, fica semelhante ao seu avô que, de repente, se esquece completamente que a árvore de Natal data de, no mínimo, 2 mil anos e passa a acreditar que foi ele quem trouxe a primeira árvore de Natal para a cidade. E cai num mundo maluco, onde uma coisa não tem nada a ver com outra, fica desnorteado, abobado."

Após mais ou menos quatro anos de análise, notei uma variação no clima das sessões. Pela primeira vez na análise, L. não iniciou a sessão da forma costumeira, contando fatos sobre mãe, pai, namorada. Chegou dizendo que a mãe iria falar comigo, pois estavam atravessando um período financeiro muito difícil e que teria, por um ou dois meses, de diminuir o número das sessões.

A princípio, relatou essa provável mudança na análise com sua formalidade habitual. E então, após longo silêncio, disse: "Não quero diminuir o número das sessões. Disse para a minha mãe que abro mão da minha mesada e que posso ajudá-los nos negócios para que isso não ocorra". Pela primeira vez, há manifestação de desejo na sessão e tentativa de modificar, por meio de esforço próprio, uma realidade dolorosa.

Esse momento de abertura para um mundo onde as vivências emocionais puderam ser percebidas e comunicadas inaugurou uma série de outros, ainda fugazes e intercalados por letargia, mas nos quais L. manifesta verbalmente o ser temeroso e em dificuldades: "Sabe, eu não aguento ser contrariado. Fico muito nervoso quando isso acontece. Tenho vontade de quebrar tudo ao meu redor".

Numa sessão, L. mal se deitou no divã e pôs-se a falar. Quase não conseguia entender o que dizia: "Briguei com a minha namorada e o meu amigo deu razão para ela, fiquei muito bravo, fui para casa, tirei o rádio de dentro do carro, joguei no chão e ele se espatifou. Meu pai ouviu o barulho, saiu de dentro de casa, ficou muito bravo comigo, pegou o que restava do rádio no chão e jogou contra a parede, quebrou mais ainda".

"A intensidade de suas emoções e sensações te deixam muito assustado."

"Minha mãe costuma dizer que se não sai do jeito que eu quero, eu fico muito bravo e violento."

"Melhor então não querer nada? É muito arriscado querer e não conseguir o que quer."

"É, eu me sinto pior ainda quando, ao invés de meu pai me ajudar, ele fica ainda mais bravo... Agora vou ter que ficar quase sem mesada para consertar o rádio."

Essa sessão traz alguns esclarecimentos a mais a respeito da dinâmica psíquica de L. Suas tentativas de saída de seus espaços informes e indistintos o arremessavam a representações internas que não acomodavam possibilidades de crescimento. Representações, por um lado, de um objeto interno que o aprisionava em ideias preexistentes e rigidamente preestabelecidas a respeito de si mesmo (quando contrariado fica bravo e violento) e, por outro, de um objeto interno que concretizava a violência incontida, desenfreada, com destrutividade louca (a reação bombástica do pai frente à ira de L.). Sua mãe e seu pai forneciam uma locação externa de suas próprias tendências destrutivas que possibilitava muito mais cimentá-las do que transformá-las.

Assim, o dilema de L. se configura entre, por um lado, o refúgio a um continente que preservava o seu frágil senso de continuidade às custas de analgesia e amorfia, resultando daí sensações de se dissolver num espaço informe e infinito, e, por outro, a exposição a um mundo encarcerado e despedaçado.

O conceito de continente flácido arregimenta vários outros. Coloca em evidência o modo de funcionamento quase completamente não mediado e não definido pelo simbólico elaborado por Meltzer et al. (1975/1979), Tustin (1981, 1986/1990) e Ogden (1989). Salienta a ansiedade predominante desse modo de experiência: a de uma iminente desintegração do ritmo de segurança (Tustin, 1986/1990) e uma sensação de cair sem fim, de escoar, vazar, se dissolver num espaço informe e infinito (Bick, 1968).

Resulta daí o perigo sempre presente, aniquilante, de perder o contato com a realidade em virtude da existência de uma capacidade para suspender a atenção e as emoções (Meltzer et al., 1975/1979), mediante o recurso passivo de permitir que os diversos sentidos, específicos e gerais, internos e externos, passem por um processo de desvitalização constante. Isso é semelhante a deixar que uma parede de ladrilho se despedace pela ação do tempo, de musgos, fungos e insetos, por não ter sido reforçada com cimento (Meltzer et al., 1975/1979).

Um continente que recebe, acolhe, liga e sustenta com firmeza os contidos em busca de sentido cria um campo fértil para o desenvolvimento das experiências com qualidades de subjetividade, historicidade e riqueza de significado simbólico.

Referências

Anzieu, D. (1985/1989). *O eu-pele*. Casa do Psicólogo.

Bick, E. (1968). The experience of the skin in early object relations. *International Journal of Psychoanalysis*, 49(2-3), 484-486.

Bion, W. R. (1957/1988). Sobre a arrogância. In W. R. Bion, *Estudos psicanalíticos revisados*. Imago.

Bion, W. R. (1959/1988). Ataques ao elo de ligação. In W. R. Bion, *Estudos psicanalíticos revisados*. Imago.

Bion, W. R. (1962/1988a). *Aprendendo com a experiência*. Imago.

Bion, W. R. (1962/1988b). Uma teoria sobre o pensar. In W. R. Bion, *Estudos psicanalíticos revisados*. Imago.

Bion, W. R. (1965/1983). *Transformações: mudança do aprendizado ao crescimento*. Imago.

Bion, W. R. (1967/1988). *Estudos psicanalíticos revisados*. Imago.

Green, A. (1986/1990). *Conferências brasileiras de André Green*. Imago.

Imbasciati, A. (1990). *La Donna e la Bambina: psicoanalisi della feminilitá*. Franco Angeli.

Klein, M. (1946/1991). Notas sobre alguns mecanismos esquizoides. In M. Klein, *Obras completas de Melanie Klein* (Vol. 3). Imago.

Liaño, I. G. (1982). *Dalí*. Ao Livro Técnico.

Lispector, C. (1969/1994). Sem nosso sentido humano. In C. Lispector, *A descoberta do mundo*. Francisco Alves.

Meltzer, D. et al. (1975/1979). *Exploración del autismo: un estudio psicoanalítico*. Paidós.

Ogden, T. (1989). On the concept of an autistic-contiguous position. *International Journal of Psychoanalysis*, *70*(1), 127-140.

Tustin, F. (1981). *Autistic states in children*. Routledge, Kegan Paul.

Tustin, F. (1986/1990). *Barreiras autistas em pacientes neuróticos*. Artes Médicas.

Winnicott, D. W. (1960/1982). Teoria do relacionamento paterno-infantil. In D. W. Winnicott, *O ambiente e os processos de maturação*. Artes Médicas.

Winnicott, D. W. (1967/1975). *O brincar e a realidade*. Imago.

6. Reflexões clínicas sobre turbulência na adolescência

Sonia Maria Camargo Marchini

> *Será possível que exista algum crescimento sem resistência . . . Será que pode ocorrer algum pensamento sem a resistência aos pensamentos não selecionados?*
>
> Bion (1976/1987, p. 123)

Se há algo que caracteriza a turbulência emocional da adolescência é sua intensidade suficientemente forte, a ponto de ser a adolescência o que nos vem à mente em primeiro lugar quando se fala em turbulência, em especial a nossa adolescência. Concordo com Ungar (2004) ao afirmar que, enquanto analistas de adolescentes, nada toca tanto nossas estruturas infantis no nível da contratransferência quanto a turbulência do adolescente. E eu me pergunto se a necessidade de revisitar e integrar essas estruturas antigas não seria uma das motivações inconscientes da escolha de trabalhar com adolescentes.

A ideia de refletir sobre minha experiência clínica com uma única adolescente, a quem denominei Bia, deve-se ao fato de eu ter tido o privilégio de acompanhá-la da infância a meados da adolescência. A condição de esse processo ter se dado em um período no qual tantas transformações se dão é propícia para se estudar justamente os diferentes graus de intensidade de mobilização das estruturas infantis e arcaicas do analista no que se refere à sua contratransferência.

Mas por que a análise de Bia, se tive outras experiências de análises longas que abrangeram mais ou menos o mesmo período de desenvolvimento que o de Bia? Penso que por reconhecer no convite a oportunidade de dividir com colegas a persistência de vivências que necessitaram de tempo de maturação interna, mesmo sem Bia (não estava mais em análise), e ganharam sentido a partir de um sonho.

Apresento a seguir situações clínicas dessa análise relativas a três épocas distintas de seu desenvolvimento, nas quais privilegiei os movimentos transferenciais e contratransferenciais em função do surgimento, da vivência e do destino que se deu à turbulência emocional presentificada nas sessões. Teço nas considerações finais algumas articulações teórico-clínicas.

A análise de Bia

Os pais de Bia buscaram atendimento quando ela entrou na latência. Ficava muito "nervosa" ao ir para a escola. Com enurese até os 6 anos e muito controladora, ia frequentemente para a cama dos pais. Ela é filha única.

Nos primeiros contatos, chamaram-me a atenção sua inteligência, sua vivacidade e a desenvoltura com a qual fez uso do material plástico e lúdico disponível, demonstrando interesse em colaborar. Duas de suas produções iniciais destacaram-se por sua expressividade. Em um dos desenhos fez um vulto no meio de um redemoinho escuro. Estaria representando o sentimento de sentir-se perdida, desorientada? Era como se estivesse imersa na sua impulsividade, o que apontaria para uma vida de fantasia ainda fragilmente constituída. Sua outra criação – as capas de um livro, uma inteira preta e outra pintada com faixas coloridas – parecia condensar o espírito com que chegava: luto e esperança representados nas capas do livro que contaria a sua história ainda por ser escrita ali comigo. Um começo auspicioso!

Primeiro ano de análise: descida ao inferno

> Bia buscava uma nova disposição dos móveis da sala de análise. Levou algum tempo até chegar à construção do cenário onde dramatizaríamos o que de início nem ela sabia: decidiu construir uma cabana dividida ao meio, com duas janelas na divisória pelas quais iríamos conversar. Éramos vizinhas. A brincadeira consistia em conhecermo-nos. Ela me abordou com um "Bom dia, vizinha!". Eu devia perguntar seu nome. Apresentou-se e, mal começamos a conversar, apareceu do outro lado. Chamei-a pelo "seu" nome, mas ela era então a *irmã gêmea* da outra. Novamente me deixou falando e apareceu na outra janela.
>
> A mudança de uma janela para outra foi se dando numa velocidade crescente e a cada aparição surgia um novo personagem. Os personagens tornavam-se cada vez mais esquisitos: monstros assustadores, objetos sujos, estragados, despedaçados. Fui me sentindo cada vez mais confusa, aturdida. Tentava falar com ela, mas ela não mais me escutava.
>
> Quando anunciei o término da brincadeira, ela caiu no chão e começou a se debater de olhos fechados, virando-se de um lado ao outro. Aproximei-me, contive-a fisicamente o tempo suficiente para cessar a "convulsão"[1] e falei baixinho que a brincadeira tinha acabado. Levou algum tempo para se acalmar e se levantar.

1 Uso livre do termo, sem considerar o que ocorreu em termos neurológicos.

> "Nossa! Que confusão!", disse ela então, já em pé e refeita. É interessante assinalar que, ao registrar a sessão me percebi incapaz de nomear os personagens que foram surgindo. Entrara com ela numa espécie de vórtice.

A essa altura do nosso trabalho, a transferência já estava bem estabelecida, podendo ser eu a pessoa adequada para acolher e, eventualmente, representar os personagens de seu mundo interno. Bia vinha rearranjando os móveis da sala a cada sessão e, mais uma vez, ela providenciou as adaptações do ambiente/analista necessárias a vivências ainda por serem vividas ali comigo. E o que surgiu foi a encenação do encontro entre duas pessoas que não se conhecem. Uma espécie de brincadeira "Quem sou eu", apreciada na sua faixa etária. Porém, morarmos numa casa que tinha sido dividida ao meio, ou seja, casas geminadas (cenário para que as gêmeas surgissem), colocou-nos próximas demais. Surgiram então as gêmeas [*self* verdadeiro e falso *self* (Winnicott, 1962/1983), ela e seu duplo?].

A proposta inicial parecia ser a de eu representar o espelho em que pudesse se ver. No entanto, a cena remeteu-a a vivências mais regressivas, arcaicas, de gradativa despersonalização, seguida por desvitalização, desintegração e desmantelamento (Winnicott, 1967/1994; Meltzer, 1975/1984a). Parecia estar colada àquela realidade, vivida na sensorialidade e com muita excitação. E, nesse sentido, a ruptura na continuidade da experiência só poderia ser vivida como ruptura de superfícies,[2] daí ter caído ao chão numa vivência de quase morte.

Seus pais não tinham relatado presença de sintomas neurológicos na sua história.

2 Posição adesiva, na qual a bidimensionalidade é um parâmetro de funcionamento mental (Meltzer, 1975/1984b).

A contenção física a fez se reintegrar e poder nomear o que vivera como *confusão*. Mas, para tanto, foi preciso eu me perder com ela, isto é, receber suas identificações projetivas (Klein, 1946/1982) intensas, contê-las para poder reassumir minha função e fisicamente contê-la. Bia e eu vivemos *o que era* latente em sua latência (Bion, 1976/1987). Vivemos a turbulência emocional com toda a intensidade. Tornou-se possível, nessa ocasião, Bia entrar acompanhada no redemoinho dentro do qual deveria se sentir muitas vezes e que expressara no desenho feito no nosso primeiro contato.

Essa sessão veio corroborar a hipótese diagnóstica de que, na primeira infância, Bia não pôde desenvolver seu ego de modo suficiente a capacitá-la a entrar na latência e enfrentar as exigências do mundo fora do âmbito familiar – escola, amigos. Ela chegara à análise muito assustada com suas próprias emoções, especialmente as ligadas à raiva e outras emoções disruptivas. As defesas prevalentemente obsessivas, desenvolvidas até então, eram incipientes para controlar sua impulsividade ainda mal contida.

Durante muito tempo, convivemos com seu lado sombrio: o preto e os tons acinzentados de suas pinturas e produções espalhadas pela sala, suas brincadeiras sádicas, cujas malvadezas extrapolavam a sala de análise (sujeira e confusão na sala de espera e no banheiro do consultório) [Bia testou de inúmeras maneiras o limite da minha continência], e se eu realmente era a pessoa confiável de que necessitava.

Penso com Winnicott (1958/1983) que era sua *rude maneira de amar*, necessária para reviver momentos de indiferenciação entre realidade autocriada e externa, repetidos o suficiente para que o sentido de dualidade e a futura capacidade de preocupar-se com o outro se instalassem. Pude oferecer-lhe o *meio emocional maleável* (Milner, 1969) para poder viver a ilusão de fusão e exercitar a pulsão de dominação (Roussillon, 2006). Sobreviver às suas investidas pulsionais foi fundamental para Bia poder prosseguir em seu desenvolvimento simbólico. Pude ser o *anjo necessário*, conforme a denominação poética de Anne Alvarez (1994) ao papel transferencial representado pelo analista nessas situações.

A propósito desse período, destaco a competência de ir em busca do objeto, característica prevalente em Bia durante seu trajeto em minha companhia: nos momentos mais sombrios, em que expressava seu sadismo na relação comigo, percebia o meu limite e, em vez de se afastar, propunha uma nova atividade.

Quatro anos depois: o corpo que habito

Estávamos numa época em que as dancinhas eram presença assídua nas sessões. Bia entrara na puberdade. Ela fazia aulas de dança e costumava me mostrar as últimas coreografias aprendidas. Preocupava-se em acompanhar o que as outras meninas estavam dançando e, mesmo não gostando de alguma dança, tratava de aprender. Repetia-as muitas vezes, até dar-se por satisfeita. As danças foram se tornando mais sensuais, provocativas.

Da minha parte, interessava-me, comentava detalhes, graus de dificuldade, sem deixar de destacar que ela dividia comigo as transformações de seu corpo, sua apropriação dele, suas possibilidades expressivas e sensuais. Mostrava-lhe também sua preocupação em saber o que ela provocava em mim com tudo isso.

> Durante uma dessas sessões em que treinava uma dancinha ali comigo, "porque todas [as amigas da escola] estavam dançando", Bia me mostrou contente o que conseguira juntar de fotos, danças mais antigas que estavam espalhadas nos celulares dela, da mãe e da avó. Comentou: "Aquelas não são bem dancinhas, nós [ela e a amiga da ocasião] mexíamos mais a cabeça e as mãos". Disse-lhe que naquela época elas estavam mais interessadas nas caretas, nas fantasias que colocavam, e que o corpo como um todo não lhes

era importante como era agora, quando seu corpo vinha se transformando em corpo de mulher. Estávamos perto do final da hora quando me propôs nomear cada sessão com aquilo que mais tinha aparecido. Propôs *mudanças* para aquela sessão, acrescentando: "Porque hoje fizemos a retrospectiva e vimos várias mudanças".

Ao entrar na puberdade, tornou-se evidente a preocupação de Bia em pertencer ao grupo de pares, que adquiria maior coesão enquanto grupo e era formado pelas mesmas amigas da infância. Até então, porém, a ligação com essas amigas se fazia de modo utilitário. Estava sempre com a que estivesse disponível, na medida em que não conseguia ficar sozinha, como posteriormente me contou, mas não tinha propriamente um grupo ou uma amiga predileta, tarefa com a qual se ocupava agora.

Sua sensualidade ganhou expressão aberta nas coreografias, dando-nos a oportunidade de trabalhar suas ansiedades relativas não só às mudanças corporais e à sexualidade de menina-moça, mas também à rivalidade com a figura materna, que eu representava, levando-a a dar andamento ao processo de individuação e discriminação na cadeia de geração de mulheres.

Bia contava com uma mente mais organizada, um espaço onde podia guardar suas lembranças afetivas, como a vinheta demonstra. O medo da minha rivalidade com ela, sendo eu a adulta do pedaço e, portanto, mais instrumentada, e/ou o medo da dependência, com suas desvantagens, nesse momento tão significativo de sua constituição identitária, pareciam estar atenuados. Naquela ocasião, eu representava prevalentemente a figura materna benigna, ou mesmo uma amiga mais velha, que acolhia seus arrojos de se experimentar mulher. Estávamos lidando com a passagem do tempo, as *mudanças*.

Dois anos depois: encruzilhada à vista

Bia estava adolescente. Já tinha um namorado com quem iniciara sua vida sexual, tinha novos amigos, mas ainda não se sentia genuinamente incluída no grupo adolescente heterossexual. Ao mesmo tempo, causava-lhe muita dor separar-se do grupo fechado que se formara na puberdade, quando se identificava com o papel de agregadora do grupo. Meltzer e Harris (1998) apontam que nesses grupos as identificações se entrelaçam: "cada indivíduo no grupo desempenha um papel particular e para se chegar a ser um verdadeiro ser humano é preciso unir todos os papéis" (p. 135). Com relação a esse grupo, no momento da vinheta seguinte, ela sentia que o grupo a identificava como a traidora porque ousou começar a namorar, mas evitava examinar a possibilidade de também ela estar identificada com esse papel.

Passou a utilizar-se do divã. Partilhava comigo sua vida afetiva intensa nos encontros, desencontros e buscas de reconciliação com amigas, namorado e pais, em que procurava legitimar suas posições, seu lugar nas relações. Era claro seu empenho em se reorganizar interna e externamente, tinha urgência em conquistar seu lugar no mundo, "entrar na existência", como diz Green (1988/1994, p. 81), ainda que estivesse muito assustada em meio à turbulência resultante de tantas demandas.

O trabalho de elaboração do luto pela fantasia onipotente infantil de que era ela a responsável pela união dos pais, fantasia com a qual chegara à análise e que fora reativada com o advento da sua genitalidade (Freud, 1905/2016), era dificultado pela fantasia complementar, corroborada pela realidade, de que seus pais de fato não permaneceriam unidos se ela saísse dessa posição entre eles. Digo corroborada porque eu testemunhava os abalos sofridos por Bia em consequência do distanciamento dos pais ou do excesso das intervenções deles um tanto invasivas na sua vida fora de casa.

Daí minha tendência a pensar que a dinâmica familiar vivida era baseada em relações narcísicas. Como ela era muito ciosa em manter uma boa imagem dos pais, eu compreendia que, na transferência, cabia a mim guardar comigo a percepção dessa indiscriminação de papéis, pois, ao meu convite, por mais discreto que fosse, para examinar essa situação, ela respondia com seu silêncio. Eu deveria *apenas* ouvi-la. Na contratransferência, sofria[3] a indignação, a humilhação, a dor que ela não podia sofrer.

A dificuldade em manter uma posição neutra e preservar meu lugar de analista foi se amplificando no último mês. O clima das sessões tornou-se tenso e seus silêncios, gradativamente mais longos. Eu a sentia afastando-se, ainda que continuasse sendo assídua às sessões. Parecia-me que estávamos dando voltas sem sair do lugar. Chegava ao final das sessões com a clara percepção de que minhas poucas intervenções não nos aproximavam das suas dores, não lhe ofereciam um alívio genuíno. Ao contrário, ela saía mais defendida. Instalou-se um impasse que culminou no encontro que se segue.

> Bia chegara muito abatida. Assim que se deitou de lado no divã, disse-me que estava com muita dor no ombro. Estava jogando na quadra de esporte da escola e fora atingida por uma colega num momento de distração. Viera à sessão direto da escola. Disse-lhe que, para ela estar ali naquela situação, era porque devia ter alguma coisa muito importante para me dizer e tinha que ser naquele dia. Ela confirmou, mas permaneceu em silêncio por vários minutos, encolhida em posição fetal.
>
> Vendo-a assim, literalmente machucada, ponderei comigo mesma que sua "distração" no jogo parecia ser resultado de estar tão

---

3 Sofrer no sentido de sofrimento psíquico; discrimina-se de sentir a dor sensorialmente (Joseph, 1981/1992).

ocupada com suas questões internas que não pôde evitar o acidente, ela que era tão boa atleta. Considerei que ela optara por partilhar comigo seu "machucado" na esperança de podermos encontrar algum remédio/sentido para tanto tumulto interno, que inclusive a colocava à mercê de acidentes. Era um momento muito delicado e, por isso, optei por aguardar.

Seu silêncio começou a pesar e eu fui me sentindo impotente. O curioso é que na hora não relacionei o que vivíamos com interrupção, cuja possibilidade já fora por ela mencionada. O meu esquecimento/negação, penso, dava-se por identificação projetiva do seu temor em partir, mas também por apreensão minha de ela partir em meio a tanta turbulência interna.

Ela disse finalmente que aquele seria nosso último dia. Propus examinarmos a razão da antecipação. Apontei o antagonismo daquilo que vivíamos: ela concentrada na dor de seu machucado e eu com a dor de ser dispensada. Sentia-me paralisada, sem conseguir pensar nada além disso. Como permanecesse em silêncio, disse-lhe ainda que, dada a intensidade do que estávamos vivendo, poderia ser interessante nos vermos mais algumas vezes. Em resposta, apresentou-me justificativas relativas à concretude da alocação de tempo na sua vida fora da sala de análise.

Foi quando percebi que suas justificativas eram contra-argumentos, porque eu estava defensivamente argumentando, movida por sua apreensão e pela minha própria, numa tentativa de adiar a separação. Corria o risco de tornar-me superegoica. Decidi então observar e refletir sobre o que estávamos vivendo, mas não cheguei a formular mais nada. Estava impactada demais para conseguir voltar a pensar.

Ela também permaneceu quieta. Ficou encolhida até o final da hora, quando reafirmou sua posição e assim nos despedimos. Esta foi sua última sessão.

Sob o impacto da minha impotência, experiência vivida em estado bruto, desconectei-me da função analítica (Bion, 1962/2021). Até busquei fazer com Bia um balanço de suas conquistas nessa última sessão, numa tentativa, talvez maníaca, de aliviar o tom depressivo de então. Precisei de meses para maturar essas vivências e me surgir, por meio de um sonho, a "ideia iluminadora" (Bion).[4]

> Estava entrando num prédio para um compromisso de trabalho em que acontecia uma espécie de gincana entre casais. A atmosfera era lúdica e havia muita animação. Os participantes estavam saindo do local, vindo na direção contrária à minha. Dei com uma parede divisória vazada que dividia o ambiente, a gincana ficava do outro lado. De repente vi meu companheiro com uma jovenzinha. Estavam muito entretidos e ele não me viu. Ela se deteve para me contar entusiasmada sobre a próxima prova. Escutei-a interessada. Ele a chamou e eu pensei: "Aproveite, ele é confiável!".

Ao acordar, a primeira associação que fiz à menina foi Bia. Mas também pensei que poderia ser eu própria, ambas adolescentes. Nesse triângulo edípico, a personagem Bia/eu convidava-me a revisitar o meu próprio complexo de Édipo mais uma vez: a menininha, a menina-moça, a mãe para os meus filhos adolescentes e, sobretudo, a analista que fui para Bia.

Estava em condições de *ver* os últimos meses com Bia sob um novo ângulo: podia ocupar o lugar da mãe/analista benigna que consentia que ela se experimentasse na parceria com o pai/companheiro, numa brincadeira de menininha em plena concretude de suas fantasias, de púbere com a sexualidade saindo pelos poros, de adolescente sendo introduzida à sociedade numa valsa, enfim, uma condensação de todas elas. Ou seja, minha apreensão em relação à interrupção do nosso trabalho naquele momento,

4 O "pensamento selecionado" da epígrafe. Retomo a seguir esse ponto.

por temer o comprometimento de suas escolhas futuras devido às fixações edípicas infantis, resultava da minha contratransferência comprometida com meu complexo edípico. Foi preciso revisitá-lo em sonho e descolar-me de Bia para readquirir a função analítica e, acordada, poder dizer: "Por que não?".

A partir desse ponto, pude reavaliar aonde chegamos, ela e eu, em termos de seu desenvolvimento na direção da constituição de uma identidade adulta. Ela desenvolvera-se o suficiente para valorizar experimentar-se sozinha, sua solitude, chegando a expressar em sessão a discriminação entre *solidão e estar sozinha* consigo mesma. Era fundamental que testasse sua coragem, que vivesse a experiência de potência, e o campo eleito, porque propício para tanto, era o da análise.

Ela confiava na sobrevivência de sua analista à sua partida, tanto que declarou que parar não significava não voltar mais. À época considerei essa fala uma tentativa de consolar a ambas, uma vez que, repito aqui, a analista naquele momento sofria a dor da impotência, a própria e a dela, enquanto ela sentia no corpo a sua dor. De qualquer modo, sabíamos, ela e eu, que a experiência de ser acompanhada por vários anos tinha um lastro consistente e que, sim, a porta da análise permaneceria aberta.

Articulações teórico-clínicas

Segundo Meltzer e Harris (1998), o adolescente transita entre o mundo infantil, o mundo adolescente e o mundo adulto. O trânsito entre esses mundos é muito rápido, daí a psicanálise do adolescente ser difícil e complexa. Esses autores apontam ainda uma quarta possibilidade, que é a de o adolescente retrair-se, passar a habitar o mundo do isolamento. Nesse caso, em geral, são os pais ou seus responsáveis que levam o adolescente para a análise.

Retrair-se nunca foi a opção de Bia, penso que por sua dotação pulsional. Na luta titânica entre pulsão de vida e pulsão de morte, destacava-se em Bia até então a função de ligação, a prevalência da pulsão de vida. Como aponta Green (1988/1994), a prevalência da função de ligação (função de objetificação) resulta na ampliação da capacidade simbólica, no desenvolvimento da mente capaz de conter e elaborar as experiências emocionais (Bion, 1962/2021). Caminhávamos nessa direção: Bia vinha se tornando gradativamente mais reflexiva.

Pode ser interessante considerar seu silêncio, especialmente na última sessão, "como uma barreira para proteger a solução precedente, para separar o presente do passado, o futuro do presente" (Bion, 1976/1987, p. 126). A "barreira" teria a função de proteger sua decisão de partir. Não podia correr o risco de vir a desistir. Nem mesmo o acaso de ter ocorrido o acidente na escola a levou a uma suspensão temporária de sua decisão.

Se essa barreira se tornaria impeditiva de um desenvolvimento posterior, não tenho como responder, uma vez que não tive mais notícias suas. Essa seria uma das alternativas, aponta Bion. A outra, isto é, o desenvolvimento posterior, em suas palavras, acontece "se a cesura é uma ideia iluminadora". Da minha parte, a ideia iluminadora, o pensamento *selecionado* foi o que alcancei em sonho, retomando a epígrafe em que cito Bion. Quanto a Bia, ela poderia ainda resistir aos pensamentos que a alcançariam nas suas andanças juvenis até ser possível ela identificar o pensamento *selecionado*.

Considerar a interrupção da análise sob o vértice da tarefa prioritária de reconstrução e do renascimento do próprio narcisismo (Green, 1988/1994) que se impõe com a entrada na adolescência também pode lançar alguma luz sobre o gesto de Bia. Como aponta Green, "esta [tarefa] não pode basear-se no amor parental, porque o neonarcisismo[5] deve tornar-se independente dos pais" (p. 83). E eu, enquanto sua analista da infância e da puberdade, representava o casal parental cuidador e, por isso, precisava tornar-me a analista de outros tempos. Ela precisava viver a experiência de "largar a mão" dessa figura representada por mim.

O afã de *seguir sozinha* apontava para sua necessidade de se experimentar no mundo, de viver sua autonomia, ainda que incipiente, fundamentalmente no mundo externo, por meio da ação. O contato com o mundo interno tornara-se uma tarefa onerosa demais por ora e, talvez por isso, preferiu deixar a porta da análise aberta ao declarar que parar não significava não voltar, como mencionado. "Será possível que exista algum crescimento *sem* resistência?".

Bia estava às voltas com a conquista de um lugar entre seus pares, o grupo ampliado de então, no qual os garotos estavam inclusos. Em algum nível, ela intuía que viver exclusivamente seu primeiro namoro poderia não ser suficiente para instrumentá-la a integrar a capacidade sexual recém-adquirida à capacidade amorosa, isto é, à capacidade de levar em conta também a consideração pelo outro (posição depressiva;[6] Klein, 1935/1981), capacidade ainda não suficientemente desenvolvida. Essa condição é coerente com a turbulência emocional na qual o adolescente se vê lançado diante da tarefa hercúlea de se situar num novo mundo: dentro, aqui incluso o fora interno, sua família interiorizada,[7] e fora, no contexto social da realidade, sem poder contar com os antigos

---

5 Green refere-se a *reconstrução e renascimento do narcisismo*.

6 Confluência de amor e ódio em direção ao mesmo objeto, com aspectos tanto bons como maus.

7 ". . . a família do complexo de Édipo, quer dizer, a família no seio da qual o sujeito se estrutura por meio da dupla diferença de sexos e de gerações . . . como teatro dos jogos sexuais e mortíferos, como fonte de superação conduzindo o sujeito para fora da esfera familiar, à esfera sociocultural" (Green, 1988/1994, p. 78).

referenciais que caem por terra, "caducam", nas palavras de Green (1988/1994).

Penso ainda que a escolha por interromper a análise pode ser considerada como primeiro passo rumo a uma decisão para o *dilema* que se imporá ao final da adolescência, frente às novas vicissitudes do seu complexo de Édipo, para que possa ocorrer o desenvolvimento de sua identidade pessoal.

Conclusão

Para concluir, quero refletir sobre a técnica. Os psicanalistas costumam concordar sobre a necessidade de flexibilização no atendimento de adolescentes. A organização assimétrica da relação, de responsabilidade ética do analista, pode oferecer a base de apoio para uma postura flexível em momentos pontuais, nos quais as diferenças são atenuadas.

É feliz a metáfora criada por Bolognini (2004) do garçom do bar no deserto para personificar a flexibilidade necessária do analista: é aquele que não se surpreende com nada, é discreto e, portanto, nunca se coloca como protagonista da cena. É uma figura intermediária entre o objeto parental, envolvido com colocações morais, e um objeto narcísico gemelar.

A desconexão da função analítica direciona o analista no sentido oposto à flexibilidade. Ele torna-se enrijecido psiquicamente, conforme desenvolvi na última vinheta, deixando de "oferecer subsídios para a mente acolher e integrar as demandas pulsionais e sociais que pressionam o adolescente" (Vannucchi, 2004, p. 272). Daí a necessidade de o analista recorrer à autoanálise ou, eventualmente, à reanálise. É fundamental também seu reabastecimento por meio das trocas constantes com seus colegas.

Referências

Alvarez, A. (1994). O anjo necessário: a idealização como um desenvolvimento. In A. Alvarez, *Companhia viva: psicoterapia com crianças autistas, borderline, carentes e maltratadas*. Artes Médicas.

Bion, W. R. (1962/2021). *Aprender da experiência*. Blucher.

Bion, W. R. (1976/1987). Tradução: duas conferências de W. R. Bion. Turbulência emocional. *Revista Brasileira de Psicanálise, 21*(121), 121-133.

Bolognini, S. (2004). O bar no deserto: simetria e assimetria no tratamento dos adolescentes difíceis. *Revista Brasileira de Psicanálise, 38*(2), 259-269.

Freud, S. (1905/2016). Três ensaios sobre a teoria da sexualidade. In S. Freud, *Obras Completas* (Vol. 6, pp. 121-172). Companhia das Letras.

Green, A. (1988/1994). Punto de vista del psicoanalista sobre la psicoses en la adolescencia. *Psicoanálisis N/A, 7*, 74-89.

Joseph, B. (1981/1992). Em direção à experiência de dor psíquica. In B. Joseph, *Equilíbrio psíquico e mudança psíquica: artigos selecionados de Betty Joseph* (pp. 97-105). Imago.

Klein, M. (1935/1981). Uma contribuição à psicogênese dos estados maníaco-depressivos. In M. Klein, *Contribuições à psicanálise* (pp. 355-389). Mestre Jou.

Klein, M. (1946/1982). Notas sobre alguns mecanismos esquizoides. In M. Klein et al., *Os progressos da psicanálise* (pp. 313-339). Zahar.

Meltzer, D. (1975/1984a). La psicología de los estados autistas y de la mentalidad postautista. In D. Meltzer et al., *Exploración del autismo* (pp. 21-39). Paidós.

Meltzer, D. (1975/1984b). La dimensionalidad como un parámetro del funcionamiento mental: su relación con la organización narcisista. In D. Meltzer et al., *Exploración del autismo* (pp. 191-209). Paidós.

Meltzer, D., & Harris, M. (1998). *Adolescentes*. Spatia.

Milner, M. (1969). O papel da ilusão na formação simbólica. In M. Klein, P. Heimann, & R. E. Money-Kirle (Orgs.), *Novas tendências na psicanálise* (pp. 116-147). Zahar.

Roussillon, R. (2006). Um paradoxo da representação: meio maleável e pulsão de dominação. In R. Roussillon, *Paradoxos e situações limites da psicanálise* (pp. 157-173). Unisinos.

Ungar, V. (2004). *El trabajo psicoanalítico con adolescentes hoy*. Trabalho apresentado em reunião científica da SBPSP, São Paulo.

Vannucchi, A. M. S. (2004). Entre a "balada" e o convento: reflexões sobre a análise de adolescentes. *Revista Brasileira de Psicanálise, 38*(2), 271-284.

Winnicott D. W. (1958/1983). Psicanálise do sentimento de culpa. In D. W. Winnicott, *O ambiente e os processos de maturação: estudos sobre a teoria do desenvolvimento emocional* (pp. 19-30). Artmed.

Winnicott, D. W. (1962/1983). A integração do ego no desenvolvimento da criança. In D. W. Winnicott, *O ambiente e os processos de maturação: estudos sobre a teoria do desenvolvimento emocional* (pp. 55-61). Artmed.

Winnicott, D. W. (1967/1994). O conceito de regressão clínica comparado com o de organização defensiva. In D. W. Winnicott, *Explorações psicanalíticas* (pp. 151-156). Artmed.

7. Famílias e adolescentes: desafios contemporâneos – Contribuições da psicanálise vincular

David Léo Levisky

A clínica psicanalítica contemporânea da adolescência tem-se caracterizado por quadros de depressão, apatia, dificuldades de relacionamento social, consumo de drogas, distúrbios de sono, fixação ao uso de games, violências e ampliação das incertezas e inseguranças quanto a si e na definição do futuro profissional, nas questões de identidade de gênero e na escolha de parceiros amorosos. São fenômenos cada vez mais frequentes, agravados pela pandemia de covid-19. A transição para a vida adulta desses pacientes, diante das dificuldades de organização do mundo interno, tem-se tornado cada vez mais longa e complexa, na dependência de inúmeros fatores internos e externos.

Ao entrevistar o paciente, na perspectiva de alguma compreensão do seu sofrimento e avaliação dos tipos de conflito presentes, sua intensidade, sua amplitude e a rigidez ou não das configurações internas, das questões estruturais, dinâmicas e econômicas, percebe-se que os problemas presentes no sujeito podem depender de sua subjetividade individual, mas também do grupo familiar e da cultura.

Os problemas manifestados pelo jovem de hoje podem decorrer de questões existentes no universo familiar, em sua estrutura e dinâmica, bem como fruto de conflitos pessoais. O sofrimento do adolescente pode ser a via de comunicação de um problema familiar, se pensarmos que sujeito e família estão interligados por um conjunto de redes afetivas nas comunicações conscientes e inconscientes, cuja biografia depende, também, de transmissões transgeracionais. Condições que podem estar presentes desde as primeiras alianças inconscientes estabelecidas não só com a criança que vai surgir na relação familiar, mas com a criança do inconsciente dos pais. Pais que nem sempre são os genitores dessas crianças, se pensarmos em barrigas de aluguel e outras modalidades de gestação hoje presentes.

Assim, pode-se questionar como os avanços nas tecnologias biológicas modernas e as várias velocidades das transformações tecnológicas e éticas interferem na constituição das fantasias conscientes e inconscientes, nas organizações narcísicas, no predomínio dos mecanismos defensivos e nos aspectos metapsicológicos presentes nas subjetividades individuais, familiares e culturais (trans-subjetividade).

O processo histórico e o adolescer

Diante das dúvidas surgidas em um dado momento histórico da evolução social do ser humano, sugeriu-se que a adolescência poderia ser fruto das características da sociedade vigente consequentes ao surgimento da burguesia durante o período romântico (Ariès, 1978). O alargamento da fase de transição entre a infância e a vida adulta seria o responsável por essa fase no processo de desenvolvimento social humano.

Fomos investigar se haveria na sociedade ocidental de mil anos atrás, no início da civilização na Europa Ocidental, portanto na

Idade Média, sinais sugestivos da adolescência na fase de transição para a vida adulta. Tal investigação tornou-se uma tese de doutorado defendida no Departamento de História Social da Universidade de São Paulo (USP), tendo como orientador Hilário Franco Júnior. Esse trabalho resultou na publicação de um livro: *Um monge no divã* (Levisky, 2007), baseado na vida de Guibert de Nogent, monge católico do século XI que escreveu uma rara autobiografia na qual narra sua transição para a vida adulta, a adolescência, descrita como um período ardente, "o fogo que queima". Pudemos identificar conflitos emergentes com o surgimento da sexualidade, a busca de uma identidade, ritos de passagem que caracterizavam o término da infância e a entrada em nova fase, seja na vida militar, no clero ou nas responsabilidades familiares.

A elaboração edípica ocorreu em dois níveis: na relação com o pai terreno e na relação com o pai celestial, figura que o acompanhou ao longo de sua vida. Podem-se levantar as suspeitas de predominância de certos mecanismos defensivos como deslocamento, idealizações, *splittings* na busca de certo equilíbrio egoico dentro da vida no castelo, seguido por um educador e pela mãe, jovem viúva atraente e desejada por muitos que a cortejavam. Sem entrar em detalhes do possível processo interno de elaboração de sua identidade, ficou evidente que o meio ambiente da cultura francesa medieval e religiosa daquela época interferiu nos sentimentos e nos comportamentos de Guibert frente às angústias por ele relatadas ao redor dos 14/15 anos de idade.

Pode-se concluir que o meio ambiente interferia na expressividade de um processo mental intrínseco à espécie humana, uma fase do desenvolvimento que, já naquela época, era conhecida por alguns como adolescência. Essa fase de passagem era curta, com rápida entrada na vida adulta moldada por ritos diversos, quer da vida militar, eclesiástica ou social do homem mundano.

Na atualidade, o adolescer é longo. O ego requer o desenvolvimento de várias aptidões para entrar na vida adulta. Fase de transição que nem sempre encontra um término na dependência das relações familiares, abrangendo as dimensões sociais e econômicas que caracterizam a globalização, especialmente as conquistas tecnológicas biológicas e de comunicação que valorizam aspectos narcísicos, o ter, o fazer, em detrimento do ser e do sentir. Situação agravada pela presença da pandemia, que, além de nos colocar direta e constantemente em contato com a morte, com restrições à vida social, econômica e profissional, gerou a necessidade de maior capacidade adaptativa, criativa, mobilizada pelas dificuldades em se organizar, programar, fazer projetos, ampliando as incertezas e imprevisibilidades.

Avaliação clínica psicanalítica

Durante o processo de avaliação clínica psicanalítica do adolescente, alguns aspectos fundamentais devem ser observados quanto a sua integração e sua articulação nas transformações decorrentes das mudanças hormonais, do processo de identificação, da atividade sexual, da busca de novos objetos, dos processos de perdas (lutos) e aquisições, da eclosão da fragilidade egoica, da evolução dos processos narcísicos e da reorganização do ego, da emergência de estados primitivos em confronto com estados mais estruturados da mente, das relações entre o falso e o verdadeiro *self*, das relações tempo-espaço que se modificam, bem como das mudanças cognitivas e do aprender com a experiência que mobilizam o ego, a personalidade e a identidade em estruturação.

Concomitantemente a esse processo complexo do adolescer, ocorrem transformações nos pais, que se aproximam da percepção da morte diante das dificuldades para digerir e aceitar o crescimento e a autonomia dos filhos. Conflitos sempre presentes diante da emancipação desejada em confronto com as perdas e as mudanças que acompanham as funções parentais (Levisky, 2017)

Se pensarmos em termos dos vários níveis de subjetividade (intra-, inter- e trans-subjetividade), bem como na existência de espaços psíquicos múltiplos (intra-, inter- e transpsíquico), poderemos melhor compreender como fatores externos interferem nos aspectos metapsicológicos de cada sujeito, dos grupos familiares e instituições e das culturas. Freud, Klein e seguidores enfatizaram questões do mundo interno do sujeito por meio de mecanismos de incorporação, imitação, identificação projetiva e identificações cruzadas. Bion, com a formulação dos pressupostos básicos, contribuiu para a compreensão das diferentes formas de relação emergentes na dinâmica inconsciente dos grupos. Winnicott focalizou a formação do mundo interno do bebê a partir da criação do espaço e dos objetos na relação mãe-bebê, sem desconsiderar a importância da função paterna nessas relações fundantes do psiquismo do bebê.

Sem dúvida, ocorrem uma série de identificações, identificações projetivas e cruzadas, e alianças narcísicas recíprocas na construção do psiquismo dos pais, do bebê e do meio afetivo e cultural, conjunto de elementos que constitui o "aparelho psíquico familiar", termo cunhado por Ruffiot "para designar uma zona psíquica externa, formada pela ligação e combinação dos psiquismos familiares. Tem como função principal a contenção dos psiquismos individuais" (citado por Mendes, 2021, p. 55). Esse termo é um desdobramento de um conceito criado por Kaës (1976) para designar o "aparelho psíquico grupal".

Próximo desse conceito está o de "estrutura familiar inconsciente", introduzido por Berenstein (1991) e Berenstein e Puget (1993). Ele provém da teoria psicanalítica freudiana e da antropologia estrutural de Lévi-Strauss. Trata-se de um modelo

> *pensado para definir a matriz simbólica que sustenta as relações familiares, por meio da qual se transmitem e transformam significações provenientes da cultura, assim como circulam as produções inconscientes e interfantasmáticas da família, como nomes próprios, mitos, crenças, segredos, espaço e tempo familiar . . . o grupo familiar constitui-se como produto da cultura, ao mesmo tempo que dá origem a ela, mediante o estabelecimento de leis de interdição cujo paradigma é o tabu do incesto. (Kopittke, 2021, pp. 192-193)*

Temos aprendido que tudo muda e se transforma, uma característica vital que ocorre em diferentes velocidades e intensidades e em diferentes momentos do desenvolvimento individual e coletivo. Tal característica imprime à mente mudanças, umas tão lentas que parecem invariáveis e outras rápidas e mutáveis, como a moda e os comportamentos sociais. São condições que dão à mente características caleidoscópicas, isto é, que possibilitam a construção de configurações com subjetividades infinitas que caracterizam a diversidade humana. O mundo contemporâneo tem incrementado tais mudanças em virtude da globalização, das conquistas tecnológicas e das redes midiáticas, aumentando a velocidade das transformações dos valores humanos, dos costumes, dos ritos, das crenças, das éticas.

No exercício da prática clínica da psicanálise individual, de casal, de família ou institucional, estão presentes e atuantes no inconsciente individual de cada membro da relação e no inconsciente grupal objetos internos que se interatuam e que atuam com o ego. Objetos que são projetados nas relações por meio dos vínculos afetivos geradores de espaços criados por meio de projeções, identificações projetivas e cruzadas, e identificações recíprocas dos membros dessa relação, que emergem nas subjetividades transferenciais e contratransferenciais.

Os investimentos oriundos das pulsões geram alianças, vínculos ou laços afetivos (Levisky, 2021a). São componentes presentes em todos os casais, famílias, grupos e instituições nos vários níveis de subjetivação. As alianças inconscientes têm por funções negociar conflitos, elaborar soluções, estabelecer compromisso e criar sinergias a serviço da singularidade, da realização dos desejos e dos mecanismos de defesa de cada um e do conjunto relacional que se organiza criando vínculos (Kaës, 2015). As alianças ou pactos se estabelecem para "preencher uma falta, um desamparo originário. A presença de um outro externo é condição imprescindível para garantir a bidirecionalidade do vínculo, compreendida como uma ligação entre dois seres desejantes" (Blay Levisky, 2021, p. 556).

Entre nós, Meyer (2021) introduz o termo "familidade",

> *conceito ancorado na teoria das relações de objeto, mais particularmente na concepção de mundo interno como a concebe Melanie Klein e os neokleinianos. Os objetos internos habitantes e formadores do mundo interno compõem uma assembleia cujos membros estão em constante relacionamento. Há sempre algo sendo feito a um objeto e um objeto fazendo algo com o sujeito. (p. 204)*

Os vínculos ou alianças duradouros e contínuos entre duas ou mais pessoas geram um conjunto dinâmico com elementos, alguns estáveis, outros mutáveis, que compõem a identidade do grupo ou da família. Esse conjunto de elementos dá continência aos objetos internos componentes do mundo intrapsíquico, que se projetam nos participantes do grupo (identificações projetivas) e interagem com os objetos internos desses participantes. Surgem espaços comuns a cada inter-relação resultante dessas projeções.

Para compreender tais espaços interpsíquicos gerados pelos vínculos, pelas alianças inconscientes, Kaës (2015) criou a "metapsicologia do terceiro tipo", distinta da de Freud, que estuda o espaço intrapsíquico. O espaço interpsíquico formado pelas projeções de elementos oriundos dos objetos internos de cada sujeito do grupo familiar adquire características estruturais, dinâmicas e econômicas próprias, além daquelas do sujeito singular, graças aos vínculos estabelecidos entre os sujeitos do grupo. São espaços inconscientes a serem decifrados e identificados nas relações intersubjetivas e trans-subjetivas, com suas bordas e intersecções (Levisky, 2021b).

Há um sistema de sustentação (*holding*) dos conteúdos afetivos preservados pela memória presente nos membros dessa relação. Esse sistema de sustentação/preservação transforma elementos sensoriais (elementos beta) em sentimentos e pensamentos (elementos alfa), caracterizando a maneira de sentir, ser, pensar e agir dos membros pertencentes do grupo. Os objetos internos constituintes de cada membro do grupo, por meio de identificações, projeções e identificações projetivas, se articulam e se constituem.

Com base no conceito kleiniano de identificações projetivas, Bion (1973) aprofundou o estudo das configurações continente-conteúdo, modelo que contribui para a compreensão de como elementos beta, de natureza sensorial, projetados podem ser acolhidos e transformados graças às funções de *rêverie* do sujeito continente, que os acolhe, transforma e devolve para o outro sujeito do vínculo como elementos alfa, capazes de ser pensados como pensamentos e de organizar as ações por meio de elementos simbólicos incorporados.

Trazemos a noção de eu-pele de Anzieu (1985), cuja função é a de uma espécie de envelope virtual suficientemente flexível às interações com o ambiente e suficientemente continente daquilo que se torna conteúdo psíquico. O grupo familiar adquire essa função continente pelas sucessivas trocas, fruto dos vínculos e das múltiplas identificações projetivas e transformações que ocorrem. O conceito de continente genealógico grupal, proposto por Benghozi, pode ser representado por uma rede cuja tessitura possibilita a manutenção desses conteúdos afetivos dentro de um continente individual e grupal do grupo familiar (citado por Fernandes, 2021).

Dentro de uma tentativa de compreensão dessas relações afetivas complexas surge o conceito de família. Houaiss, no seu dicionário, define família como "núcleo social de pessoas unidas por laços afetivos, que geralmente compartilham o mesmo espaço e mantêm entre si uma relação solidária" (citado por Dias, 2021, p. 198), definição distinta, portanto, de conceitos anteriores, ligados a filiação ou adoção.

Blay Levisky (2017) e Blay Levisky e Levisky (2019) sugerem como conceito de família na pós-modernidade:

> *espaço vincular íntimo construído por sentimentos de compromissos afetivos recíprocos e de cumplicidade de qualquer natureza, amorosos e/ou perversos, que pretende ser de longa duração.*
>
> *Vínculos que se estabelecem a partir da filiação e afiliação e podem ter várias configurações em sua organização dinâmica, independentemente dos gêneros.*
>
> *Vínculos que variam de acordo com o momento histórico-cultural.*

> *A transmissão de heranças, apesar das transformações e mutações que ocorrem ao longo da história, garantem a continuidade do espaço familiar.*
>
> *Neste espaço complexo de trocas afetivas ocorrem identificações, alianças conscientes e inconscientes, aquisição de comportamentos, valores culturais, éticos e morais que interagem no desenvolvimento das personalidades individual e grupal.*

Pretendo, com a exposição desses conceitos, colaborar para uma melhor compreensão dos fatores recíprocos geradores de sofrimento psíquico tanto no sujeito quanto no grupo familiar. Há situações na qual o paciente, no caso o adolescente, gera tensões e sofrimentos no grupo familiar. Entretanto, noutros, ele é o paciente identificado, o porta-voz, o porta-sintomas dos conflitos familiares.

Sei (2021) diz que esses termos são utilizados para designar o sujeito que é "apontado como o doente da família, se configurando como o indivíduo que motiva a busca ou o encaminhamento" (p. 377) para o tratamento. Trata-se do "bode expiatório" sobre o qual são depositados, deslocados, inconscientemente, os conflitos e os sistemas defensivos da família.

Caso clínico

Para ilustrar essa situação, trago o caso de uma família composta por cinco pessoas: os pais, Carol e Marcos, e os três filhos: João, Paulo e Maria. João vive em outro país; Paulo e Maria, em São Paulo, de forma ocasional; e os pais, em uma cidade do interior. Todos os filhos são jovens maiores de idade, mas adolescentes em sua maneira de viver. Todos dependem economicamente dos pais, apesar de estarem formados, terem trabalho e estudarem.

João, o mais velho, me procurou por WhatsApp se queixando de extrema angústia pelo fato de estar longe dos pais, com quem não fala há 3 anos. Está fazendo um doutorado em outro país. Precisou sair de casa por não conseguir estabelecer relação com os pais e ter brigado com o irmão. Sente que há muita expectativa sobre si. Viveu grave quadro depressivo anos atrás, precisando de tratamento psiquiátrico. Toma ainda medicamentos tranquilizantes e antidepressivos e faz análise quatro vezes por semana.

Procurou-me por indicação do seu psicanalista (faz análise por internet), pois não está suportando a ideia de não mais conseguir falar com seus pais. Precisa ter uma família que o aceite, com quem possa compartilhar seus sentimentos e dizer o quanto se sente rejeitado. Conversamos duas vezes e chegamos a um acordo de que ele falaria com os pais e o irmão pedindo que eles me procurassem. Conversaria primeiramente com cada um antes de tentar marcar um encontro familiar.

Fui procurado pelos pais e pela irmã, mas o irmão, Paulo, se negou a me ligar. Estava profundamente magoado com o irmão e não via sentido no encontro. Combinamos um primeiro encontro com aqueles que desejassem vir. Paulo não compareceu. Estabelecemos trabalhar semanalmente. Fizemos um grupo no WhatsApp e só falaríamos por meio desse sistema nos dias combinados. Qualquer comunicado deveria ser feito na sessão ou no grupo.

Os encontros eram muito tensos, cheios de agressões mútuas, acusações, cobranças. Os pais se uniam para se defender das acusações de João, que descarregava sua metralhadora verbal especialmente contra o pai. Dizia que o pai era falso, mentiroso, cheio de expectativas sobre ele, que precisava ser o "geninho da família". O pai retrucava se defendendo e atacando. Por vezes ficava em silêncio, mas não raro abandonava a sessão. Ao voltar, dizia não ver sentido naquilo. Se a finalidade era ser agredido, não precisava fazer terapia de família. Carol observava e, com frequência, dava razão para o pai. Maria chegava frequentemente atrasada e, durante a sessão, permanecia em silêncio pendurando roupa no varal ou comendo, sem se envolver com o trabalho de psicanálise familiar.

Após 3 meses, Paulo me avisou que gostaria de falar comigo. Levei a ideia para o grupo, que concordou com a conversa individual, como todos haviam feito antes de resolver se envolver com o grupo. Desde então, participa com regularidade e progressivamente tem conseguido expor seus pensamentos sobre a relação familiar, em especial o pai. Este tem se revelado a figura dominante, pouco afetivo, impulsivo, fala sem medir as palavras e sem perceber as repercussões daquilo que fala sobre o outro. Pouco sabe escutar. Está tudo claro e resolvido em sua cabeça, o resto é frescura.

Temos trabalhado os preconceitos existentes na família sobre as imagens estabelecidas de como é um e outro sem que um consiga ouvir e ponderar sobre o outro. Identificamos sistemas de conluios e a necessidade de o grupo manter João como o doente da família. Os membros do grupo familiar não se davam conta das dificuldades de comunicação existentes entre eles em virtude de idealizações, negações e deslocamentos. Tudo era reduzido a agressor e agredido, sem que houvesse espaço para um estado de depressão reflexiva, reparadora, transformadora e criativa.

Na medida em que compreendem melhor as fantasias, os pré-conceitos, os mecanismos defensivos predominantes e as alianças construtivas e destrutivas, vem se desenvolvendo espaço para empatia e revisão das posições. Um grupo de WhatsApp foi criado entre eles, sem a participação do analista, de tal modo que, progressivamente, eles começam a conversar entre si de forma socialmente aceitável e afetiva.

Referências

Anzieu, D. (1985). *Le moi-peau*. Dunod.

Ariès, P. (1978). *História social da criança e da família*. Guanabara Koogan.

Berenstein, I. (1991). *Psicoanálisis de la estrutura familiar*. Paidós.

Berenstein, I., & Puget, J. (1993). *Psicanálise do casal*. Artes Médicas.

Bion, W. R. (1973). *Atenção e interpretação*. Imago.

Blay Levisky, R. (2017). Expressões de intimidade nos vínculos: interferências da cultura. *Ide*, *39*(63), 41-58.

Blay Levisky, R. (2021). Vínculo. In R. Blay Levisky, M. L. Dias, & D. L. Levisky (Orgs.), *Dicionário de psicanálise de casal e família*. Blucher.

Blay Levisky, R., & Levisky, D. L. (2019). *O tempo e as relações familiares nos espaços reais e virtuais*. Apresentado no II Colóquio da Poiesis, Lisboa.

Dias, M. L. (2021). Família. In R. Blay Levisky, M. L. Dias, & D. L. Levisky (Orgs.), *Dicionário de psicanálise de casal e família*. Blucher.

Fernandes, M. I. A. (2021). Continente genealógico/malhagem. In R. Blay Levisky, M. L. Dias, & D. L. Levisky (Orgs.), *Dicionário de psicanálise de casal e família*. Blucher.

Kaës, R. (1976). *L'appareil psychique groupal*. Dunod.

Kaës, R. (2015). *L'extension de la psychanalyse pour une métapsychologie du troisième type*. Dunod.

Kopittke, C. C. (2021). Estrutura familiar inconsciente. In R. Blay Levisky, M. L. Dias, & D. L. Levisky (Orgs.), *Dicionário de psicanálise de casal e família*. Blucher.

Levisky, D. L. (2007). *Um monge no divã*. Casa do Psicólogo.

Levisky, D. L. (2017). *Adolescência: reflexões psicanalíticas*. 4a ed. Zagodoni.

Levisky, D. L. (2021a). Alianças (pactos) inconscientes. In R. Blay Levisky, M. L. Dias, & D. L. Levisky (Orgs.), *Dicionário de psicanálise de casal e família*. Blucher.

Levisky, D. L. (2021b). Metapsicologia do terceiro tipo e tópica do terceiro tipo. In R. Blay Levisky, M. L. Dias, & D. L. Levisky (Orgs.), *Dicionário de psicanálise de casal e família*. Blucher.

Mendes, C. M. (2021). Aparelho psíquico familiar. In R. Blay Levisky, M. L. Dias, & D. L. Levisky (Orgs.), *Dicionário de psicanálise de casal e família*. Blucher.

Meyer, L. (2021). Familidade. In R. Blay Levisky, M. L. Dias, & D. L. Levisky (Orgs.), *Dicionário de psicanálise de casal e família*. Blucher.

Sei, M. B. (2021). Paciente identificado/porta-voz/porta-sintoma. In R. Blay Levisky, M. L. Dias, & D. L. Levisky (Orgs.), *Dicionário de psicanálise de casal e família*. Blucher.

PARTE II
Turbulência emocional e o corpo do adolescente

8. Adolescência: o corpo como cenário para dramas não simbolizados[1]

Ruggero Levy

O homem deveria ser chamado não de animal racional, mas de animal symbolicum.

Cassirer (1964/1977, p. 50)

Introdução

A adolescência é um processo que se desenvolve em múltiplas fronteiras: do psíquico e do somático; do mundo interno e do mundo externo; do individual e do familiar; do pessoal e do cultural; além da fronteira permanente entre o normal e o patológico. Pretendo neste texto estudar as relações do adolescente com seu corpo ou, do ponto de vista metapsicológico, o vínculo (Bion, 1962/1991) mente/corpo no processo adolescente. Proponho que nesse vínculo se estabelece uma relação continente/contido em que o corpo poderá tornar-se o receptáculo para emoções não mentalizadas e/

1 Artigo publicado originalmente no livro *Psychosomatics nowadays: a psychoanalytic perspective*, editado por Marilia Aisenstein e Elsa Rappoport de Aisemberg (Routledge, 2019).

ou a mente deverá desenvolver uma capacidade de conter e simbolizar o corpo – e suas pulsões –, que inicialmente lhe é estranho.

Focarei no reordenamento simbólico que se processa nesse momento da vida, nas ansiedades decorrentes desse processo e em suas consequências. Pretendo postular que nesse momento, em função do "desmantelamento" do sistema de representações construído ao longo da infância, ansiedades primitivas voltam à cena, particularmente uma, a ansiedade de aniquilamento. Quanto mais sólidas tiverem sido as internalizações de objetos continentes, mais tranquila será a reelaboração dessas ansiedades. Quanto mais deficitárias foram essas introjeções e a trama simbólica criada ao longo da infância, mais tormentoso será esse processo.

Em função desse reordenamento simbólico, sugiro que se criam inevitavelmente – em maior ou menor grau – insuficiências de mentalização (Marty, 1990/2003, 1992) na adolescência, fazendo com que o corpo tenha um papel central na tentativa de domínio das ansiedades do período. Procurarei ilustrar isso com uma vinheta clínica de um adolescente.

O reordenamento simbólico na adolescência e as insuficiências de mentalização

A grande linha divisória existente entre o homem e as outras espécies de animais, segundo Cassirer (1964/1997), é a existência de um sistema simbólico, intermediário, entre o sistema receptor de estímulos e o efetor motor. O pensamento intermedeia a reação imediata, como já dizia Freud (1911/1969) em "Formulações sobre os dois princípios do funcionamento mental".

A grande contribuição de Bion à metapsicologia psicanalítica foi estudar o desenvolvimento da mente desde o prisma do conhecimento (vínculo K) (Meltzer, 1988/1995). Como todos sabem, sua perspectiva é a de que a mente se constrói impulsionada por sua necessidade, verdadeira sede, de simbolizações (elementos alfa) que representem a "verdade" da experiência emocional (Bion, 1962/1991, 1963/2004, 1965/2004, 1970/1973). Bion entende que os elementos alfa são criados pela transformação dos elementos beta (emoções e sensações brutas) pela função alfa. Compreende que isso ocorre num vínculo, o vínculo K, em que X quer conhecer Y, sendo que X e Y podem ser dois sujeitos, ou duas partes do *self* (Bion, 1962/1991). Esse vínculo estabelece uma relação continente/contido que poderá ser criativa, levando ao crescimento do par, ou destrutiva, conduzindo à sua involução.

Ao dizer que o desenvolvimento da mente só ocorre quando L e H (*love* e *hate*) estão subordinados a K, Bion eleva a busca de conhecimento, a demanda de criar simbolizações do mundo interno e externo, quase ao status de uma força motriz do desenvolvimento. Isso é muito próximo ao que Marilia Aisenstein (2009) chama, baseando-se em Freud, de "exigência de representação" do somático em psíquico, *imperativo da complexidade do ser humano*. Green (1990) amplia um pouco mais essa concepção e afirma que devemos entender o psiquismo como uma formação intermediária no diálogo entre o corpo e o mundo.

No tocante ao processo adolescente, não poderia ser diferente. Ele se constitui pelo desligamento dos sistemas de representação anteriores montados pelo *self* (Cahn, 1999), ao longo de toda infância, e pela premência de criação de um novo sistema de representações que dê conta do novo corpo, do *self* em si mesmo, dos objetos e do próprio mundo. Assistimos então, ao longo desse doloroso processo de desconstrução e reconstrução de um sistema de representações – e como consequência dele –, à emergência de uma nova subjetividade no universo simbólico do sujeito, tornando a adolescência um grande processo de simbolização, com todas as vicissitudes próprias de tal empreitada.

O novo corpo adolescente emergente da puberdade, com suas novas formas, pulsões e potencialidades, coloca um montante de trabalho à mente sem precedentes. Confronta o adolescente com um *inquietante estranho* (Cahn, 1999) que precisa ser representado internamente a fim de recriar um sentimento de familiaridade consigo mesmo. Como descreve Castoriadis-Aulagnier (1975/2004), simbolizar significa assimilar um corpo estranho a um determinado sistema de representações. Evidentemente que, neste momento, me refiro a "corpo estranho" num duplo sentido: como um elemento estranho que precisa ser assimilado e como um corpo biológico alheio ao próprio sujeito.

Além dos sentimentos de estranheza há pouco aludidos, estaremos confrontados com profundas angústias de aniquilamento também, muitas vezes uma sensação de morte iminente. O *self* – que é uma construção simbólica – sente-se ameaçado.

A perda das representações de si e dos objetos, construídas ao longo da infância, provoca profundas ansiedades, quando não um sentimento de terror. O próprio Winnicott (1951/1975) dizia que o maior sofrimento psíquico existe quando se perde não o objeto, mas sua representação. Ao final desse mesmo trabalho, Winnicott introduz a questão do negativo em psicanálise, destacando que, por vezes, quando há a perda da representação do objeto, a única realidade possível é a sua falta: a única presença do objeto é o seu negativo. São indivíduos que se aferrarão à falta, à ausência e, portanto, ao sofrimento como única coisa real. Haverá adolescentes que, frente à perda da representação de si e ao sentimento de não existirem, muitas vezes se aferrarão ao negativo como única realidade tangível: sofrer, sentir dor, ser destrutivo é uma forma de ser.

Além do mais, de acordo com Aisenstein (2009), todo objeto é investido pelas duas pulsões, de vida e de morte, e a intrincação das pulsões ocorre *no* e *por meio do* objeto. Logo, considerando que na mente a representação é objeto de investimento pulsional (Green,

1990), a sua perda provoca uma desfusão pulsional, inundando a mente com um excesso de excitação não ligada. Esse excesso, potencialmente traumático, será evacuado no soma ou na conduta.

Botella e Botella (2002) nos falam como a situação traumática instala-se pela impossibilidade de o sujeito criar representações de uma determinada experiência que possam ligar os afetos por ela suscitados. A adolescência se tornará traumática na medida em que o sujeito não puder recriar um sistema de representações que dê conta dessa nova experiência e, portanto, fracasse nessa empreitada inédita de construção de uma nova subjetividade sobre – e a partir – de outra preexistente.

Frente ao exposto, deduz-se que pela própria natureza do processo de subjetivação na adolescência cria-se, inevitavelmente, o que Marty (1990/2003, 1992) chamou de "insuficiências de mentalização", referindo-se aos pacientes psicossomáticos. Mas sempre haverá uma mente confrontada com um montante de trabalho de simbolização a realizar que excede sua capacidade do momento, criando fragilidades próprias ao período.

O *self* possui várias vias de expressão das emoções. Falando particularmente da destrutividade, Jeammet (2001/2005) sugere que ela pode expressar-se pela via representacional, transformando-se em agressão (Green, 1990); pela via motora do comportamento; e pelas vias neuroendócrinas, neurovegetativas, neuroimunológicas e psicossomáticas. Sugiro que, frente a emoções ou a moções pulsionais que desbordam a capacidade de representação do adolescente, primeiramente esse excesso será evacuado no sistema somático, gerando doenças psicossomáticas propriamente ditas, e, se isso não for suficiente, procurará ser dominado pela ação (do masoquismo, por exemplo, que a seguir comentarei), podendo haver oscilação de uma forma a outra no curso de uma análise.

O corpo, a destrutividade e o senso de existência

Frente às vicissitudes do processo de subjetivação vivido na adolescência, o corpo é um local privilegiado (Jeammet, 2001/2005) para a encenação dos dramas não contidos na esfera mental em função das insuficiências de mentalização anteriormente descritas.

No processo de construção do senso de existência por meio da criação de uma imagem clara de si e do seu corpo, a libido tem sido entendida como exercendo um papel importante (Cahn, 1999; Blos, 1981). Entretanto, eu gostaria de destacar a importância central da destrutividade e os problemas decorrentes disso em situações nas quais, por falhas no processo evolutivo, ela interfere de modo excessivo.

Seria possível dizer que se recriam nesse momento da vida condições similares às do início da vida: a mente com sua deficiente capacidade de simbolizar frente a um corpo novo e estranho que lhe apresenta toda uma "exigência de representação" (Aisenstein, 2009). E, se o masoquismo erógeno nos primórdios do desenvolvimento se apresenta como "guardião da vida" (Freud, 1924/1969); Rosemberg, 1991/2003; Aisenstein, 2004, 2009) pela ligação, intrincação, da pulsão de morte à pulsão de vida, veremos que na adolescência o masoquismo também terá o seu papel.

Winnicott (1950/1988), em seu estudo sobre a agressão e seu papel no desenvolvimento do indivíduo, destaca que é ela, e não as experiências eróticas, que mais ajuda no estabelecimento do não eu que se impõe como oposição ao eu. As experiências de gratificação erótica tendem a ser atribuídas ao eu em função de o bebê inicialmente viver no estado de narcisismo primário. Diz ele, textualmente: "as experiências agressivas parecem reais, muito mais reais que as experiências eróticas. As primeiras carregam uma sensação de realidade que é muito valorizada" (p. 370). Complementa dizendo que a fusão da agressividade à experiência erótica é que lhe dá mais realidade, o que vem ao encontro das formulações de Freud (1924/1969) sobre o masoquismo primário e do que tem sido reafirmado e enfatizado por Marilia Aisenstein (2004) e Rosemberg (1991/2003).

Assim, Winnicott (1950/1988) considera que a agressividade terá um papel estruturante essencial na constituição do objeto objetivo e do senso de realidade. Posteriormente (Winnicott, 1963/1982, 1968/1994), retoma o papel da destrutividade no desenvolvimento especificamente na adolescência, salientando que, nessa fase da vida, além da possibilidade da realização do incesto, há a possibilidade da realização do parricídio ou até do suicídio. Na adolescência, então, se a libido ocupa um papel central, da mesma forma ocupa a destrutividade.

A emergência do corpo sexualizado da adolescência, capaz de consumar o incesto, diferentemente do corpo erótico da infância, lança o adolescente na busca de um novo objeto que, num primeiro momento, passa a ser o próprio corpo, nesta reorganização pulsional que vai do autoerotismo ao amor objetal. Então, sobre esse fundo de regressão narcisista, a destrutividade segue o mesmo percurso. Os frequentes atentados à pele, de tatuagens e piercings a automutilações, ilustram o quanto este remanejamento do investimento corporal é marcado pela destrutividade e pela agressão (Louppe, 2001). Os rituais de iniciação na adolescência geralmente envolvem riscos à integridade física que fazem seguidamente o adolescente pagar com seu próprio corpo. Nesse sentido, os rituais encontrados na cultura vão ao encontro do movimento psíquico do adolescente e o organizam.

Winnicott (1963/1979) descreve a importância da agressividade na constituição do objeto na medida em que este sobrevive aos ataques do sujeito. Agora, na adolescência, com o corpo sendo tomado como objeto, novamente ela volta a ter um papel importante: o adolescente "brinca" com seu corpo investindo-o sexual e agressivamente. É dessa forma que vai se constituindo a "existência" desse corpo, justamente na medida em que o corpo/objeto "sobrevive". Na patologia, muitas vezes, a única forma de o adolescente sentir-se real é por meio de automutilações ou exposições a situações de extremo risco que lhe dão a sensação de estar vivo e forte o suficiente para ter derrotado a própria morte. O problema dessas situações é o risco real de morte que muitas vezes as acompanha e que nos deixa, como analistas, portadores de uma angústia de morte de proporções às vezes difíceis de conter.

Na adolescência, então, há um duplo processo em que múltiplas ansiedades se potencializam: de um lado, a transformação adolescente leva à falência do sistema de representações do *self* e dos objetos, desencadeando o processo de reordenamento simbólico com as ansiedades de dissolução já aludidas. De outro, a separação própria da adolescência produz o temor da perda do objeto e de sua representação, especialmente intenso quando o processo de subjetivação infantil não foi completado com êxito e o objeto não foi criado de modo consistente no mundo interno.

Com o sistema de representações colocado em xeque, a saída dá-se por meio da ação e do corpo. Desde esse prisma, poderemos ter:

- Em situações de menor mentalização, ou zonas mentais de pobre simbolização, as pulsões ou as emoções brutas poderão ser evacuadas no soma como elementos beta (Bion, 1962/1991), gerando desorganizações psicossomáticas; ou, na medida em que o encontro com o objeto não é suportado, pode haver uma espécie de perversão em que o que é investido é a própria excitação, gerando o masoquismo mortífero (Rosemberg, 1991/2003), estado mental de intensa desobjetalização.
- Em situações de mentalização intermediária, poderemos encontrar uma intensa catexia libidinal e/ou agressiva do próprio

corpo que torna o adolescente sujeito e objeto, negando a existência separada do objeto, tendo a experiência de existência pelas sensações corporais vividas e experimentando a sensação de existir por ser sujeito da ação. Criam-se situações sadomasoquistas em que o corpo é tomado como objeto ("Eu me provoquei dor! Eu existo") (Jeammet, 2001/2005; Louppe, 2001) ou fantasias de ataques sádicos a objetos internos (Bronstein, 2008). Ou ainda, para defender-se das emoções despertadas pela consciência de separação do objeto e da sensação de não existência, o adolescente poderá, por identificação projetiva, apropriar-se do objeto, instalar-se dentro dele e tornar-se ele (Meltzer, 1978, 1992). Assim, parece-me que tanto a ansiedade de separação como a ansiedade de morte, de não existir, podem conduzir à construção de refúgios narcisistas e borrar as diferenças entre o eu e o outro e entre representação e ato.

- Em adolescentes de boa mentalização, haverá uma possibilidade maior de oscilação entre defesas narcísicas e relações de objeto, o que favorece os processos introjetivos e identificatórios essenciais à construção de uma subjetividade que garanta uma estabilidade narcísica.

Bion (1957/1988) introduziu o conceito de parte psicótica e parte neurótica da personalidade. Marty (1990/2003, 1992) define as estruturas mentais de acordo com o seu grau de mentalização: as neuroses bem mentalizadas, as mal mentalizadas e as de mentalização incerta. Utilizando essas duas conceituações, seria possível supor que, além de indivíduos distribuídos nessas categorias, é possível existir no *self* de um indivíduo zonas bem mentalizadas, mal mentalizadas e não mentalizadas. Dificilmente se encontram situações puras, mas talvez predomínios de umas sobre outras.

Lívio e seu corpo

Lívio sempre tivera uma relação idealizada com a mãe. Sentiam-se, mutuamente, os parceiros ideais um do outro. Durante a infância e o início da adolescência, ficavam juntos muitas horas do dia, comendo, conversando, ele massageando as suas costas quando ela estava tensa e, especialmente, falando mal do pai, que ele achava muito agressivo e bruto com a mãe. A mãe lhe dizia frequentemente que ele era muito mais equilibrado e compreensivo do que o pai e que este seria muito "bruto".

Aos 17 anos procurou-me, pois, após um fim de semana "muito louco" em que se drogou intensamente e arriscou-se demais, os amigos o pressionaram a procurar ajuda. Mas ele estava onipotente e arrogante e acreditava que estava tudo bem e não precisava ajuda.

Retornou aos 19 anos. Estava cursando a universidade, curiosamente o curso que dava formação para seguir a mesma profissão do pai. A primeira imagem causou impacto, pois Lívio apresentava diversas lesões de pele que lhe davam um mau aspecto. Vinha justamente por causa de uma "psoríase terrível": tinha lesões descamativas por todo o corpo – o que era dramático, pois era um jovem bonito, atraente, mas repulsivo ao mesmo tempo em função dessas lesões. Estava deprimido. Dizia: "Não aguento mais, pois além de me coçar o dia todo, tenho vergonha de me aproximar das pessoas. Parece que todos me olham na rua...". Queria muito ser ajudado e iniciou imediatamente sua análise.

A psoríase era o sintoma mais intenso, junto com seu ódio e sua lamúria difusa. Achava que era uma injustiça que aquilo ocorresse com ele. Estava com muita raiva de tudo, mas especialmente do fato de ter que estudar: "Não sei se escolhi este curso porque eu gosto ou se é por causa do meu pai, só sei que me sinto preso. A minha vida se resume a ir para a faculdade, não posso viver livre. Eu odeio isto!". Entrava nas sessões quase se arrastando, parecendo que "desmoronava" no divã, ao mesmo tempo que suspirava como se aquilo lhe exigisse muito esforço. Parecia entorpecido, indolente, dando a impressão de fazer um esforço enorme para vencer algo que o arrastava para a inércia.

Muitas vezes o seu discurso era uma lamúria reverberante, geradora de sonolência e de confusão, que me atordoava, deixava-me perdido, sem entender por que caminhos seguíamos. Contava sonhos de repetição em que mergulhava ou nadava em águas escuras, ou caminhava em pântanos, temendo ficar preso nessas situações. Foi entendido que eram sonhos que "narravam" (Ferro, 1995) o que se passava na análise: a relação analítica estava começando a ser vivida como um local perigoso no qual temia perder-se, e este ambiente "pantanoso" era recriado na forma de seu discurso. É provável que esse "pântano" vivido no âmbito da relação analítica fosse uma vivência da mesma natureza daquela que fazia com que caminhasse se arrastando como se algo o prendesse.

O ambiente perigoso, "pantanoso", informe, foi gradualmente delineando-se com mais nitidez. Um episódio ocorrido posteriormente me ajudou a entender esse momento do processo analítico e de seu funcionamento mental. A mãe de Lívio deveria fazer uma endoscopia do aparelho digestivo. Ele resolveu que acompanharia o procedimento. Dizia que, quando pensava que assistiria ao exame, tinha uma sensação "esquisita": "de um lado, eu me sentia curioso e excitado com a ideia de conhecer a mãe por dentro; de outro, parecia que eu estava sendo intruso, que não era justo com a mãe eu fazer aquilo". Resultou que, ao iniciar-se o exame, quando começaram a aparecer as primeiras imagens do interior do corpo da mãe, Lívio passou a sentir uma ansiedade claustrofóbica insuportável, uma sensação de sufocamento, de que iria desmaiar e deveria sair rápido dali. E efetivamente retirou-se da sala, com intenso mal-estar. Analisamos que, mais do que assistir ao exame da mãe, Lívio, em sua fantasia, introduziu-se em seu interior, o que o deixou profundamente assustado e invadido por uma ansiedade claustrofóbica.

A explicação fisiopatológica da psoríase é que se trata de uma proliferação excessiva do epitélio, resultando em crostas e descamação. De posse desse conhecimento, vinha seguidamente à minha mente o conceito de Joyce McDougall (1989/1991) de "um corpo para dois". Pois agora se esclarecia que Lívio procurava às vezes entrar na mãe, ser a mãe, e tinha a fantasia de que compartiam a mesma pele. Esclareceu-se que o que ele propunha na relação analítica era um mergulhar na análise – como aparecia em seus sonhos – quase fusional, o que o assustava. Entretanto, disso resultava seu medo de perder-se no "pântano" da análise.

Delineava-se esse desejo de se intrometer no objeto e apropriar-se de suas qualidades. Lembrou que, quando pequeno, ao sentir-se assustado, tranquilizava-se ao encostar seu ouvido "na pele macia da barriga da mãe e ficava escutando os batimentos de sua aorta". Passou a lembrar-se das vezes em que colecionava objetos considerados femininos (caixas de joias e figuras da Hello Kitty) e ficava na frente do espelho botando seus genitais entre as pernas e imaginando-se mulher: tranquilizava-se por meio de uma fantasia de penetração no interior do corpo da mãe e em sua fantasia muitas vezes tornava-se a mãe.

Entretanto, suponho que, ao lado das fantasias de fusão com a mãe, havia ansiedades de engolfamento e claustrofóbicas não simbolizadas ou insuficientemente simbolizadas. No episódio da endoscopia, isso fica evidente. É consciente de seu desejo de intrusão na mãe, mas ao viver a fantasia onipotente de que estava penetrando em seu interior, provavelmente vivencia essa ansiedade claustrofóbica impensável e perde a consciência. Nesse sentido, seria possível supor que era a evacuação no soma dessa ansiedade de engolfamento que gerava a proliferação descontrolada do epitélio e a psoríase? Seria esse epitélio hiperproliferante uma barreira e, ao mesmo tempo, uma fusão com a mãe? Mas isso seria quase propor um sentido simbólico a essas manifestações somáticas, o que não creio.

Marty (1990/2003) sugere que o sistema relacional "alérgico" seria uma fixação maciça a um estado pré-objetal de indistinção primária com a mãe. Acredito que na adolescência desejos, ansiedades e estados mentais primitivos não simbolizados e, portanto, traumáticos de Lívio voltaram a eclodir. Provavelmente pela capacidade continente insuficiente, bem como pelas escassas possibilidades de transformação em alfa, ou seja, em função das poucas possibilidades de mentalização desses afetos, a via somática foi o lócus de evacuação. Pode-se supor que esses afetos primitivos, proto-emoções (Bion, 1965/2004) ou afetos rudimentares (Aisenstein, 2009), evacuados no soma puderam ganhar forma por meio de sua vivência no campo analítico e na relação com o analista. Evidentemente, não podemos desprezar os condicionantes genéticos, hereditários, orgânicos da psoríase. Mas podemos supor que os fatores psicológicos foram importantes para sua eclosão e sua remissão nesse período da vida.

É possível que, por terem sido colocados num plano simbólico, pelo nosso trabalho de transformação em alfa, esse estado mental primitivo – concretizado pela somatose – de intrusão/fusão com o corpo da mãe e as ansiedades decorrentes disso, bem como as fantasias de intrusão no analista, a psoríase de Lívio tenha entrado em remissão. O aumento na possibilidade de simbolização de estados e ansiedades primitivos levava a mudanças, mas o reconhecimento maior da realidade e da dependência criava novas ansiedades. Na medida em que não era o analista, havia muitos momentos em que se sentia só e frustrado por isso. A análise gerava frustração na medida em que lhe impunha limites por meio das interpretações, colocando-o em sua realidade.

Os afetos intensos, antes evacuados no soma, passaram a ser expressos no comportamento. Na medida em que passei a existir como objeto e, justamente por isso, frustrá-lo, o ódio passou a ocupar um espaço privilegiado. Começou a atacar a relação analítica e o próprio corpo: "será que preciso mesmo passar por toda esta angústia de me analisar?". Lívio começou a faltar às sessões, a atacar o *setting* e o próprio corpo.

Voltava dos fins de semana dizendo que havia se "detonado". Drogava-se de modo intenso, com álcool, maconha e, eventualmente, cocaína. Falava do prazer que sentia quando começava a avizinhar-se o momento de poder "mandar tudo para os ares no fim de semana, poder dormir até a hora que quero, beber quanto eu quero, transar na hora que tenho vontade".

Tendo avançado um pouco nas suas possibilidades de mentalização, tenho a impressão de que, na medida em que a relação com objetos vivos e separados despertava intensas ansiedades, passou a se envolver em relações aditivas de domínio (Jeammet, 2001/2005), em que as emoções provenientes da relação com o objeto são substituídas pelas sensações. Proporcionam uma sensação de existir como sujeito, mas contornando as emoções próprias de relações com objetos vivos (Bion, 1962/1991) e separados. Entendo que nesse momento havia um progresso em termos do seu aparelho mental, pois, em vez da concretude da somatose, aqui havia a construção de uma defesa narcisista.

Uma sexualidade aditiva, promíscua, outras vezes masturbatória, um uso intenso de drogas e um descuido com sua higiene pessoal passaram a ocupar a cena. Masturbava-se várias vezes por dia. Em outros fins de semana, entregava-se a uma sexualidade promíscua com, por exemplo, quatro parceiras em cinco dias, sem proteção alguma contra contaminações. Causava a impressão de que a erotização tinha um caráter quase aditivo e, por meio do sexo e das drogas, tentava criar um mundo oniroide de prazer puro, idealizado, sem limites, onde, em sua fantasia, fusionava-se com um objeto idealizado e evitava as frustrações do contato com a sua realidade interna e externa.

Na medida em que se foi dando um significado às suas atuações e conhecendo os detalhes dos refúgios narcisistas em que se introduzia, foi sendo descoberto o caráter destrutivo que se ocultava por trás desse universo idealizado. Lívio revelou que há anos havia parado de escovar os dentes e sentia-se orgulhoso disso na medida em que lhe ficava claro que assim não se submetia ao pai, que era todo "arrumadinho e meticuloso": "Grande coisa ter os dentes cariados!". Vivia isso com um prazer e um triunfo inequívocos.

Sentia-se forte e motivo de admiração dos amigos quando se jogava de cima de um morro entre as rochas no mar, na medida em que mais ninguém se arriscava a fazer isso; ou até mesmo quando bebia até perder a consciência, sendo reconhecido por todos como o que mais havia bebido, e depois pegava o carro e acordava em algum local da cidade, sem saber como havia ali chegado. O masoquismo passava a ter sua importância: por meio de condutas de risco e atentados ao corpo, buscava sentir-se forte, vivo e, narcisicamente, sujeito e objeto.

Ao mesmo tempo, acionava-me uma contratransferência sádica de "colocá-lo em seu lugar", como um pai destratando um filho mimado. O sadomasoquismo se externalizava na relação analítica. Entre outras situações, um dia entra na sala, olha para uma forração que há na parede e diz: "Tem uma grande vagina aí. Há dias que me parece que isso está desenhado aí... Acho que não é possível, mas tenho a impressão de que foste tu que desenhaste isto na parede. Não consigo parar de olhar para este desenho, fico até meio tonto. Acho que desenhaste para me mostrar o quanto me sinto pequeno perto das mulheres". Sentia que o analista havia se tornado um analista/pai que "oferecia" o genital materno aberto e livre para ele, mas sádico, pois ativamente desejava fazer com que se sentisse pequeno e intimidado. Ao mesmo tempo mostrava-me, concretamente, o quanto se sentia efetivamente intimidado e apequenado frente ao genital feminino, percebido por ele como gigantesco, atraente e engolfante.

Em que pese o fato de que o masoquismo e as condutas autodestrutivas eram uma situação angustiante, arriscada e de difícil manejo, ele havia evoluído do somático à ação, no marco de um conjunto de significados construídos no âmbito da transferência/contratransferência. O comportamento autodestrutivo e a relação sadomasoquista em relação a si mesmo e a seus objetos internos não deixavam de ser uma evolução. Havia um grau maior de mentalização e objetalização, mesmo às custas de atentados ao corpo.

Após vários anos de análise, Lívio estabeleceu uma relação terna com uma nova namorada, formou-se no seu curso e aumentou consideravelmente sua capacidade de tolerância à frustração e, por consequência, de simbolização. Eu diria que hoje, adulto, é um "bom neurótico".

Comentários finais

Em diversos trabalhos, Bion (1962/1988, 1962/1991, 1963/2004, 1965/2004) deixa claro seu ponto de vista de que proto-emoções, sensações e experiências sensoriais dependem de uma relação continente/contido positiva e do trabalho da função alfa para serem transformadas em formas simbólicas capazes de serem armazenadas no retículo alfa, ou na trama simbólica que constitui a mente humana. Ao não ocorrer essa transformação em alfa, essas emoções brutas são evacuadas no soma ou na conduta.

Ao iniciar-se a adolescência, como já foi descrito, reativa-se o cenário primitivo do alvorecer do sujeito humano, pois novamente encontramos uma insuficiência simbólica relativa entre uma mente – fragilizada pela falência do sistema de representações – e um novo corpo, estranho, que lhe coloca uma exigência de representação além de suas possibilidades. Assim, ansiedades primitivas – edipianas e outras – eclodem.

Adolescentes nos quais as capacidades simbólicas e as introjeções de objetos continentes (Bion, 1962/1991) não se estabeleceram solidamente recorrerão a manobras defensivas de toda ordem: desde as mais primitivas, próximas à pulsão (Green, 1990), como ataques àquilo que liga (Bion, 1959/1988), gerando um comprometimento da mentalização ou da capacidade de pensar, segundo Bion; até outras manobras menos regressivas, mais próximas à representação (Green, 1990), ou neuróticas no dizer de Bion (1959/1988).

Mas, para os objetivos deste capítulo – a compreensão das manifestações psicossomáticas na adolescência –, destaco que encontraremos nesse momento da vida desde somatizações passageiras (cefaleias, diarreias, pequenas alergias) até doenças psicossomáticas propriamente ditas, ligadas a insuficiências de mentalização crônicas ou agudas. Mas também encontraremos atentados ao corpo que, embora não constituam somatoses, são formas de expressar no corpo alguns desses dramas não simbolizados ou mal simbolizados.

Penso que em Lívio – como em muitos outros adolescentes nos quais eclodem somatoses – ocorreu uma relação continente/contido negativa. Lutenberg (2005) supõe que nessas situações se estabelece um vínculo de ódio (H) entre a mente e o corpo que é a perpetuação do vínculo sinistro materno/filial de rejeição primitiva da mãe às identificações projetivas massivas do bebê. Repete, então, o desastre primitivo da impossibilidade de gerar um pensamento, uma simbolização, diante de afetos inominados. Gera-se uma capacidade crescente de evacuar os sentimentos e as emoções não transformados e dirigi-los ao corpo. O corpo agora terá que "conter" as emoções e os estados primitivos não transformados em alfa ou, se preferirmos, em representações.

Penso que podemos imaginar uma escala crescente de pensabilidade ou mentalização em que depararemos – ou como características dominantes num indivíduo, ou como aspectos sincrônicos coexistindo no mesmo sujeito – com emoções brutas que não puderam ser transformadas e aparecem como "coisas-em-si" (sintomas psicossomáticos, condutas autodestrutivas e afetos brutos no campo); pensamentos emergentes que não podem ser pensados por falta de uma mente continente e serão cindidos e projetados no analista ou em outros objetos; e, finalmente, uma mente capaz de pensar, conter seus pensamentos e operar com mecanismos de defesa neuróticos, caracterizando os pacientes clássicos da psicanálise.

Além da psoríase, Lívio presentificava no campo analítico (Baranger, 1961/1969) um *quantum* de afetos brutos à espera de transformação ou de pensabilidade. O "estar preso", perdido, desorientado, angustiado, tornava-se "coisa-em-si" (Bion, 1962/1991) no imediato da relação analítica, sentido e vivido pelo paciente ou por mim.

A mente do analista – e, mais que isso, o campo relacional (Baranger & Baranger, 1961/1969; Ferro, 1996/1998) – torna-se atualmente o grande elemento continente e transformador. Na adolescência, o trabalho de continência do analista torna-se ainda mais importante, pois a falência do sistema de representações construído na infância libera uma violência desfundida que os adolescentes, especialmente os mais frágeis, não poderão conter.

Winnicott (1963/1979) comenta que a mãe-objeto deverá sobreviver aos ataques e a mãe-ambiente deverá proporcionar um ambiente estável durante um espaço de tempo suficientemente longo para permitir, após os ataques, a emergência da reparação criativa. Sobretudo em pacientes em que a destrutividade e a evacuação assumiram um papel proeminente em seus sistemas defensivos, a mente do analista, a capacidade transformacional da relação e o ambiente analítico serão essenciais para que o paciente, ao longo do tempo, consiga representar, conter e elaborar emoções antes impensáveis.

Referências

Aisenstein, M. (2004). O doloroso enigma, enigma da dor. *Revista de Psicanálise da Sociedade Psicanalítica de Porto Alegre, 11*(1), 35-49.

Aisenstein, M. (2009). *Les exigeances de la representation*. Apresentado no XXX Congrés de langue fraçaise.

Baranger, W., & Baranger, M. (1961/1969). La situación analítica como campo dinámico. In W. Baranger, & M. Baranger, *Problemas del campo psicoanalítico*. Kargieman.

Bion, W. R. (1957/1988). Diferenciação entre a personalidade psicótica e não-psicótica. In W. R. Bion, *Estudos psicanalíticos revisados*. Imago.

Bion, W. R. (1959/1988). Ataques ao elo de ligação. In W. R. Bion, *Estudos psicanalíticos revisados*. Imago.

Bion, W. R. (1962/1988). Uma teoria sobre o processo de pensar. In W. R. Bion, *Estudos psicanalíticos revisados*. Imago.

Bion, W. R. (1962/1991). *Aprendiendo de la experiencia*. Paidós.

Bion, W. R. (1963/2004). *Elementos de psicanálise*. Imago.

Bion, W. R. (1965/2004). *Transformações: do aprendizado ao crescimento*. Imago.

Bion, W. R. (1970/1973). *Atenção e interpretação*. Imago.

Blos, P. (1981). *La transicion adolescente*. Amorrortu.

Botella, C., & Botella, S. (2002). *Irrepresentável: mais além da representação*. Criação Humana.

Bronstein, C. (2008). Duas modalidades de defesas maníacas: sua função no colapso adolescente. *Boletim eletrônico da SPPA*.

Cahn, R. (1999). *O adolescente na psicanálise: a aventura da subjetivação*. Companhia de Freud.

Cassirer, E. (1964/1997). *Ensaio sobre o homem*. Martins Fontes.

Castoriadis-Aulagnier, P. (1975/2004). *La violencia de la interpretación: del pictograma al enunciado*. Amorrortu.

Ferro, A. (1995). *A técnica na psicanálise infantil*. Imago.

Ferro, A. (1996/1998). *Na sala de análise: emoções, relatos, transformações*. Imago.

Freud, S. (1911/1969). Formulações sobre os dois princípios do funcionamento mental. In S. Freud, *Edição Standard Brasileira das Obras Psicológicas Completas de Sigmund Freud* (Vol. XII). Imago.

Freud, S. (1924/1969). O problema econômico do masoquismo. In S. Freud, *Edição Standard Brasileira das Obras Psicológicas Completas de Sigmund Freud* (Vol. XIX). Imago.

Green, A. (1990). O trabalho do negativo. In A. Green, *Conferências brasileiras de André Green: metapsicologia dos limites*. Imago.

Jeammet, P. (2001/2005). *Novas problemáticas da adolescência: evolução e manejo da dependência*. Casa do Psicólogo.

Louppe, A. (2001). Automutilations transitoires a l'adolescence. *Revue Française de Psychanalyse, XLV*, 463-475.

Lutenberg, J. M. (2005). A criatividade negativa e as doenças psicossomáticas. *Revista de Psicanálise da Sociedade Psicanalítica de Porto Alegre, XII*(2), 329-351.

Marty, P. (1990/2003). *La psicosomática del adulto*. Amorrortu.

Marty, P. (1992). Mentalización y psicosomática. *Revista de Psicoanálisis*, (3), 7-21.

McDougall, J. (1989/1991). *Teatros do corpo: o psicossoma em psicanálise*. Martins Fontes.

Meltzer, D. (1978). Seminários de Novara. *Quaderni di Psicoterapia Infantile*. Bokla.

Meltzer, D. (1988/1995). *A apreensão do belo*. Imago.

Meltzer, D. (1992). *The Claustrum: an investigation of claustrophobic phenomena*. Clunie Press.

Rosemberg, B. (1991/2003). *Masoquismo mortífero e masoquismo guardião da vida*. Escuta.

Winnicott, D. W. (1950/1988). A agressão e sua relação com o desenvolvimento emocional. In D. W. Winnicott, *Da pediatria à psicanálise*. Francisco Alves.

Winnicott, D. W. (1951/1975). Objetos transicionais e fenômenos transicionais. In D. W. Winnicott, *O brincar e a realidade*. Imago.

Winnicott, D. W. (1963/1979). El desarrollo para la capacidad de inquietud. In D. W. Winnicott, *El proceso de maduración en el niño: estudios para una teoría del desarrollo emocional*. Laia.

Winnicott, D. W. (1963/1982). O atendimento hospitalar como complemento de psicoterapia intensiva na adolescência. In D. W. Winnicott, *O ambiente e os processos de maturação*. Artes Médicas.

Winnicott, D. W. (1968/1994). Comentários sobre meu artigo "O uso de um objeto". In D. W. Winnicott, *Explorações psicanalíticas*. Artes Médicas.

9. Quando a alma sangra, o corpo padece: o mundo objetal violento dos transtornos alimentares no processo do adolescer[1]

Marina Ramalho Miranda

O mundo submerso de Sidonie

A sensação de não vida, de não estar presente, do mundo não ser o mundo e o do eu não se apresentar como meu.

A não existência, a dor que não dói, o sentimento que não pode ser sentido, o pensamento que não reflete, o espelho que não imagina, a mente que não pensa, meu sonho abortado. O estranho em mim reside, num mundo que aconteceu sem razão.

Não existe morte, porque nada é vivo. Como se o tempo parasse, sem nunca ter andado. Tudo é estático, frio, sem pulsação. Não há vazio e sim um vácuo sem fundo. Simplesmente estou... sem ser... respiro, mas não me oxigeno.

O mais triste é que não estou morta... me fizeram morta, sem fome, sem graça, sem nada. Estou só e superpovoada.

Mas são habitantes sem corpo, assim como eu... nem mente, são disformes e me penetram a todo instante, tornando-me estranha dentro de minhas

1 Este artigo é uma adaptação levemente modificada do capítulo originalmente publicado no livro *Psicanálise de transtornos alimentares III*, organizado por Patricia Gipsztejn Jacobsohn (Primavera Editorial, 2022).

entranhas, fazendo-me cada vez mais ser dona de um não eu e me levando para longe de mim mesma. Esta é minha sina. Estou só e morro sozinha, sem ter vivido...[2]

Era uma tarde fria e chuvosa do ano de 2020 quando o mundo entrou em pandemia e fomos jogados para uma vida distanciada de nossos desejos, restringindo nosso contato com os que amamos, desmascarando e expondo a impotência humana... e nos aproximamos de nossa finitude e das eclipses das subjetividades submetidas a uma uniformização de condutas restritivas de isolamento social. Foi quando o vírus deu provas da magnitude de seu poder destrutivo e, portanto, da total fragilidade do controle humano, provocando intensos sentimentos de desamparo, indignação e solidão.

Mergulhamos e perseveramos num tempo presente agigantado que embaçou a perspectiva temporal, no qual os sonhos de futuro se postergaram, os caminhos foram interrompidos e se transformaram em esboços vazios e, ao mesmo tempo, lotados de riscos.

Nesse cenário, surge Sidonie,[3] que ao me ver na tela do consultório virtual, sem palavras, dirige a câmera do celular em direção a seus braços ensanguentados, pulsos marcados por cortes e cicatrizes que apontavam diferentes incisões, algumas mais inflamadas do que outras, revelando que foram feitas em diferentes tempos.

---

2 Reflexões da autora inspiradas na clínica do *cutting* no universo dos transtornos alimentares.

3 Texto que tem como recurso de escrita a narrativa ficcional misturada com a realidade clínica da psicanálise, emprestando o nome Sidonie da personagem que sofre de anorexia nervosa do texto de Maud Mannoni (1971), *O psiquiatra, seu louco e a psicanálise*. Em Freud (1920/1976), encontramos a jovem homossexual que teve seu caso publicado com o título "A psicogênese de um caso de homossexualismo numa mulher", que foi levada até ele por seu pai após uma grave tentativa de suicídio. Ele não menciona seu nome no artigo.

Focalizando as cicatrizes, ela me conta dos seus machucados presentes e passados, da sua alma ferida, sangrando no corpo a violência dos afetos que correm em suas veias. Ao mesmo tempo, penso que seu corpo ferido anuncia cortes em seu desenvolvimento pulsional, verdadeiras fendas que me convidam para um acesso cruento, doloroso e profundo a seu mundo de objetos mortíferos e assustadores. Uma porta sinistra de entrada que se abre em meio ao seu fechamento anoréxico como um rastro dos conteúdos inconscientes primitivos pedindo para serem revisitados?

Sidonie, 14 anos, a protagonista ficcional deste artigo,[4] representa a adolescente de nossos dias incertos e indefinidos, em sofrimento, tomada por organizações defensivas extremamente poderosas, que enclausuram sua mente em seu corpo e a conduzem a uma paralisação ou congelamento de áreas psíquicas que impede o prosseguimento de um desenvolvimento afetivo-emocional saudável. Ela ilustra nesta escrita a jovem adolescente portadora de grave transtorno alimentar, cuja experiência informa à comunidade científica o grau de danos psíquicos intensificados pelo cenário sombrio, incerto, indefinido e cruel da pandemia que nos assolou e nos mantém reféns dentro de nós mesmos, presos a um turbilhão de riscos, e o pior deles é a inconsciência de ignorá-los.[5]

---

4 As passagens clínicas são misturadas com a ficção como forma de proteger o sigilo da sala de análise, sem, no entanto, se distanciar da clínica cotidiana dos transtornos alimentares.

5 "A anorexia nervosa consiste em um conjunto de proteções primitivas usadas em lugar do funcionamento reflexivo em que a pessoa contém suas emoções por tempo suficiente para lhes dar um nome e pensar a respeito delas, de maneira que esses sentimentos possam ser psicologicamente contidos. Algumas proteções primitivas usadas na anorexia nervosa são a *onipotência primitiva* e a *onisciência primitiva*. A *negação* da hostilidade também é muito prevalente. O uso do controle onipotente, em lugar da continência" (Magagna, 2019).

Estou conhecendo agora apenas um vislumbre do que foi a tragédia que acometeu essa delicada menina que vive as agruras de se sentir presa em pensamentos recorrentes que a impedem de se alimentar, ter uma vida saudável, namorar ou ter amigos, produzir intelectualmente, viver em um mundo compartilhado. O dela é só dela. Seu mundo tem uma opacidade emocional, habitado por fumaça tóxica e muita sujeira que atrapalham sua visão do chão em que pisa, do passo seguinte, do ar que respira, do alimento que salva.

Sidonie sente que não tem salvação... nem perdão. Os céus a culpam pelos seus inúmeros pecados; o maior deles é, sem dúvida, brigar com a mãe, querer estar longe dela, pensar em não a ter, anular sua existência. Assim, conta-me sobre seus sentimentos de culpa, raiva e desamparo e do quanto sua mãe se sente ofendida pela sua recusa alimentar.

Sidonie se depara sempre com a falta, sente-se devendo, mas não sabe o quê e nem a quem (Bidaud, 1998). Atormentada e assombrada pela gordura, está submetida aos números: da balança, das calorias, das medidas corporais, dos rótulos das embalagens, dos tamanhos das roupas, das colheradas rasas de alimentos.

Por isso, confessa que, ao querer tornar-se livre do que lhe é imposto, ironicamente se trancou num espaço hermético no qual nada pode entrar. Proclamou para si própria a sentença que a amaldiçoou e a jogou nesse limbo de mau cheiro vindo dos vômitos azedos, presa em um espaço escuro onde a luz não pode entrar, no qual só existem medos, incertezas e, o que mais dói, a impossibilidade de ver, ouvir e reconhecer pessoas à sua volta.

Não aceita entradas, mas teme as separações, delirando presenças infinitas, fusionando-se à figura materna em uma união simbiótica sem alternativas de singularidade. Agarra-se às certezas, acredita piamente no que imagina ser sua teoria, especialmente no que tange à alimentação, seu padrão e seus correlatos. Não faz debate, as trocas a ameaçam, reina nela a convicção, pior inimiga da verdade.

Confunde amor com dor, paixão com voracidade, fome com gula, invadindo as fronteiras identitárias que podem levar ao desaparecimento do ser e ao sequestro de si mesma.

Esses sentimentos, já descritos em outros textos (Miranda, 2003, 2004, 2010), típicos dos transtornos alimentares, coincidem tragicamente com o cenário pandêmico que vivemos em fevereiro de 2020, quando fomos pegos de assalto por um vírus altamente letal e cada vez de maior transmissibilidade, que congelou a vida livre do planeta, desmoronando a ilusão narcísica dos controles onipotentes e as capacidades antecipatórias do ser humano, nos confrontando com a insuficiência do conhecimento e jogando por terra as convicções.

Nos transtornos alimentares, o pavor das calorias, o terror canalizado para a gordura, a frequente fantasia de ter sido engolida, que convive desconfortavelmente com o medo de deixar entrar "dentro de si" um estranho invasor, coincidem desastrosamente com as ameaças pandêmicas que orbitaram cruelmente em torno de nós na fuga e no drible do agressivo vírus mutante, invisível e desconhecido, que nos rondou insistentemente, tentando vislumbrar qualquer segundo de guarda baixa para poder armar seu ataque e instantânea invasão, anunciando em três ou quatro dias os primeiros sintomas do covid-19, a sua tomada de posse de nosso corpo e nossa mente.

O vírus não descansa, permanece em alerta, espreitando sua vítima, pronto para o ataque. É onipresente, traiçoeiro, e sua capacidade de danificar é imprevisível. Provoca nas pessoas um estado de alerta constante.

Sidonie não descansa em sua missão de vigiar o que come. Atormentada, assombrada pela gordura, é acusada pela magreza, rodeada de fantasmas que ela não vê, não identifica, similares a inimigos invisíveis.[6]

A pandemia trouxe uma agonia análoga. O mundo interno povoado de objetos persecutórios se encontra com o mundo externo, um ambiente atual incerto e ameaçador, habitado por sentimentos de medo e horror que vêm de um invasor de potência desconhecida e que desmonta a sapiência mundial.

Sidonie decretou um *lockdown* psíquico como forma de se blindar contra os imprevisíveis ataques da gordura que algum alimento possa furtivamente conter ou, ainda, pelo medo do seu próprio descontrole com a ingestão de alimentos. Não confia em si própria. E se constatar ou mesmo imaginar que de alguma forma se excedeu na alimentação ou ingeriu algo calórico, vomita ou sangra a experiência emocional inominada, expulsando de si o excesso ou talvez delirando liquefazê-lo.

Seu psiquismo trabalha na concretude da experiência e sob a égide dos objetos parciais, num mundo objetal pré-edípico (Klein, 1935/1996). Ao mesmo tempo, o *self* emocional aprisionado usará *acting out* tanto dentro quanto fora das sessões para dar expressão a uma experiência emocional que é inconsciente e, talvez, parte de uma experiência não verbal ainda não presente em forma simbólica (Magagna, 2019).

Sidonie surta, atuando seu pavor, desmancha-se como ser pensante e vira puro ato. Pega sua lâmina guardada, bem escondida, e, olhando para ela como se exibisse em seu aço algo novo de força

---

6 Fraiberg, Adelson e Shapiro (1983/1994) sugerem "que diferentes fatores transgeracionais inconscientes afetam a parentalidade dos pais de uma criança. O berço emocional do casal, dando suporte um ao outro e ao recém-nascido, gera o amor, a confiança e a esperança da criança. A hostilidade, a depressão e o apego inseguro dos pais podem deixar a criança sem espaço na psique deles para projetar terror sem nome e ansiedade".

fálica e coragem pontiaguda, depositando no brilho do gume uma esperança de término do seu sofrimento, corta levemente a sua pele. Aos poucos, põe mais força, relata querer intensificar a dor, aperta a lâmina mais forte na pele, inicia nova incisão, sente que não consegue parar de se cortar, até que um jato de sangue atinge seu rosto. Grita de susto e, se ouvindo, para.

"A dor e o medo não me deram limite. Minha dor não dói, não consigo sentir minha dor, nada sei de mim", sussurra, sem estar assustada com o que acabara de acontecer.

É hospitalizada em função de o corte ter sido profundo demais. Não tanto pela ferida, rapidamente suturada, mas pela incontinência e pela impulsividade, que se tornaram perigosas e escancararam a violência escondida. Mais um desencontro, mais uma experiência de falta de escuta para ela: os médicos e seus pais falam em tentativa de suicídio e sabemos que, nos transtornos alimentares, o que parece ser pode não ser...

A realidade surge no espetáculo do *cutting*, no sangue escorrendo que lhe atesta sua existência. Portanto, no mundo realmente invertido, o verdadeiro é um momento do falso: não foi uma tentativa de pôr fim à sua vida, e sim o contrário, uma busca de se sentir viva. "Ao me cortar e ver o sangue colorir meu corpo, sinto que existo, me acalmo, chego mesmo a atingir um bem-estar."

Seu corpo mostra os ossos, desnuda a dor pelos cortes provocados, que expõem o sinistro dentro dela.

A comunicação emocional se dá pelo avesso da representação. E Sidonie, mais uma vez, se sente só e violentamente invadida, não só pela lâmina cortante, mas sobretudo pelos que não a compreendem ou não têm escuta capaz de conter a sua duplicidade.

Nas palavras de Mannoni (1971): "A anorexia neste contexto não é uma doença, mas a única maneira do sujeito chegar a nascer como sujeito desejante, fora do desejo da mãe" (p. 163). Nesse contexto, também os cortes são tomados como o modo do psiquismo arcaico, pré-genital, de expressar a dor mental transbordante.

A pele psíquica não consegue conter as emoções brutas, que, em estado líquido, escorreram pela sessão. Sidonie se cortou abrindo o que estava encoberto. Iniciou-se aqui uma dimensão metafórica no diálogo entre nós.

Angústias do "tornar-se adulto": a passagem da pré-puberdade à adolescência, quando tudo começou

Entre a criança e o adulto, num tempo entre o passado e o futuro, num momento pandêmico da história que abre espaços para o vazio e para o lugar da falta, que nos mostra a insuficiência dos controles e do saber, Sidonie parece interromper o fluxo do processo de adolescer: senta-se na encruzilhada da sua estrada pulsional, olha para várias direções na busca de uma indicação do caminho a seguir e nada vê, ou pior, vê o nada. Tenta de novo, pergunta-se atordoada: "Para onde vou?", e o nada de novo se apresenta. Nenhum vislumbre de luz; o escuro do não saber lhe é assustador.

Tenta de novo e depara com seu reflexo perdido, fora do olhar do outro, e exilado de si mesmo. Não encontra pares que ouçam seu pedido de luz, nem estruturas culturais que suportem sua angústia. Confunde-se e toma como seus os olhos vigilantes de quem a protege.

Busca sentir-se, pega em si, aperta seu braço, belisca-se e continua não sentindo nada.

Decide não arriscar, amedronta-se, não sabe para onde ir e senta-se embaixo das setas defeituosas, sem pontas, fincadas na bifurcação dos caminhos. Olha em volta, o nada se reapresenta, bem como o branco do horizonte.

Só lhe resta ela mesma e ela mesma. Nesse momento, é corpo e sensações. Só o que vê e o que pode tocar. Sente-se tomada por ameaças e acusações.

O sensorial ganha do simbólico, surge à sua frente um volume carnal possível, seu corpo, porquanto pode vê-lo, senti-lo, cheirá--lo, escutá-lo e tocá-lo! Ele ganha presença, protagonista em excesso, e junto com ele a severidade e o exagero que sente em rajadas de pressão sobre si. Múltiplas pressões, o corpo sarado, a escola, o corpo magro das amigas, o vestibular, as expectativas dos pais, as dela mesma.

Beber e fumar, se exercitar, se excitar e apagar. Parece que a bola da vez são os excessos ou as faltas, os mandos e os desmandos.

O corpo insiste, a única saída. Procura desesperadamente eliminar a sensação de frio no estômago vazio, o mal-estar do coração disparado e das mãos trêmulas e suadas, até que sobrevém o medo de enlouquecer.

Quer acabar com isso a qualquer preço e nessa busca desencontrada acha uma ponta fina e afiada; uma vez que dentro de si as coisas estão cegas, o objeto cortante a atrai, é penetrante, pode ajudá-la a espantar o nada e, finalmente, sentir alguma coisa: aperta a ponta contra seu punho e sente algo diferente do nada – uma cor vermelha, em contraste com o branco do nada ou o negro do escuro do desconhecido, jorra de sua pele; o sangue que vem do corte a acorda e lhe indica que ela existe e que está viva. Além de tudo, colore, dando gosto à sua vida insípida e lhe indicando o caminho da dor, e ela, ingênua e entregue, acha que esse caminho poderá ser uma boa solução.

A dor é bem-vinda porque espanta o vazio da experiência emocional chocha e monocromática, assim ela tenta me explicar. Sua pele escarificada, cortada, rabiscada, dá-lhe um sentido de existir e talvez de contatar concretamente bordas e limites.

O ato de se cortar a acalma, pois alucina liberar o sangue como um líquido tóxico que, ao vazar, purifica e faz espaço. "Às vezes, o sangue saindo faz emagrecer", me informa, assustada com suas próprias palavras.

Lembro-me aqui dos rituais das santas da Igreja Católica (Weinberg & Cordás, 2006), que purgam e expurgam males, que desejam se livrar dos pecados, dos maus objetos:

> *No sangue encontramos a fonte de misericórdia, o sangue que destrói nossa dureza, o sangue que torna doces as coisas amargas, e leves os fardos pesados . . . e como esse sangue faz amadurecer as virtudes, a alma que se inebria e afoga esse sangue, reveste-se de verdadeiras e sólidas virtudes. – Catarina de Sienna em 1380 em seu leito de morte. (Gauthiez, 1916, citado por Miranda, 2003, p. 46)*

Sidonie está cansada do "samba de uma nota só", do tédio da repetição de nada saber, do encontro com as faltas, com as dores das ausências, com a surdez do mundo, e das repetidas investidas que encontram o vazio, o vácuo, o céu sem fundo. O nada de novo.

Uma adolescente que sofre porque não acha o caminho. Perde-se de si, num mundo já desorientado e perseguido, no qual o reflexo de si sobrepuja a reflexão de si. Perseverar na superfície ganha do mergulho em águas profundas, então, pouco acessa sobre o que não é visto, sentido ou tocado. Paira nas bordas, corpo... comportamento... pele...

Busca quem é, mas encontra quem não é e o mal-estar de dentro está de volta, além das feridas de fora. O corpo passa a ser o representante das emoções máximas, o registro mais fiel dos acontecimentos emocionais.

Penso que ele necessita ser lido, como se fosse um diário, pois nele está inscrito o drama nascido no fechamento para tudo o que vem de fora dele. Engolfa-se nele próprio, se autoconsome, como numa retroalimentação. De nada precisa do mundo exterior, é movido por imaginação delirante, onipotência, onisciência primitiva e pelo triunfo de prescindir do que pertence ao humano.

E, de repente, acha os culpados e, por conseguinte, os mais temidos: a comida e a gordura. Ambos ocupam, cada um a seu modo, o lugar da loucura.

Chegamos ao universo das patologias narcísicas, anorexias, bulimias, *cutting*, transtornos do comer compulsivo, dismorfofobias, nas quais o eu, umbilicado em si próprio, nada mais vê a não ser um traço tênue do que pode estar representando o si mesmo. O traço é muito desgastado, quase não dá para notá-lo, e a presença do outro é totalmente apagada.

Sidonie, já perturbada em seu processo de crescimento, identifica-se com as partes faltantes dos pais, que também estão a dever com seu próprio desenvolvimento, autocentrados e amarrados em suas próprias angústias, permanecendo adolescentes tardios à procura de acolhimento. Com muito medo, assustada por não enxergar o caminho, a jovem candidata a adulta breca seu caminhar e se acomoda na soleira da porta de entrada da sua casa interna, sem forças para entrar, enfrentar o desconhecido e continuar sua jornada rumo ao futuro e à genitalidade, ou, ao contrário, com medo de revisitar o passado e se encontrar com aqueles fantasmas que habitavam seu quarto quando era bebê (Fraiberg, Adelson & Shapiro, 1983/1994).

Passa a comer o nada. Teme entrar, teme quem possa querer entrar e se apossar dela. Olha para trás e pensa que está vendo o presente. Atrapalha-se no tempo e no espaço. Permanece na porta, sem coragem de entrar. Essa é sua encruzilhada particular.

Está na linha que separa o dentro e o fora, como a pele atacada que a separa fragilmente de suas entranhas tão temidas, deparando com seu tempo traumático do passado e fabulando o futuro. Nessa linha, indefinida e cruel, titubeia.

Os sentimentos em família são contraditórios, ambivalentes; ama e odeia, vontade e contravontade, depende e detesta a dependência materna (Miranda, 2010). Reconhece o pai inoperante, sem ação, adormecido. Percebe que está sempre se equilibrando entre opostos, que vive em uma corda bamba, que sua linha divisória divide mundos iguais, nada novo se apresenta, tanto faz se cair para dentro ou para fora, porque cairá no mesmo abismo que já conhece dentro de si.

Indefinida e cansada, a jovem adolescente fecha os olhos, a boca, o coração. Mas não consegue fechar seu corpo. Livra-se de possíveis invasores que a possam ameaçar, mas não pode afastar seu corpo de si. Este, ela não consegue. Está lá, bem à sua frente, mudando, desafiando e fazendo-a sentir, na maioria das vezes, o desprazer e a certeza apavorante do descontrole.

Cada mudança que sente em seu corpo – e que são muitas, uma vez que na passagem de púbere para adolescente o corpo se altera a passos largos, advindo modificações somáticas, características sexuais primárias, secundárias, invasões hormonais etc. – a faz perceber que não é assim todo-poderosa em seu fechamento defensivo, o corpo não para de lhe incomodar, gritando novas necessidades às quais ela não pode atender, já que não dá conta delas.

Ali sentada, exausta, agarra-se àquele chão frio da soleira e se fixa nela, uma vez que a conhece por tê-la feito confortável algum tempo atrás. Uma esperança de vida se acende, algo de familiar existe ao seu redor, e, congelando-se nesse local, encontra a chance de continuar viva. A soleira assume o lugar do berço, da cabana no deserto. Mas não a acolhe, apenas parece.

Arrisca-se nos excessos, desafia a natureza, opõe-se ao que a invade, fecha-se para o conhecimento, não cria, não sonha e persevera. Vêm as compulsões pelo reconhecimento de uma força imperiosa que a domina e submete e, na sequência, os maus-tratos com seu corpo e sua alma.

Dá-se conta de que sua vida de criança terminou e está se tornando adulta. Seguem-se às mudanças corporais a repercussão psicológica das novidades somáticas. Novidades que tumultuam a mente e posicionam Sidonie frente a desafios nunca experimentados, entre eles a tarefa de integrar o novo corpo, constituir uma nova identidade sexual, separar-se das figuras parentais e iniciar um processo de individuação e de maior autonomia.

A adolescência é um momento de crise, com processos mentais específicos, e tem grande importância na formação da identidade do ser humano. Como será seu amanhã?

Vivendo as surpresas impactantes das contínuas mudanças que se impõem ditatorialmente ao seu corpo, ela se encontra vulnerável a deslocar para alguma parte dele as angústias existenciais desse momento adolescente, como o representante maior do estranho que a habita. "Minhas coxas me incomodam demais. Todo dia meço para ver se aumentaram. Parecem dois troncos de árvores. Tenho muita vergonha." E complementa: "Sei que minha mãe também acha".

Dona de uma inteligência acurada, alojada num perfil psíquico sensível, Sidonie tem a atenção e a percepção semelhantes a um eficiente radar, constantemente ligado e pronto para captar toda informação emocional do ambiente, em qualquer tipo de linguagem, especialmente a não verbal, uma vez que reina o registro sensorial e a orquestração dos objetos parciais num universo pré-edípico. Gestos, olhares, melodias da voz, súbitas reações faciais têm acesso direto ao seu arcabouço mental. Qualquer mínima mudança no outro é percebida: o humor dos pais, professores, colegas, e até mesmo dos profissionais.

Intoxica-se facilmente com ideias persecutórias recorrentes que a difamam e centraliza sua vida na perda de peso a qualquer custo, e sempre mais, o que impede sua potencialidade onírica de retomar sua vida criativa.

Nas palavras do poeta Álvaro de Campos:

> *Quando olho para mim não me percebo*
> *Tenho tanto a mania de sentir*
> *Que me extravio às vezes ao sair*
> *das próprias sensações que eu recebo.*
> *(Campos, 1913/1996, p. 66)*

O risco da morte por engano

O cenário mundial pandêmico de medo, persecutoriedade e desconfiança, ao lado das frustrações e dos dolorosos lutos vindos da pandemia e atualmente da violência massacrante das guerras, constitui-se no pano de fundo extremamente desfavorável ao universo das anorexias, das bulimias, do *cutting*, das compulsões, intensificando as angústias e os riscos de quem já se posiciona nas bordas de experiências arriscadas e de situações-limite.

Contracena em desarmonia com os indivíduos que, transtornados na saga de saberem de si, elegem a alimentação, a comida e o corpo como os principais alvos dessa busca infinita do saber de si. Um mundo de secreções corporais, contradições profundas, despropósitos, poucas palavras e muito ato, de muita fome e pouca saciedade e, ao mesmo tempo, de pouca vontade de comer num mundo lotado no qual nada mais cabe.

O desprazer impera e o viver se esvazia, uma vez que se encontra atrelado ao que é transitório e temporário, como o jogo dialético da fome e da saciedade, do vazio e do cheio, do que entra e do que sai, do que é vida e do que é morte

Sinais de vida invertidos, ou seja, a vida, a vontade de viver, o *animus*, o erótico ou as pulsões que encorajam estar vivo, e dão força ao viver, parecem ter submergido para um fundo denso... Um fundo que se enfiou e se apagou em meio a emoções antigas e misturadas, de um lugar onde tudo é solidão.

As vivências de autonomia e diferenciação são sentidas com a força de um primitivo abandono, desamparo. Um abandono que implica uma desintegração e gera rigidez e intolerância.

A inconsistência de sua identidade vem se fragilizando desde a primeira infância. A gradual aquisição de uma onipotência e uma ilusão de perfeição contribui para um psiquismo intolerante que não enfrenta fracassos nem aceita as incertezas.

O medo de engordar se mistura com o medo de se desintegrar como pessoa, de desaparecer seu verdadeiro *self* em meio a uma imaginária gordura sufocante. O medo da morte do *self* genuíno, engolfado e devorado por uma boca tirânica nunca satisfeita e sempre pronta a punir com violência, favorece o isolamento.

Sob o efeito da fome ou do comer o nada, ou simplesmente sob o efeito da recusa ao alimento, a anoréxica substitui sua sensação de fragilidade por uma intensa força; consegue inverter os sinais da natureza e continuar viva sem se alimentar. Constitui-se aí uma ilusão de controle, seu triunfo maníaco.

Quanto mais a anoréxica nega a fome e as necessidades do corpo para fugir do que alucina como destrutivo para si, mais definha e se aproxima da destruição maior de seu corpo negado. O corpo, sentido como o lugar das incertezas, é o lugar onde o perigo se manifesta, o perigo da morte. A morte que vem por engano, a morte de um corpo que foi oferecido em sacrifício para salvar o *self* desejante, discriminado do desejo materno.

Um mundo gelado de afeto.

Alimentação transtornada é alimentação perturbada, alucinada, angustiada. Ou simplesmente inexiste como garantia de vida. A comida não é bem-vinda, não traz vida nem garante o viver, faz parte daquele cenário sombrio, pertence ao universo dos escombros e resíduos contaminados que ameaçam e agridem seu viver genuíno.

Na bulimia, diferentemente do que ocorre com Sidonie – que sofre de uma predominância anoréxica –, esse emaranhado psicopatológico leva à vontade premente de se livrar dos elementos sentidos como tóxicos; surge a purgação. Vomita o que alucina serem pedaços de monstros que podem levar à morte não do ser, mas do autêntico do ser, podem eliminar a última chance de preservação da essência daquele ser, da sua impressão digital interna que sobrou, daquilo que lhe é singular, original, sua marca de vida, a gênese de quem é, que sinalizaria seu sujeito desejante, que, ao contrário, cada vez mais se distancia de si, perdido em meio aos destroços (heranças psíquicas transgeracionais) que se chocam violentamente, atingindo com força maligna o mais delicado de sua interioridade.

O jejum pode ter o sentido da purificação e da expurgação dos conteúdos emocionais invasivos. Nesse contexto, o vomitar e o emagrecer também se aproximam da demanda de se purificar e tirar de si o veneno tóxico da experiência emocional. "Veneno é comida que faz adoecer" (Freud, 1933/1976, p. 151).

Fenichel (1945, citado por Couvreur, 2003) trata do tema dos transtornos alimentares no capítulo que dedica às perversões e às neuroses impulsivas, as quais denomina "adições sem drogas". O autor mostra que a palavra adição alude à urgência da necessidade e à impossibilidade de satisfazê-la e que todos os impulsos mórbidos, como as toxicomanias (com ou sem drogas), são tentativas infrutíferas de controlar a culpa, a depressão ou a angústia pela atividade.

O termo *adicto* quer dizer *escravo*, mas significa também "o que não é dito", portanto, expressa a mudez pulsional da carga afetiva que carrega. O objeto aditivo, portanto, está presente no mundo objetal bulímico, com sua característica violenta que rompe os vínculos de possíveis trocas saudáveis, induz ao risco e não suporta o pensar.

As compulsões, especialmente na anorexia/bulimia, a adição sem drogas, a ideia recorrente do não comer e de que o alimento é inimigo, bem como as investidas impulsivas de automutilação podem conduzir essas jovens ao encontro da morte (principalmente pelo alto nível de desnutrição ou pela predominância de comorbidades psiquiátricas), empurradas ironicamente pelo desejo de fugir dela.

Na anorexia, o horror à gordura, as fantasias de perder-se em si mesma, de se liquefazer e sucumbir a um estado fusional amalgamado com figuras fantasmáticas primitivas fazem com que as jovens se fechem a qualquer tipo de penetração, da boca fechada para as comidas à mente fechada para reflexões.

Aqui vem a pergunta: será que haverá lugar para a análise no mundo lotado e submerso de Sidonie? Será que ela vai vomitar minhas palavras ao desligarmos a câmera do celular ou, mais recentemente, ao sair da minha sala separando-se concretamente de mim?

Em resumo, morrer em meio aos sintomas da anorexia é fruto de um engano, o sintoma anoréxico é defesa contra a morte do *self* original, é busca errada de vida própria, é como procurar a luz escolhendo descer para o subterrâneo onde só há escuro, trevas e desolação. O caminho foi errado, houve uma mudança nos trilhos que primordialmente conduziriam à constituição do psiquismo e ao conhecimento de si.

Houve um desvio, provavelmente nascido de uma ruptura importante nos vínculos primitivos que dariam segurança e conforto. Ao contrário, esse bebê do passado não pôde se reconhecer no espelhamento do olhar do outro (Winnicott, 1967/1975) e voltou seu olhar para imagens criadas em seu mundo interno, povoado de figuras mortas de afeto, fixando-se nesse sistema fechado em que nada mais entra e que no futuro será a negação das calorias geladas de afeto, cuja morada é seu corpo. O ego, que nessa etapa da vida é corporal (Freud, 1923/1976), instala-se no corpo e nele permanece soberano.

Na tentativa de modificar esse sistema inabalável e reencontrar os desejos negados, arrisca seguir essa trilha, tentando abrir a janela-corte nesse corpo hermético, inflado e cheio de personagens-fantasmas do passado. Bloqueia as entradas para não o encher mais, não quer que esse corpo cárcere se avolume, chegando na anulação de suas necessidades básicas.

Mas Sidonie não quer morrer, ao contrário, quer viver a aventura de se re-unir. Uma aventura de resgate de uma vida que ficou congelada no tempo, na oralidade, sem possibilidades de movimentação.

Finalizando

A criança que fui chora na estrada.
Deixei-a ali quando vim ser quem sou;
Mas hoje, vendo que o que sou é nada,
Quero ir buscar quem fui onde ficou.

Ah, como hei de encontrá-lo? Quem errou
A vinda tem a regressão errada.
Já não sei de onde vim nem onde estou.
De o não saber, minha alma está parada.

Se ao menos atingir neste lugar
Um alto monte, de onde possa enfim
O que esqueci, olhando-o, relembrar,

Na ausência, ao menos, saberei de mim,
E, ao ver-me tal qual fui ao longe, achar
Em mim um pouco de quando era assim.
(Pessoa, 1933/2015, p. 190)[7]

Sidonie traz a poesia. Levanto-me de minha poltrona e sento-me ao seu lado no divã. Ela lê e chora. Lembra-se da madrinha, a querida irmã de sua mãe, morta em um acidente de avião anos atrás quando tinha 7 anos.

A imagem da mãe e da avó chorando pela casa, inconsoláveis, é guardada até hoje. Não sai de sua cabeça. Começou a ter pesadelos e falta de apetite, imaginando como teria ficado o corpo da tia depois da explosão do avião. A família nunca mais falou sobre o acidente. Ao se deparar com a poesia, na aula de literatura da escola, lembrou-se dele e agora, nesse momento da análise, sente que se machuca pela dor que transborda de alguma tragédia, dessa tragédia talvez? Ou esse acidente com morte, perda e desintegração serviu de gatilho para revisitar as suas próprias áreas sombrias do passado arcaico?

Sidonie tem o mesmo nome da tia falecida e tem a fantasia de que vai morrer como ela, despedaçada. Daí por diante, nossas

---

7 As duas poesias aqui apresentadas fizeram parte da clínica.

conversas encontraram novos sentidos para a inapetência, medos, cortes, rastros de objetos bizarros, objetos primários esfacelados, sangue-fonte de misericórdia, desastres, grandes e profundas feridas em vez de uma escuta que se reduza às óbvias autolesões ou automutilações.

Desabafa Sidonie:

"Muito difícil... Fico pensando que ela deve ter sofrido muito antes de morrer, que seu corpo deve ter ficado aos pedaços, todo retalhado pela explosão do avião [que bateu de bico na pista do aeroporto na hora de aterrissar]. Gostaria de ter ido lá ver como ficou o avião e tudo que estava nele. Por que meus pais não me levaram?"

A poesia entoa a dor da perda e das separações, mas expressa o renascimento da menina desejante: "quero ir buscar quem fui onde ficou". Um dia me disse: "minha alma está parada". Agora, revela a fonte dessa frase tão repetida nas sessões.

Conversamos sobre a análise proporcionar o *alto monte* referido na poesia, o recosto no divã-barranco da estrada da vida, no qual se torna possível um encontro com o inesperado e a coragem de entrar num mundo de dores, corpos sangrando, emoções e sonhos descontruídos, "e ao ver-me tal qual fui ao longe, /achar em mim um pouco de quando era assim".

Para Freud (1908/1976), a aliança da psicanálise com a literatura passa pela estrutura do saber inconsciente. A poesia e a psicanálise narram sonhos nas sessões, ali onde os sentidos encontram seu lugar de busca, "naquele lugar onde a carne encontra o osso" (Madeira, 2014/2021, p. 107), "quero ir buscar quem fui onde ficou".

As imagens que surgem nos embriões das palavras favorecem que o analisando e/ou o leitor construa por si o sentido que lhe é próprio.

Termino com o depoimento de uma adolescente de 17 anos, internada numa clínica psiquiátrica após um episódio grave de *cutting*:

> *Minha mãe não foi me buscar. Eu me lembro das estrelas naquela noite. Eram como sal no céu, como se alguém tivesse virado o saleiro em cima de um tecido muito escuro . . . As garotas aqui, elas tentam me fazer falar. Querem saber: "Que história você tem para contar, raio de luar? Conte cada pedacinho, passarinho". Ouço as histórias delas todos os dias, no grupo de apoio, no almoço, na aula de artesanato, no café da manhã, no jantar, o tempo todo. Essas palavras que delas transbordam, essas lembranças sombrias, elas não conseguem segurar. As histórias as consomem, as viram do avesso. Elas não conseguem parar de falar. Eu cortei todas as minhas palavras fora. Meu coração estava cheio demais delas.* (Glasgow, 2017, pp. 8-9)
>
> *O segredo é não correr atrás das borboletas...*
>
> *É cuidar do jardim para que elas venham até você.*[8]

Referências

Bidaud, É. (1998). *Anorexia mental, ascese, mística: uma abordagem psicanalítica.* Companhia de Freud.

Campos, A de. (1913/1996). Quando olho para mim não me percebo. In F. Pessoa, *Melhores poemas de Fernando Pessoa.* (Seleção de Teresa Rita Lopes, 8a ed.). Global.

8 Versos atribuídos a Mário Quintana, embora a autoria do pensamento não esteja confirmada.

Couvreur, C. (2003). Fontes históricas e perspectivas contemporâneas: a adição. In B. Brusset et al., *A bulimia*. Escuta.

Fraiberg, S., Adelson, E., & Shapiro, V. (1983/1994). Fantasmas no quarto do bebê. *CEAPIA*, *7*(7), 12-34.

Freud, S. (1908/1976). Escritores criativos e devaneio. In S. Freud, *Edição Standard Brasileira das Obras Psicológicas Completas de Sigmund Freud* (Vol. IX, pp. 149-158). Imago.

Freud, S. (1920/1976). A psicogênese de um caso de homossexualismo numa mulher. In S. Freud, *Edição Standard Brasileira das Obras Psicológicas Completas de Sigmund Freud* (Vol. XVIII, pp. 185-212). Imago.

Freud, S. (1923/1976). O ego e o id. In S. Freud, *Edição Standard Brasileira das Obras Psicológicas Completas de Sigmund Freud* (Vol. XIX, pp. 32-41). Imago.

Freud, S. (1933/1976). Feminilidade (Conferência 33). In S. Freud, *Edição Standard Brasileira das Obras Psicológicas Completas de Sigmund Freud* (Vol. XXII, pp. 139-165). Imago.

Glasgow, K. (2017). *Garota em pedaços*. Trad. Regiane Winarski. Planeta.

Klein, M. (1935/1996). Uma contribuição à psicogênese dos estados maníaco-depressivos. In M. Klein, *Amor, culpa e reparação e outros trabalhos*. Imago.

Magagna, J. (2019). Self aprisionado: desdobramentos no processo psicanalítico. In M. Mendes de Almeida, & M. C. P. Silva (Orgs.), *Infância, vínculos e diversidade profissional: espaços para interlocução*. Blucher.

Magagna, J. (2022). *The sound of silence. O teatro da boca*. Aula inaugural do curso Cinapsia.

Madeira, C. (2014/2021). *Tudo é rio*. 12a ed. Record.

Mannoni, M. (1971). Instituição psiquiátrica e psicanálise II: um caso de anorexia mental. In M. Mannoni, *O psiquiatra, seu louco e a psicanálise*. Zahar.

Miranda, M. R. (2003). *Anorexia nervosa e bulimia à luz da psicanálise: a complexidade da relação mãe-filha* [Tese de doutorado]. Núcleo de Psicanálise da Pontifícia Universidade Católica de São Paulo.

Miranda, M. R. (2004). O mundo objetal anoréxico e a violência bulímica em meninas adolescentes. *Revista Brasileira de Psicanálise*, *38*(2), 309-334.

Miranda, M. R. (2010). A representação simbólica nas perturbações alimentares à luz da complexidade da relação mãe-filha. In A. P. Gonzaga, & C. Weinberg (Orgs.), *Psicanálise de transtornos alimentares* (Vol. 2, pp. 199-217). Primavera Editorial.

Pessoa, F. (1933/2015). A criança que fui chora na estrada. In *Lisbon Poets – Camões, Cesário, Sá-Carneiro, Florbela, Pessoa*. (p. 19, A. Hyde e M. D'Evelin Trads.). Lisbon Poets & Co.

Weinberg, C., & Cordás, T. A. (2006). *Do altar às passarelas: da anorexia santa à anorexia nervosa*. Annablume.

Winnicott, D. W. (1967/1975). O papel de espelho da mãe e da família no desenvolvimento infantil. In D. W. Winnicott, *O brincar e a realidade*. Imago.

10. Automutilação na adolescência

Sergio Eduardo Nick

Introdução

A automutilação é definida pela Classificação Internacional de Doenças - CID-10 como qualquer "lesão autoprovocada intencionalmente por meios não especificados" (atentem para a palavra *intencionalmente*). A "lesão autoprovocada" é definida como a violência que a pessoa inflige a si mesma, podendo ser classificada como comportamento suicida ou autoagressão (Bahia et al., 2020). Quando não há intenção suicida, considera-se a autolesão como comportamento intencional e direto aos tecidos do corpo provocado pela própria pessoa. Esta declara abertamente que não tem desejo de se matar, ao contrário do que ocorre nos atos suicidas.

Os locais mais comuns a serem atingidos são os antebraços e as coxas, mas pode ocorrer em todas as partes do corpo. Predomina a utilização de um objeto afiado para cortar a pele. Podem apresentar-se como lesões brandas, como fruto do arranhar a pele com as unhas ou queimar-se levemente com cigarros, passando por formas moderadas, como cortes superficiais nos braços, até atingir formas mais graves, como a autoenucleação dos olhos e a autocastração. Outras formas graves de automutilação encontradas são a introdução de corpos estranhos no organismo, como agulhas e pregos, e a amputação dos lobos das orelhas. São mais comumente praticadas dentro da residência do jovem.

A autolesão é um pouco mais comum nas meninas do que nos meninos, mas tal dado não leva em conta aspectos de gênero ainda pouco presentes nas pesquisas epidemiológicas. É mais comum no início da adolescência e tende a desaparecer (ou dar margem a outros tipos de distúrbios psiquiátricos) ao final dessa etapa. Tratando-se de adolescentes, temos sempre que ter em mente a possibilidade de morte, seja por impulso, descuido ou falta de noção do alcance da lesão autoinfligida.

Indagações

Mas o que seria essa coisa de se cortar? Por que alguém se corta? São perguntas difíceis de responder como psicanalista que sou. A psicanálise é do singular, do fantasma de cada um. Daquilo que cada um pode ser e fazer. O que se pôde construir em cada sujeito.

Talvez possamos recorrer a uma crônica para trazer um pouco da emoção vivida pelos jovens. Eliane Brum (2013), no seu livro *A menina quebrada e outras colunas*, me inspira com este trecho:

> *Depois de quebrar, nunca mais voltamos a ser como antes. Haverá sempre uma marca que será tão você quanto o tanto de você que ainda não quebrou. Viver, Catarina, é rearranjar nossos cacos e dar sentido aos nossos pedaços, os novos e os velhos, já que não existe a possibilidade de colar o que foi quebrado e continuar como era antes. Existe gente, Catarina, que não consegue dar sentido, ou acha que os farelos de sentido que consegue escavar das pedras são insuficientes para justificar uma vida humana, e quebra. Quebra por inteiro.*

> *Estes você precisa respeitar, porque sofrem de delicadeza. E existe gente, Catarina, que só é capaz de dar um sentido bem pequenino, um sentido de papel, que pode ser derrubado por uma brisa. E essa brisa, Catarina, não pode ser soprada pela sua boca. Ser forte, Catarina, não é quebrar os outros, mas saber-se quebrado. É ser capaz de cuidar dos seus barcos de papel – e também dos barcos dos outros – não como uma criança que os imagina poderosos, de aço. Mas sabendo que são de papel e que podem afundar de repente.*
>
> *A verdade você já sabia, você tinha acabado de descobrir. As pessoas quebram. Até as meninas quebram. E, se as meninas quebram, você também pode quebrar. E vai, Catarina. Vai quebrar. Talvez não a perna, mas outras partes de você. Membros invisíveis podem fraturar em tantos pedaços quanto uma perna ou um braço. E doer muito mais. E doem mais quando são outros que quebram você, às vezes pelas suas costas, em outras fazendo um afago, em geral contando mentiras ou inventando verdades. Gente cheia de medo, Catarina, que tem tanto pavor de quebrar, que quebram outros para manter a ilusão de que são indestrutíveis e podem controlar o curso da vida. E dão nomes mais palatáveis para a inveja e para o ódio que os queima . . . (pp. 426-427)*

Nosso ofício, tão difícil e complexo, passa pela ajuda nesse rearranjo, nesse dar sentido aos pedaços aos quais temos acesso. Mas são tantas as coisas pelas quais uma criança, um pré-adolescente, um adolescente vão passar, que é difícil descrever sem cair numa generalização que oculta o sujeito. Podemos dizer que a automutilação emula um comportamento de autodestruição oriundo de um desejo de autopunição inconsciente. O que isso nos informa além de nos permitir pensar nos impulsos agressivos e seus corolários? Mas o impacto que esse tipo de comportamento tem na vida do indivíduo que se mutila vai ter um maior ou menor volume dependendo de fatores variados que podemos tentar enunciar aqui. Tenho sido um defensor do trabalho psicanalítico justamente por entender que podemos minimizar esses impactos, ajudando na reconstrução do tecido psíquico e do escudo protetor contra os estímulos.

Alguns autores nos informam sobre aspectos específicos. Pacientes com configurações *borderline* podem cortar-se justamente para sentirem a dor física que se torna um antídoto para a dor mental insuportável. A visão de sangue faz com que se sintam vivos, escamoteando os terrores de aniquilamento. Outras vezes identifica-se a automutilação como um substituto atenuado frente a um superego que exige o suicídio, ao mesmo tempo que se ataca fantasiosamente os corpos odiados dos pais que se instalaram em sua mente (Bronstein, 2010). Outra possibilidade é que a dissociação do eu faça com que a parte mutilada seja vista como se fosse um objeto externo (Waska, 1998). O ato pode, ainda, fazer parte de um conjunto de defesas onipotentes diante de sentimentos de culpa e vergonha (Novick & Novick, 2001). Pode ocorrer que os conflitos entre a identificação e a identidade sexual se manifestam como ódio ao próprio sexo e as mortificações e escarificações assinalem as dificuldades em relação às perdas do corpo idealizado (Léandri, 2023). O sangramento pode, eventualmente, ser visto como tornar ativo um fato passivo – como a menstruação –, o que poderia nos dar pistas sobre a maior frequência do fenômeno em mulheres.

Outra mirada sobre a automutilação vai nos permitir pensar no recurso ao ato e no excesso pulsional como formas de entender que o psiquismo pode não dar conta de representar e conter em si aquilo que lhe escapa. Esse comportamento, assim como ansiedades dismorfofóbicas, episódios de despersonalização (relacionados à rejeição de novas características corporais), doenças somáticas transitórias ou permanentes, tentativas de suicídio, distúrbios alimentares, gravidezes de repetição, é um sinal de alerta para um possível distúrbio mais grave nos jovens (Nicolò, 2015).

Keene (2020) analisa os fatores de risco ao longo do desenvolvimento adolescente para compreender os sinais de adolescentes com propensão ao suicídio e postula a diferenciação entre a automutilação e o suicídio. Ele propõe que, alternativamente, ou adicionalmente, a agressão impiedosa suscitada pela ameaça à sobrevivência física/psíquica pode ser libidinizada para que a ameaça à mãe se transforme em um desejo excitante de atormentá-la e controlá-la sem destruí-la.

Os trabalhos citados abordam situações-modelo individuais. No entanto, os fatores relacionados à automutilação podem ser agrupados descritivamente como: 1. uma maneira de reduzir a tensão ou os sentimentos negativos; 2. uma maneira de resolver dificuldades interpessoais; 3. autopunição; 4. um pedido de ajuda (Moutier, 2021), também para os jovens ao seu redor (Brady, 2014). O crescimento dos casos de automutilação em adolescentes tem sido considerado um problema de saúde pública em todo o mundo (Moreira et al., 2018).

Adolescência

Se pensarmos nos adolescentes em geral, já temos algumas teorizações que nos permitem inferir alguns aspectos do que eles estariam passando.

Os processos de luto da adolescência, a dizer, do corpo infantil, dos pais infantis e da bissexualidade, são vividos como qualquer outro processo de luto, isto é, são experimentados pouco a pouco, à medida que a inevitabilidade da perda vai sendo realizada. Em "Luto e melancolia", Freud (1917/1996) escreve que "Há uma luta dolorosa e prolongada para reconhecer a realidade da perda, à qual se opõe uma forte relutância em abandonar o apego libidinal ao objeto perdido" (p. 249).

Que a descatexia do objeto perdido seja realizada de forma paulatina serve a uma importante função defensiva, protegendo o enlutado do influxo muito repentino de libido liberada. Por mais doloroso que seja suportá-lo, o luto tem uma função adaptativa inestimável, uma vez que, por esse processo, o enlutado libera grandes quantidades de libido, prontas a ligar-se a novos objetos. Porém, à diferença de outros lutos, na adolescência ele se dá numa fase em que já existe uma explosão hormonal, a qual, somada a essas parcelas de libido liberadas, pode provocar distúrbios psíquicos próprios de eventos traumáticos.

Uma descrição cuidadosa do luto na adolescência concluirá que a resposta típica do adolescente à perda é a fuga. Embora as respostas usuais de culpa, raiva, depressão, ansiedade e confusão estejam presentes, os adolescentes frequentemente suprimem suas respostas emocionais. Eles fazem isso porque sentem que tais emoções são inaceitáveis. Estão preocupados com a resposta que normalmente advém da perda porque temem ser considerados diferentes ou anormais. Em vez de arriscar a exposição, eles optam por suprimir os afetos intensos sobre sua perda. Daí o frequente recorrer às explosões de mania próprias da adolescência. A automutilação, na solidão da casa, muitas vezes serve como um recurso para a expressão dessas emoções impedidas de se manifestar.

Como corolário desse processo, temos que o tabu do incesto vai provocar a busca de novos espaços de atuação para o adolescente, nos quais ele possa colocar em cena essa desenfreada libido. É o que denominamos de saída do meio intra- para o extrafamiliar.

A identidade, nesses períodos iniciais da adolescência, pode ser definida como uma identidade grupal, na qual vão se defender de muitas das indefinições próprias ao processo de subjetivação em curso. Para tanto, as experiências físicas do tocar, do abraçar, do beijar, do olhar, bem como a experiência sexual propriamente dita são de fundamental importância para que o adolescente possa ir encontrando caminhos libidinais que se acomodem às suas experiências com os objetos parentais, ao que ele apreende de seu desejo. Quando lhe falha a capacidade de metabolizar psiquicamente essas experiências, é possível denominá-las traumáticas.

Trauma

Um trauma pode ser definido como um acontecimento da vida do indivíduo que se caracteriza pela sua intensidade, pela incapacidade em que se encontra de lhe responder de forma adequada, pelo transtorno e pelos efeitos patogênicos que provoca na organização psíquica. Para Freud, são traumáticas quaisquer excitações provindas de fora que sejam suficientemente poderosas para atravessar o escudo protetor contra os estímulos (Laplanche & Pontalis, 1976). Fica claro que toda definição de trauma deve levar em conta a relação entre a estrutura psíquica e o estímulo ser ou não capaz de atravessar as defesas de cada indivíduo.

No dizer de Murphy (2019), "uma ferida que altera o desenvolvimento, que perturba [a noção de] tempo, obstrui a simbolização . . . O trauma, cumulativo ou agudo, deixa pouco das principais estruturas psíquicas de suporte intactas" (p. 12).[1] O trauma, portanto, é entendido como qualquer situação em que "a informação crua da experiência existencial não é transformada em experiência psíquica – circunstância que ultrapassa e rompe a capacidade psíquica para a representação e a mentalização" (Levine, 2014, p. 214).

---

1 Todos os trechos extraídos de livros em outros idiomas foram traduzidos livremente por mim.

Na perspectiva social, o trauma é fruto de uma vivência catastrófica coletiva, que desorganiza os sistemas de significação base da identidade cultural dos indivíduos. Em tempos de catástrofe, a vida cotidiana e a dignidade dos homens são ameaçadas em proporções nunca pensadas (Barros et al., 2020). Conforme o texto citado, o chamado trauma social decorre de algo que não era presente na mente coletiva e se apresenta como algo informe, que deve ser metabolizado psiquicamente para não produzir os efeitos traumáticos nas mentes individuais.

Scarfone (2017), num denso ensaio, aproxima as ideias de pulsão e trauma postulando este como um rasgo no tecido (ou membrana) psíquico que tem efeitos para além do momento traumático em si. O trauma provocaria uma perda de continuidade na superfície da membrana psíquica (ou da mente), mas também daria margem a uma desorganização em variados graus no psiquismo. Com isso, perde-se a contextualização e a historicidade da tessitura psíquica, com importantes falhas naquilo que já havia sido adquirido. Ele acredita que, em decorrência disso, temos um processo de ruptura permanentemente ativo, do qual decorre uma série de sintomas, dentre os quais eu citaria a automutilação. Se por um lado essa desorganização serve ao manejo da ansiedade, ela também afeta a capacidade simbólica e o nível de processamento psíquico dentro do aparelho mental. Daí a necessidade de atentarmos, no tratamento psicanalítico, para o trabalho sobre as representações.

Podemos nos estender aqui sobre a necessidade de representação do psiquismo, que faz parte de todo um sistema de regulação dos processos psíquicos, das emoções e da impulsividade. Ao desorganizar essa capacidade, o trauma não só afeta a psique, mas também desordena toda uma série de fenômenos vitais. Para o adolescente, que está em meio a inúmeras reorganizações, o traumático vai incidir sobre sua difícil rota rumo a uma estabilidade nem sempre fácil de ser alcançada.

Subjetivação

Assim, a adolescência pode ser descrita como o período em que o processo de subjetivação vai percorrer caminhos novos, obscuros, e muitas vezes cheios de obstáculos. Subjetivação é um termo amplo, que consiste no processo de "tornar-se sujeito". Pensando no sujeito *em devir*, temos que o ato de produzir subjetividades vai ser tão complexo quanto maiores forem as possibilidades de encontros, vivências, identificações e vincularidades.

A subjetivação pode ser compreendida como o processo de formação da subjetividade, em que estão implicadas tanto a vida social como a aquisição da linguagem, a escolarização e as escolhas filosóficas ou profissionais. É também o processo que cada um atravessa ao incorporar ao eu aspectos inconscientes até então ausentes na estrutura do sujeito. Ainda, é o processo pelo qual o adolescente vai poder enunciar o seu desejo.

Falamos de novas formas de subjetivação na atualidade, mas o tema ainda é repleto de contradições, controvérsias e debates. Mas creio que cabe pensar os destinos do desejo ante um mal-estar social que ainda nos atordoa e surpreende, implicando subjetividades próprias ao contemporâneo. "A contemporaneidade, caracterizada pelas culturas do 'narcisismo' e 'espetáculo', constituiria um modelo de subjetividade em que seriam silenciadas as possibilidades de reinvenção do sujeito, de valorização das singularidades e de reconhecimento do próprio desejo" (Rossito & Ferrazza, 2013, p. 1).

Porém, cabe a pergunta: estaríamos construindo novas subjetivações? O que estariam os jovens nos apresentando enquanto um público imerso nas redes, nas telas, nos algoritmos próprios das grandes corporações? Creio que são perguntas pertinentes, pois interessam-nos as questões do humano, psicanalistas que somos.

No livro *A fabricação do humano* (Birman et al., 2014), os autores passeiam por essas ideias de forma a constituir uma proposta sobre a subjetivação que me parece bastante frutífera. Ela seria orientada pelo sujeito *em devir*, cuja incerteza toma o lugar de um discurso identitário que busca certezas e ancoramentos. Se um sujeito fabrica em si múltiplas facetas do que é constituído pelas identificações, pela cultura e pelo seu entorno social, temos um sujeito ao mesmo tempo fragmentário, momentâneo, capaz de exercer diversos papéis no campo social. Mesmo que descentrado, o sujeito oriundo desse processo de subjetivação vai buscar percorrer o que Freud denominou facilitações (*Bännungen*), que lhe permitam dar vazão à plêiade de pulsões que lhe constitui. A alteridade apropriada pelo sujeito, mesmo que ainda descentrado, vai lhe dando contornos para sempre em devir, sempre inacabados.

De acordo com Nancy (1996), devemos aceitar a ideia de que não somos um. O próprio Fernando Pessoa consagrou uma frase emblemática: "Eu, sou muitos". O próprio Bion (1992/2000) postulou que temos duas tendências, uma "narcisista" ou individual, e outra grupal ou "social" (social-ismo).

Janine Puget (2003) coloca em perspectiva o que eu gostaria de transmitir:

> *A subjetividade como conceito psicanalítico diz respeito a uma constituição subjetiva baseada no dois, num jogo de imposição (jogo de poder), dimensão que se sobrepõe àquela que trata da integração, ainda que ilusória, de um núcleo identitário. Ser igual ou semelhante a si mesmo e consolidar sua singularidade é de outra ordem do que constituir uma singularidade própria à comunidade (Agamben, G.), ou seja, o que implica ser sujeito em cada situação e ir pertencendo em cada vínculo a partir do qual surgem qualidades subjetivas. A ideia central que sustenta meu modo de pensar a intersubjetividade é poder conceituar o que significa "advir*

> *sujeito" e "ir pertencendo" aos diferentes mundos (comunidades) e determinar quais são seus valores, éticas, modelos e modos de funcionamento. (p. 176)*

Segundo Glocer-Fiorini (2017), a subjetividade seria gerada na fronteira entre o campo intrapsíquico e o campo intersubjetivo-trans-subjetivo. A subjetividade, sempre singular e intransferível, seria atravessada por universos plurais.

Com a introdução do termo "subjetividade" (o "devir sujeito"), referimo-nos ao mundo interno de cada pessoa; a como cada um se relaciona com os outros; e ao modo como as fantasias inconscientes impactam o viver e o sentir de cada um. Usando a linguagem lacaniana, podemos pensar que o sujeito, entendido como sujeito do inconsciente, é aquele que é impulsionado por suas pulsões.

Um dos objetivos da psicanálise é justamente permitir que cada um se aproprie de sua subjetividade, incorporando os aspectos inconscientes recalcados ao eu. No dizer de Freud (1933/2010), "Onde estava o id, ali estará o ego" (p. 84).

Com o exposto, tento fazer um passeio que incorpore a cultura e a subjetivação para auxiliar-nos na compreensão e na discussão do fenômeno da automutilação nos adolescentes. Por exemplo, aqueles que conhecem o universo dos animes sabem bem que essa cultura divulga imagens extremamente fortes de corpos em decomposição. Braços arrancados, partes decepadas e todo tipo de lesões corporais abundam nos mangás que os jovens amam ler. É como se a automutilação já estivesse inscrita como uma forma de manifestação do mal-estar que o sujeito sente.

Mas também podemos pensar em leituras que imaginam esse sujeito marcado pelo traumático e, portanto, com dificuldades em representar ou dar sentido às quebras mencionadas por Eliane Brum. A automutilação seria, assim, uma forma de dar sentido ou de representar esse tecido psíquico fragmentado, quebrado. É como se o corpo fosse o palco onde o jovem representa para si a vivência de estar sobrepassado pelo luto, pela dor, pelo excesso pulsional.

Abordagens psicanalíticas

Para concluir, cito algumas reflexões de autores que poderiam nos guiar no trabalho que creio ser essencial na lide com adolescentes com esse tipo de sintomatologia.

Para Wadell (1999),

> *explorar as dificuldades do adolescente com vistas a um possível tratamento terapêutico envolve a tentativa de engajar um indivíduo perturbado, e muitas vezes confuso, a começar a pensar, a pensar de uma forma muito específica e provavelmente desconhecida. Começar a pensar pode ser um processo assustador. Requer aprender sobre si mesmo. "Todos eles odeiam aprender", diz o psicanalista no último livro de memórias de Bion . . . "Faz com que se desenvolvam – incham" . . . – grávidos, ou seja, com uma nova ideia, um novo nascimento/pensamento na mente. (p. 215)*

E se pensarmos no nascimento de novas ideias, ou de uma mente capaz de abrigá-las, podemos recorrer a autores vários. Cito aqui algumas passagens dos Rocha Barros (Barros & Barros, 2012a), que, na busca de elucidar aspectos ligados às representações e ao simbólico, recorrem à expressão "pictogramas afetivos", "que englobam toda a expressividade da representação mental e tornam-se algo que existe entre a experiência pura e as abstrações dessa vivência" (p. 44). Apesar de ser uma apresentação mental ainda inicial, o pictograma afetivo pode "ser considerado uma projeção de uma fantasia inconsciente que, nesse contexto, indicaria uma primeira tentativa de pensar uma visão sobre si mesmo por parte do paciente, que necessita de um outro para pensá-la" (Barros & Barros, 2012b, p. 141). Eles propõem que as formas simbólicas que unam afeto e representação podem abrir mais redes afetivas: "Estamos sugerindo que os significados se ampliam à medida que se vão relacionando entre si devido ao rompimento de barreiras dinâmicas, que impedem o contato com outras vivências emocionais" (Barros & Barros, 2012a, p. 44).

Nesse sentido, os autores ampliam a proposta freudiana de unir representação de coisa com representação de palavra, propondo as "associações entre redes afetivas e de representação" (p. 45). Tais reflexões se encaixam bem naquilo que se propõe nos estudos sobre o enquadre interno do analista, fazendo com que o trabalho analítico se aprofunde do nível "discursivo, denotativo e conotativo" para incluir as redes emocionais presentes no psiquismo humano:

> *A interpretação, neste contexto, não é centralmente uma desvelação; é, sobretudo, ato que propicia a criação de significados, tanto para o paciente quanto para o analista, embora de qualidade diferente, ampliando o universo da emoção, ao abrir redes de vivências emocionais até então impermeáveis . . . A interpretação, neste caso, é concebida como uma maneira de propiciar a abertura de novas redes afetivas que favorecem o convívio entre sentimentos, emoções e afetos antes segregados em diferentes partes do self, levando-o a produzir novas vivências . . . a interpretação, sem ser poesia, tem de conter os elementos expressivos da poiesis para poder captar os ritmos das experiências vitais, da atenção e das emoções. (Barros & Barros, 2012a, pp. 57, 59)*

Criar um enquadre analítico demanda, portanto, uma coragem, um desprendimento e uma grande carga de trabalho psíquico. Isso vale tanto para o analista quanto para o analisando. Quando essa aventura ganha espaços psíquicos novos, ela se torna algo de um valor inestimável para a dupla e pode auxiliar o adolescente que se automutila a representar suas quebras e suas dores. É o que, a meu ver, torna a clínica psicanalítica tão atraente e inovadora.

Referências

Bahia, C. A., Avanci, J. Q., Pinto, L. W., & Minayo, M. C. S. (2020). Notificações e internações por lesão autoprovocada em adolescentes no Brasil, 2007-2016. *Epidemiologia e Serviços de Saúde, 29*(2).

Barros, E. M. R., & Barros, E. L. R. (2012a). O símbolo e a vida emocional. In J. R. Avzaradel (Org.), *Sobre a linguagem e o pensar* (pp. 44-62). Casa do Psicólogo.

Barros, E. M. R., & Barros, E. L. R. (2012b). Reflexões críticas sobre os processos intersubjetivos: contratransferência, revêrie e o processo de simbolização. *Revista Brasileira de Psicanálise, 46*(1), 135-149.

Barros, E. M. R., Barros Neto, A. M. R., & Barros, E. L. R. (2020). O potencial traumático da pandemia de covid-19. *Revista Brasileira de Psicanálise, 54*(2), 44-57.

Bion, W. R. (1992/2000). *Cogitações.* Imago.

Birman, J., Kupermann, D., Cunha, E. L., & Fulgencio, L. (Orgs.). (2014). *A fabricação do humano: psicanálise, subjetivação e cultura.* Zagodoni.

Brady, M. T. (2014). Cutting the silence: initial, impulsive self-cutting in adolescence. *Journal of Child Psychotherapy, 40*, 287-301.

Bronstein, C. (2010). Two modalities of manic defences: their function in adolescent breakdown. *International Journal of Psychoanalysis*, *91*(3), 583-600.

Brum, E. (2013). *A menina quebrada e outras colunas*. Arquipélago.

Freud, S. (1917/1996). Luto e melancolia. In S. Freud, *Edição Standard Brasileira das Obras Psicológicas Completas de Sigmund Freud* (Vol. XIV). Imago.

Freud, S. (1933/2010). Novas conferências introdutórias à psicanálise e outros textos. In S. Freud, *Edição Standard Brasileira das Obras Psicológicas Completas de Sigmund Freud* (Vol. XVIII, pp. 90-223). Imago.

Glocer-Fiorini, L. (2017). Subjetividades em transição, parentalidades contemporâneas: diversidade e diferença. *Revista Brasileira de Psicanálise*, *51*(2), 91-102.

Keene, J. (2020). Book review – Working in the dark: understanding the pre-suicide state of mind. *International Journal of Psychoanalysis*, *101*(1), 210-216.

Laplanche, J., & Pontalis, J.-B. (1976). *Vocabulário de Psicanálise*. Martins Fontes.

Léandri, M. (2023). Haïr son sexe: Manger avec les lèvres de la mort. *Revue Française de Psychanalyse*, *87*, 59-69.

Levine, H. B. (2014). Psychoanalysis and trauma. *Psychoanalytic Inquiry*, *34*, 214-224.

Moreira, E. S., Mendonça do Vale, R. R., Caixeta, C. C., & Teixeira, R. A. G. (2018). Automutilação em adolescentes: revisão integrativa da literatura. *Ciência e Saúde Coletiva*, *25*(10).

Moutier, C. (2021). *Non-suicidal self-harm*. American Foundation for Suicide Prevention.

Murphy, M. (2019). Introduction. In T. McBride, & M. Murphy M. (Eds.), *Trauma and the destructive-transformative struggle: clinical perspectives*. Routledge.

Nancy, J.-L. (1996). *Être singulier pluriel*. Galilée.

Nicolò, A. M. (2015). Modifications to the technique of analysis of BPD adolescents. *Journal of Infant, Child & Adolescent Psychotherapy*, *14*, 70-81.

Novick, J., & Novick, K. K. (2001). Trauma and deferred action in the reality of adolescence. *American Journal of Psychoanalysis*, *61*(1), 43-61.

Puget, J. (2003). Intersubjetividad: crisis de la representación. *Psicoanálisis*, *XXV*(1), 175-189.

Rossito, A. R., & Ferrazza, D. A. (2013). Os destinos do desejo e as novas formas de subjetivação. *Ecos – Estudos Contemporâneos da Subjetividade*, *3*(1), 1-13.

Scarfone, D. (2017). Ten short essays on how trauma is inextricably woven into psychic life. *Psychoanalytic Quarterly*, *86*, 21-43.

Waddell, M. (1999). Assessing adolescents: process or procedure – the problems of thinking about thinking. *Psychoanalytic Inquiry*, *19*, 215-228.

Waska, R. T. (1998). Self-mutilation, substance abuse, and the psychoanalytic approach: four cases. *American Journal of Psychotherapy*, *52*(1), 18-27.

11. O adolescente e suas tatuagens: o impensável no campo analítico

Adriana Maria Nagalli de Oliveira

Tudo em minha casa tem existência.
Todas as coisas significo
Com os olhos ou com as mãos.
Minha casa tem silêncios
Que às vezes ouço. Em meu corpo
Tem silêncios maiores ainda
Que às vezes ouço. E faço poemas.
Faço poemas dos silêncios que ouço.

Mosé (2008, p. 5)

Sem memória

Na entrada do caminho do pântano puseram um cartaz que dizia Macondo e outro maior na rua central que dizia Deus existe. Em todas as casas haviam escrito lembretes para memorizar os objetos e os sentimentos. Mas o sistema exigia tanta vigilância e tanta fortaleza moral que muitos sucumbiram ao feitiço de uma realidade imaginária, inventada por eles mesmos, que acabava por ser menos prática, porém mais reconfortante.

Márquez (1967/2010, p. 89)

No livro *Cem anos de solidão*, Gabriel García Márquez (1967/2010) escreve que os habitantes do mítico vilarejo de Macondo sofreram de um lapso significativo de memória. Tratava-se da insônia que se alastrava como uma peste, que afligia os moradores do povoado e cuja evolução era o esquecimento. Após o estado de excitada atividade e insônia, a memória dos membros da tribo se apagava. Primeiro as lembranças de infância, depois o nome e o sentido das coisas e das pessoas e, num estado terminal, esqueciam-se por completo da consciência da própria existência, caindo em uma espécie de idiotice sem passado. Uma das tentativas de solucionar a perda de memória era a inscrição dos eventos nas paredes, a fim de não esquecerem os nomes e as funções que as coisas tinham.

Essa obra-prima de García Márquez conta a história fictícia dessa aldeia da América Latina e incumbe seus personagens de desvendar misteriosos pergaminhos que encerram a história dramática de uma família, e que serão decifrados apenas quando o último da estirpe estiver às portas da morte.

Venho para me despedir

Na sala de espera, encontro um jovem rapaz bem franzino, pálido e escondido sob um boné, mangas longas, barba e cabelos compridos. Com um semblante que denotava estar ali meio a contragosto, não manifestava traço de pensamento e contato em seu olhar.

Disse, ao entrar na sala de atendimento: "Foi insistência dos meus pais e da psiquiatra para voltar a fazer terapia. Minha mãe pode contar o que houve, não me lembro de nada e os proibi de contar para mim. Já vou avisando que só estou de passagem. Quem quer são meus pais, mas essa história de contar sobre tudo que ocorreu é como estar diante dos médicos, não serve para nada, não evita nada, hoje é oi e tchau".

As palavras dele saíam com muita determinação e me expressei sem me dar conta do que isso poderia representar: "Parece que você veio para se despedir".

Os primeiros encontros com Lenny eram desvitalizados e silenciosos, como se eu estivesse diante de um jovem imune à realidade e com uma comunicação interna silenciosa com seus objetos subjetivos, sem comunicação com o mundo exterior. O nome escolhido por mim para representá-lo, Lenny, faz referência ao personagem do filme *Amnésia* (Nolan, 2001). Tendo em vista que o filme colaborou com formulações originais nascidas dessa experiência clínica, descrevo-o a seguir.

Após um trauma, um homem perdeu a habilidade de memorizar qualquer acontecimento recente. Vivia cada instante como se fosse único. Sua memória não guardava coisa alguma por mais de uns poucos minutos. Tentou superar sua deficiência se impondo uma disciplina sistemática, registrando todos os acontecimentos, anotando qualquer pequeno fato no próprio corpo, tatuando-o. Afinal, se o real lhe escapava, inventou um artifício que mantivesse e fixasse os fatos. Obedecendo à percepção temporal do protagonista esquecido, a narrativa desconstrói o sentido natural do tempo e se apresenta de trás para frente. *Amnésia* conta seu enredo na ordem temporal inversa: a história começa pelo fim.

Então, se Lenny veio à análise para se despedir, eu e ele teríamos uma história que iniciaria pelo fim e que, ao mesmo tempo, serviria como novo começo. Apesar das trocas afetivas e verbais revelarem insuficientes recursos emocionais, uma profunda dor o acometia. Eu sentia em meus poros a presença de uma angústia esmagadora. Perguntava-me constantemente: o que era indizível? Alguma imensa onda de angústia o deixou isolado? Em seu tempo, de seu eu e de seu espaço? Algo novo se construiria?

Após inúmeras sessões, disse-me que uma experiência o colocara cara a cara com a morte, apenas isso. Preferi aguardar com ele o momento de revelar-me o que ele chamava de cena ruim e, assim, um silêncio sinistro me indicava a distância necessária para que eu não o ameaçasse. Era eu a culpada de sua dor, na presente sessão?

Nessas idas e vindas, mesmo em silêncio, Lenny se apresentou. Abdicou do boné, expondo uma têmpora um pouco afundada, e passou a usar camisas mais leves, revelando uma liberdade adquirida aos poucos. Notei inúmeras tatuagens, que o cobriam de desenhos que versavam sobre a morte. Seus braços finos e a pele esbranquiçada serviam de tela que curiosamente revelava caixões e caveiras contornando flores vermelhas, com um lindo sol e um céu azul dentro de uma cova aberta, com folhas e flores mortas ao redor.

Perguntei o que o motivara a reunir nesses desenhos tanta vida e tanta morte. Contou-me que iniciara essas tatuagens após sua última cirurgia e que a partir daí notou que tatuar-se causava-lhe dor e prazer e devolvia-lhe a sensação de estar vivo. Emocionei-me ao ouvi-lo e algo passou a se presentificar, uma força de ligação invisível.

Retornou a tantas outras sessões, apresentando o que chamava de suas novas companheiras, e, mesmo encapsulado num nível mental de sensações, se dirigia a mim demonstrando sua necessidade de me ter como espectadora viva e de conter sua dor.

Para ele, suas tatuagens representavam dois temas: a morte, que estava impregnada em seu corpo sob a forma de uma anestesia constante, e a vida, experimentada nos cortes, comunicando também sua oportunidade de criar. Ser espontâneo ele era, mas não significava o mesmo que ser livre. Sabemos que essa liberdade absoluta é uma ilusão.

Conversamos sobre a finitude experimentando cada imagem que ele me mostrava e concebemos os seus rabiscos como uma ação, como uma imagem-ação ou uma imaginação criativa, para nos aproximarmos das suas angústias. Enquanto a vida, na sala de análise, acontecia e desvelava novas percepções e sentimentos, o caminho para estar na experiência emocional e compartilharmos suas aflições, como a de tatuar o rosto e perder sua identidade, iniciou. Agora estava ele falando em nome próprio sobre seus limites e sobre aceitar suas possibilidades reais e sentir-se seguro com sua criação, e não tomado por ela. Estava criando uma companhia para si, ele mesmo.

Após meses de trabalho, Lenny toma a iniciativa de perguntar aos pais sobre sua história em detalhes e me revela que, aos 17 anos, após o diagnóstico de tumor cerebral e inúmeras cirurgias, passou a não se lembrar mais dos fatos. Mencionou que antes mesmo de sua última cirurgia, a mais radical, sofrera um apagão, e depois dela sua cabeça ficara deformada. Passou meses sem lembrar seu nome, sua idade, e decidiu parar de comer, de falar e de sair.

Não queria fazer mais nada até que um dia decidiu tatuar-se. Apesar de suas noites e dias insones, animava-se, ao raiar do dia, para criar ou copiar um desenho para tatuar seu corpo. Sentia como pano de fundo que seu corpo estava "falindo" e seu sono só era possível por indução. O escuro e o frio que o cercavam eram esquecidos mediante a dor dos cortes e o registro das imagens de uma experiência, a princípio, mortífera.

Lenny e a analista

A personalidade de Lenny se estruturou pela relação primária e, posteriormente, fatores internos e externos afetaram sua estrutura inicial e suas capacidades criativas. "Na adolescência média para a final, no entanto, a disparidade entre a versão externa de si mesmo" (Waddell, 2017, p. 237) e os medos e dúvidas internos sobre suas reais capacidades estavam se tornando uma fonte de crescente ansiedade.

Depois de um longo período de silêncio, Lenny começou a contar sobre suas tatuagens e essa exploração encarregou-se de trazê-lo para nossa relação. Usando o corpo como tela, publicava sua situação traumática, comunicando-a. Enquanto escolhia os desenhos, continuava sendo o autor de sua própria vida, deixando a morte para outra ocasião. Era dono dela. Paradoxalmente, registrava-a como se estivesse parado naquele tempo e espaço, um tempo de coma. Fascinado pelos desenhos em seu corpo, registrou e conservou, como num pergaminho, a memória de parte de sua história.

Registrar na pele um sonho-sinal é compartilhar, publicar, tornar conhecido algo que pode vir a ser recebido pelo analista, que se empenha em oferecer um sentido àquilo que conseguiu significar. As observações que até agora apresentei levaram-me a supor que elas continham enraizadas algumas hipóteses e considerações, encarnadas, que servem como modelos para as discussões de minha experiência analítica com Lenny.

Adolescentes por si só já estão lidando com seu *self* buscando relacionamentos íntimos para acalmar suas ansiedades, porém num tempo de dor e pavor, os que sofreram severos abalos podem paralisar ideias e emoções, como se estivessem em *stand-by*, mantendo sua capacidade de pensar e agir suspensa. Essa condição (ausência), apesar de erguer uma barreira contra o contato com o mundo externo, expressa na dificuldade em expor pensamentos em palavras, também provoca um provável desmoronamento de grande parte da atividade mental e da subjetividade, e isso nos convoca enquanto analistas a não interpretar fantasias inconscientes, mas construir em conjunto algo sobre aquela experiência.

Supondo então que o corpo (por meios infinitos) possa vir a ser usado como veículo de expressão, encontrará, na presença viva do analista, a oportunidade para publicação. No caso de Lenny, a tatuagem nasceu como urgência de sobrevivência, de existência, e na análise se realizou. Tal impacto estético demarcou, por meio de imagens-sensações, um território vivo com fronteiras dentro-fora. Nesse sentido, a experiência corporal envolveu processos complexos de investimentos, em várias direções, promovendo suas marcas psíquicas. Sinais de si mesmo.

Segundo Bion (1962/1994), o desenvolvimento do pensar depende da produção de sinais. Assim, objetos podem ser usados como sinais que possibilitam o pensar a respeito de objetos que não se encontravam presentes.

O fato de haver um espaço mental que serve como continente para que os sinais-pensamentos sejam contidos e transformados capacita-nos a desenvolver a capacidade figurativa. Do impassível silêncio às marcas pensadas e relacionadas com o trauma, que ancoram no corpo e evocam emoções primitivas, o contato entre as mentes de um analista e de um analisando, em sintonia na dor, inaugura novos caminhos.

Conversar com alguém sobre o que de fato ilumina a percepção de si mesmo, suas fantasias e imaginações, favorece o acordar para vir a sonhar. É assim que nascemos e renascemos no encontro. Lenny parecia condenado à solidão, por uma ausência de memória e pela falta de desejo de estar na vida. Seu retorno a ela, após significativa situação traumática, deu-se pelo registro de uma expressão compactada de um conjunto de experiências emocionais em seu corpo.

Sua pele-pergaminho imprime tais experiências com uma permanência indelével, evocando emoções em linguagem própria. As imagens que vão sendo registradas apresentam-se como uma metáfora ou um conhecimento virtual que representa o real. Essa linguagem oferece-lhe domínio e sustentação para sua identidade, ferida pelas circunstâncias. É seu canal de comunicação, de publicação.

A dor compartilhada testemunha um corpo vivo que pode acordar a mente para a experiência e os afetos.

Termino minhas reflexões com uma passagem de García Márquez:

> *A cidade, também, é condenada pela solidão. Eventualmente abandonada por seus habitantes, Macondo se resume apenas a uma coisa: ao amontoado de memórias que nela reside. No momento em que Aureliano Babilônia compreende os manuscritos de Melquiades, toda a história da família se revela, inclusive a sua própria e ao mesmo tempo em que ele a lê, a vivência. (1967/2010, p. 389)*

Referências

Bion, W. R. (1962/1994). Uma teoria do pensar. In W. R. Bion, *Estudos psicanalíticos revisados* (pp. 127-137). Imago.

Márquez, G. G. (1967/2010). *Cem anos de solidão*. 75a ed. Record.

Mosé, V. (2008). *Toda palavra*. Record.

Nolan, C. (Diretor). (2001). *Amnésia*. Newmarket Films.

Waddell, M. (2017). *Vida interior, psicanálise e desenvolvimento da personalidade*. Blucher.

PARTE III

Turbulência emocional e suicídio na adolescência

12. A superposição de lutos na adolescência: fatores para tentativas de suicídio

Silvia Flechner

Introdução

A adolescência se configura como um período de mudança psíquica que, por um lado, se transforma em um tempo de luto referente à perda da infância, do corpo infantil, dos pais da infância, e, por outro, contempla o aparecimento de um novo corpo, desconhecido, talvez muito diferente do esperado. Compreende também o tempo das paixões mais intensas, onde tudo parece acontecer em um instante: a vida, o amor, o sexo, o desejo, as crises, o desassossego, o fastio, a depressão, o ódio, as agressões, a violência e a morte. Os movimentos impulsivos nessa transição se refletem principalmente por atuações ou passagens ao ato. Atuações que, em muitos casos, adotam a forma de um ato intrusivo e violento para o próprio adolescente ou seu entorno.

A adolescência também se caracteriza por ser uma época da vida na qual os jovens podem vivenciar diversas perdas. A perda de um pai durante a adolescência é uma questão complexa pelas semelhanças e diferenças entre o "trabalho do luto" e o "trabalho da adolescência". A superposição de ambos os lutos provocará várias consequências no psiquismo do jovem. A morte de um dos pais altera com frequência o equilíbrio do jovem e o de sua família, modificando os laços familiares, comprometendo todos os seus membros e obrigando o adolescente a enfrentar outro luto mais.

Algumas reflexões sobre o trabalho do luto na adolescência

O processo de subjetivação vai se produzindo desde os inícios da conformação do psiquismo. Definimos esse processo como um ponto de encontro e desencontro no interminável percurso da constituição de uma identidade. Partindo de sua dupla trama, a narcisista, com os desequilíbrios que implica, e a objetal, que conduzirá a um reordenamento simbólico, consideraremos a estrutura que surge deste trajeto singular que, por sua vez, se enlaçará com as marcas familiares e sociais.

A perda do corpo infantil e a descoberta de um corpo sexualmente maduro por meio das modificações puberais é um dos fatores principais no que diz respeito às transformações que afetam o adolescente. Desde o nascimento, o corpo materializa o limite entre o interno e o externo, a zona fronteiriça e o lugar de troca a partir das zonas erógenas. A ambiguidade deste duplo estatuto de pertencer ao mundo psíquico interno e à realidade externa é também sua riqueza. É essa posição de cruzamento que permite que o corpo desempenhe um papel organizador na construção do psiquismo e lhe confira um lugar privilegiado na organização e na expressão de futuras manifestações psicopatológicas.

O corpo não obedece ao púbere nem ao adolescente. Na verdade, é um obstáculo para os desejos de sua psique; limita e trai ao longo dessa transição, revelando, por meio de suas emoções, o que teria desejado manter em segredo. Será o lugar privilegiado de expressão dos afetos, oferecendo ao psiquismo uma cena possível e um espaço onde figurar e dramatizar, dando também lugar à expressão somática da angústia.

A perda dos pais da infância, onipotentes e todo-poderosos, gerará no púbere uma situação de fragilidade e desproteção, à qual se acrescenta a desilusão, que – se tudo correr relativamente bem – acabará em confrontação. Essa confrontação permite ao jovem tomar um caminho de independência com relação às forças endogâmicas e incestuosas que poderiam deixá-lo em uma situação de encerramento, altamente perigosa e às vezes sem saída. A confrontação permite a saída da endogamia para o grupo de pares e a busca de relações exogâmicas.

As angústias de separação sempre estarão presentes ao longo desse período. O sentimento de ambivalência que se apossa do jovem o manterá em uma oscilação confusa e ansiosa. Um contexto familiar que não favorece a separação e a individuação agrava as fragilidades psíquicas tanto da criança como do adolescente, já que ambos são extremamente dependentes desse contexto.

A adolescência é uma das etapas da vida na qual o narcisismo é particularmente minado, fragilizado, o que logicamente complicará a apropriação de um sentimento de ser digno de viver. Os eventos externos negativos como abandonos, fracassos, separação ou morte dos progenitores agravarão ainda mais a problemática, expondo os filhos adolescentes a um risco maior de desintegração de suas bases narcísicas e dificultando-lhes a apropriação de sua própria vida.

A apropriação que o adolescente fará ao longo do processo de subjetivação começa muito cedo, nas etapas precoces do desenvolvimento, sendo de vital importância a relação primária entre a mãe e o bebê e o processo posterior de diferenciação. Essa relação primária estará composta pelas marcas psíquicas e afetivas mútuas vivenciadas nas trocas entre o corpo do bebê e o da mãe. Poderá ser um refúgio para suportar os momentos de angústia e impotência. No entanto, em certas ocasiões, essa relação pode ser vivida como potencialmente traumática, gerando o aparecimento de sintomas que podem eclodir na adolescência.

Se o ambiente familiar não promove a autonomia, impedindo a saída exogâmica e a aquisição de grupos de pertinência, o adolescente se sentirá ameaçado. As disfunções familiares constituem círculos viciosos nos quais o adolescente é o depositário de projeções parentais, amplificadas por uma colusão entre as projeções dos pais. Os papéis podem se tornar mais rígidos quando os pais funcionam em clivagem, utilizando o conceito de "tudo ou nada", cindindo sistematicamente os aspectos bons e ruins de seus filhos, sem poder fazer uma síntese.

Esses mecanismos de projeção massiva e de clivagem são tenazes e privam os adolescentes de tomar distância, o que impede que a relação se rompa, deixando os filhos presos em uma situação de paralisia temporária, sem conseguir ficar nem sair. Qual é o caminho, então?

É importante levar em conta que a adolescência é a última oportunidade oferecida ao psiquismo para se rearmar; tudo o que foi preparado na infância é consolidado na adolescência (Kestemberg, 1999).

A função materna e suas falhas

O nascimento de um filho gera um vínculo primário com a mãe que entrelaçará o psíquico e o corporal, construindo uma cobertura comum para ambos antes de diferenciar progressivamente a percepção e a representação objetal. Se tudo correr bem, o bebê se converterá por algum tempo em objeto erótico preferido da mãe. Dependendo do tipo de relação e da forma de separação entre a mãe e o recém-nascido, surgirá uma relação complexa, singular e única. A ansiedade de separação desempenha um papel fundamental, já que a angústia pela perda da união é irremediável. A separação, em troca, permite o início da elaboração da própria história do sujeito, em seu novo marco psicossexual.

O recém-nascido é, inicialmente, um ser frágil, um conjunto desorganizado de impulsos e percepções que demonstram sua absoluta dependência e a necessidade de um ego auxiliar (geralmente a mãe), que permite a integração das sensações corporais, dos estímulos ambientais e das capacidades motoras.

Winnicott (1965/1990) destacou o lugar da mãe que mune o bebê com os elementos da realidade que lhe permitirão construir uma imagem psíquica do mundo externo. O papel da mãe como um ego auxiliar no início da vida, por meio do *holding*, bem como seu desempenho na apresentação dos objetos, permitirão ao bebê viver e crescer sob o manto de ilusão da onipotência primária. Para Winnicott, o desenvolvimento afetivo deve incluir o afeto da mãe e sua capacidade para tolerar, dar suporte e transmitir mensagens afetivas ao bebê de forma que ele possa integrá-las. Winnicott propõe ainda uma identificação primária à mãe para ambos os sexos. Também nos primeiros anos, é a mãe quem proporciona ao filho um ambiente de cuidado e contenção que lhe permite continuar sendo criança. Quando essa contenção não ocorre, não se facilita o funcionamento mental e afetivo e cessa-se o desenvolvimento da relação interna entre sujeito e objeto.

Entretanto, a função materna não pode ser dissociada do enigma feminino; por um lado, encontramos o desejo de ser mãe e ter um filho, o que implica pensar em si como desejante. Por outro, temos as ambivalências que a mulher vivencia durante a gravidez e o nascimento do bebê. O enigma surge com cada nascimento em função do estado emocional materno. Quando a mãe não pode dar a proteção e o apoio necessários ao recém-nascido, ele sentirá essa falta e experimentará seu ambiente como ameaçador.

As primeiras marcas que vamos descobrindo em cada situação clínica apontam para entornos muito graves, em que a violência materna irrompe com toda a sua força e deixa, por diversos motivos, recém-nascidos abandonados à própria sorte e expostos a seríssimos danos ao seu psiquismo (Flechner, 2019).

A modo de hipótese, poderíamos tomar o conceito de Elisabeth Skale (2019) que propõe que uma perversão da pulsão de morte pode ser vista como uma "idealização" quanto a seus objetivos na mãe: reduzir a "tensão da vida" e retirar-se do mundo exterior abalando ou dissolvendo as estruturas do eu, bem como as estruturas do supereu no indivíduo, suspendendo as conexões sociais e dirigindo-se a um estado de "inconsciência". A regressão, como mecanismo psíquico que inclui até o desejo de dormir, tem certas características de uma atividade de pulsão de morte que parecem estar ao serviço desta como uma volta a um estado anterior. Nesse sentido, a hipotética perversão da pulsão de morte seria a idealização de um estado regressivo, sem objeto e sem vida. Essa situação afasta claramente a mãe de seu bebê, introduzindo-a em um mundo que muitas vezes termina em alienação, como experiência de "estranheza". Vem a ser uma tentativa de fugir de uma realidade dolorosa, agressiva, contraditória demais, que modifica profundamente a forma de participar com o outro (seu bebê) e com o mundo.

Como assinala Freud (1919/1976), quanto mais um homem se orientar para o mundo que o rodeia, menos encontrará o inquietante entre a coisa e os eventos. Se o que é terrível para a mãe aconteceu, tudo assumirá um aspecto sinistro. Tudo será interpretado alucinatoriamente como ameaça; é a anulação da fé transcendental.

O trabalho de luto diante da perda parental

O suicídio de um dos pais é uma das situações mais traumáticas para uma criança ou um adolescente. Será a origem de sofrimento adicional, gerando a incógnita permanente sobre as razões que levaram esse progenitor a tirar a própria vida. O suicídio engendrará um sentimento de abandono, culpa e perda da autoestima, que posteriormente dará lugar à raiva por ter sido "abandonado" dessa maneira. Todas essas emoções combinadas podem desencadear comportamentos de risco ou fracasso, reforçando a perda de autoestima da criança ou jovem.

A morte dos pais pode levar o adolescente a um luto patológico, produzindo a aniquilação do próprio filho por intolerância à perda ou restos de ódio pela desproteção sofrida, às vezes tentando o suicídio até a morte. Silvia Bleichmar (2005) afirma que a identificação é inevitável; somos filhos, com o tempo, de nossas próprias representações interiores daqueles que nos engendraram.

O progenitor sobrevivente deverá reforçar seu papel parental. Entretanto, pode ser que se sinta tão desprotegido que busque a proteção de algum de seus filhos, invertendo, assim, os papéis. Por outro lado, o progenitor falecido deixará sempre um vestígio indelével, uma marca difícil de processar, sobretudo quando se trata de um suicídio.

Se a adolescência é considerada com frequência um período de solidão, esse sentimento de isolamento parece se reforçar nesses casos, tanto nos centros educacionais como em relação com seus pares, já que o medo da rejeição, do estigma do "órfão", estará presente. Os colegas e os professores raramente são percebidos como vetores de apoio pelos adolescentes enlutados, portanto, essa falta de apoio poderá afetar sua escolaridade, causar dificuldades nas relações interpessoais com seus colegas, ou até incidir na deserção escolar.

A falta de qualquer manifestação externa de emoções e a recusa apenas dissimulada de participar nos rituais habituais são definidas como "reações paradoxais", em virtude da intensidade dos laços afetivos com o progenitor e da perturbação emocional ocasionada. É a manifestação de mecanismos de defesa dirigidos a proteger o adolescente de uma expressão descontrolada de sentimentos muito fortes de tristeza, medo e raiva. Lembremos que o suicídio ocorre em um momento da vida no qual o adolescente procura – embora nem sempre consiga – adquirir um controle maior sobre suas emoções.

O luto do adolescente diante da morte de um progenitor acontece durante o seu trabalho de desidealização das imagens parentais. Embora todo trabalho de luto passe por uma fase necessária de idealização do defunto, é a ambivalência que leva o adolescente enlutado a experimentar sentimentos intensos de vergonha e culpa por sentir-se abandonado. O mecanismo de idealização do progenitor falecido torna muito mais difícil encontrar outros modelos de identificação e, nesse sentido, o eixo transferência-contratransferência colabora para que tal idealização, em certos casos, vá cedendo lentamente.

No início do luto, pode haver um forte desejo de se unir ao progenitor falecido. Estaríamos diante de uma certa regressão narcisista em que prima o desejo de encontrar um estado de fusão. A ideia de morte surge como a única solução para acabar com o sofrimento causado pela separação. Os comportamentos de risco e as ideações suicidas são altamente visíveis nas primeiras etapas do luto no adolescente que vivencia essa situação.

O isolamento e a ausência da família são fatores de alto risco, ao passo que os conflitos intrafamiliares aumentam o risco de tentativas de suicídio ou suicídio consumado em adolescentes depois que um dos progenitores se suicida. Tanto a violência física como a psicológica podem afetar o meio familiar e torná-lo hostil. As mensagens do adolescente – quando são escutadas – frequentemente incluem sentimentos de culpa, rejeição, abandono, e inclusive autoacusações.

O suicídio também é a preocupação principal do analista nos momentos difíceis da cura. O momento suicida é de um investimento massivo de destruição dirigido contra o eu. Como menciona Green (2014), conscientemente, estamos na presença de um leque de estados que vão desde o desejo de pôr fim a um sofrimento que se tornou intolerável até o desespero extremo que caracteriza a melancolia. No entanto, podemos comprovar o aparecimento de um movimento impulsivo, um arroubo que não permite prever nada, contemporâneo da sensação que o analista pode ter de que o sujeito está em uma situação sem saída.

Tanto o pai como a mãe (objeto das fixações mais primárias – orais) são condenados. A ideia à qual o suicida se aferra talvez não seja a de pôr fim a sua vida, mas a seu sofrimento, negando sua intenção agressiva contra seus pais. Os desejos inconscientes não são transigidos pela manifestação de uma pulsão de agressão; querem atingir o eu, afetando, assim, o narcisismo e gerando a desesperança e o desejo de autocastigo.

Essas ideações podem terminar em ato, mas, no mesmo ato, atacará também seu entorno: é uma renegação do reconhecimento do amor que os outros sentem pelo sujeito, uma projeção sobre os outros da incapacidade de amar.

O equilíbrio psicossomático pode se desorganizar repentinamente por ocasião de uma mudança desestabilizadora, produto de um luto ou uma situação traumática. Quando as relações de objeto são precárias, há também o risco de desintegração pulsional e desorganização somática, liberando a destrutividade.

Chavagnat (2005) analisa o luto pela perda de um progenitor, um ente querido ou, mais geralmente, um "outro significativo" e a reação ou as consequências biopsicossociais que virão a seguir, provocando depressões. Essas depressões podem se complicar e transformar em depressões graves, especialmente em um luto descrito como "traumático"; a dor depois do suicídio é o protótipo desse tipo de luto. As pessoas enlutadas por suicídio têm um risco maior de sofrer depressão grave. A solidão real e/ou sentida, as reflexões sobre a cena suicida, com uma busca incessante e inconclusa de reconstrução detalhada da passagem ao ato, e uma culpa invasiva podem ser os principais elementos que induzem a uma depressão grave.

A imagem interiorizada da morte por suicídio é danificada, e quando há uma depressão grave, a memória dos mortos é persecutória, inclusive destrutiva. A idealização dos mortos se torna muito difícil, senão impossível. A depressão que virá a seguir será mais grave quanto mais duradouro for o efeito da perda da ilusão de imortalidade, da vergonha e da culpa. É de se esperar que uma angústia traumática se faça presente, com sintomas como ofuscação, desapego, comoção, assombro, aturdimento e perda de projetos.

Devemos acrescentar um fator de gravidade, enfatizado por todos os autores: o caráter repentino e inesperado da morte. O luto depois do suicídio é o paradigma: como viver depois que um ente querido se suicida? Que vida espera os sobreviventes? O trauma externo, o desaparecimento repentino e "voluntário" de um ente querido interromperá o funcionamento intrapsíquico dos familiares que o sobrevivem.

Francesca: as ações dizem mais do que as palavras

Durante anos trabalhei com adolescentes graves. Muitas dessas situações me comoveram e tiveram como resultado a compreensão fundamental de que é preciso dar ao adolescente um espaço e um tempo que às vezes não lhe são dados na forma habitual com que trabalhamos durante o trânsito adolescente. As situações de risco às quais o jovem está exposto podem provir de seu interior, da transformação de seu aparelho psíquico e de seu corpo sexualmente maduro, mas também podem implicar situações familiares que o expõem a eventos traumáticos que por vezes são irreparáveis.

A situação própria do adolescente, bem como a de seu núcleo familiar, pode conduzir a acontecimentos familiares tão extremos que a passagem ao ato, bem como o *acting out* podem fazer-se presentes antes do começo de um tratamento psicanalítico e durante seu desenvolvimento.

Francesca tinha 17 anos. Era uma moça muito magra quando chegou ao meu consultório, depois que sua mãe se suicidou, jogando-se do 14º andar de um edifício. A mãe sofreu uma depressão grave durante muitos anos. Mais adiante na análise, pude captar uma variedade de transtornos psicóticos maternos, que também estavam presentes no comportamento da filha. Ficava claro que não tinha sido tratada da forma correspondente nem internada, apesar de certos avisos que denotavam a possibilidade de um suicídio.

No dia da morte da mãe, Francesca era a única pessoa da família que estava em casa. A mãe tinha pedido uma calça emprestada à filha por ter emagrecido profundamente, "só até eu engordar". Essas foram praticamente as últimas palavras que dirigiu a Francesca.

Em seguida, trancou-se no banheiro, onde havia uma janela que dava para o poço de luz do edifício. Percebendo que a mãe demorava, Francesca começou a bater à porta do banheiro. Insistiu, chamou-a e gritou para que saísse. De repente, ouviu a mãe chorar, mas ainda assim não lhe respondia. Chamou o pai, que chegou imediatamente, alertado há tempos da gravidade do estado de sua esposa. Apesar dos gritos intensos do marido, ela não abriu a porta. Portanto, ele tomou impulso e derrubou a porta. Quando conseguiram entrar, pai e filha puderam ver os pés da mãe caindo no vácuo. Francesca entrou em estado de choque.

O começo do tratamento foi sumamente difícil. O que Francesca recordava e o que não queria recordar ou não queria dizer, além de seu pranto, sua tristeza e sua ira, a impossibilitavam de expressar a culpa, por um lado, e a fúria que sentia contra a mãe, por outro. Tinha dificuldade de encontrar as palavras que evitassem que sua raiva transparecesse. Essa raiva a acompanhava havia muitos anos, pois sentia-se abandonada pela mãe desde bem cedo na vida.

Quando criança havia sido vítima de assédio na escola, mas nunca tivera a coragem de contar o acontecido. Estava acostumada a não falar, não podia contar à mãe praticamente nada do que fazia porque ela sempre estava cansada, deitada, esperando que o marido chegasse para cuidar da filha e da casa. Francesca via que o pai tinha muita personalidade, era um homem muito trabalhador, pouco afetuoso, mas também via que a mãe o dominava.

Uma vez que o tratamento se afirmou, o eixo transferência-contratransferência foi se fortalecendo lentamente, até que ela começou a falar da mãe. Pôde contar o que chamou de "as tentativas de assassinato" da mãe, ou "de não querer morrer sozinha". Um ano antes, andando de carro com a filha, a mãe de repente começou a acelerar de tal maneira que a moça lhe pediu que diminuísse a velocidade. Como não recebia resposta, começou a gritar ameaçando abrir a porta do carro mesmo estando em movimento. A mãe parou o carro e Francesca lhe disse: "Se quiser se matar, mate-se sozinha", ou seja, que não a matasse também, e desceu do carro. Foi capaz de relatar várias situações parecidas ao longo de uma década de análise.

Recordar isso foi algo valioso, pois permitiu que Francesca reconhecesse que uma parte de si sabia que a mãe corria um risco grave. Também conseguiu associar isso com o fato de que a mãe se suicidou usando a calça da filha.

Uma parte de Francesca morreu com a mãe – simbolizada não apenas na calça –, embora ainda não pudesse elaborar tal luto. Numerosas marcas dessa passagem ao ato que causou a morte da mãe foram vistas depois em atos cuja repetição deixava clara a força da pulsão de morte. Um deles – embora não tenha sido o único – estava relacionado com um fato repetitivo: abrir a porta do carro em movimento enquanto o pai dirigia.

Detenhamo-nos em Freud. À luz das mudanças que incluiu em "Além do princípio de prazer" (1920/1976), a pulsão de morte outorgará à compulsão de repetição um novo estatuto metapsicológico. Aquilo que podia ser repetido por meio da atuação (*Agieren*) não diz respeito somente ao reprimido ou à satisfação alucinatória de desejo. Por extrapolação, o conjunto de experiências potencialmente traumáticas não teve acesso a uma representação, nem foi integrado ao psiquismo.

Kahn (2012) expressa que aquilo que é objetivo da situação psicanalítica, então, é a zona irredutível da pulsão inconsciente, aquela intratável que resiste ao tratamento da representação e da memória, aquilo a que o analista renuncia e que o obriga a regular sua escuta sobre o que o paciente não sabe que sabe e que o analista não pode transpor.

As falhas nas bases da formação do eu e sua conseguinte repercussão no acesso ao simbólico ou na relação com o outro nos levam a pensar em uma situação de fusão entre o próprio e o alheio. É possível que o eu seja impulsionado a atuar uma cena trágica pela falta de mediações simbólicas, por ter acesso apenas a representações sadomasoquistas, talvez pelo fato de que, na adolescência, o eu está avassalado pelas exigências do pulsional e de seu contexto.

Aos poucos, à medida que a análise avançava, notava que Francesca tinha certas dificuldades que partiam de um funcionamento defeituoso entre mãe e filha e familiar. Aquilo que não pôde ser verbalizado aparecia em cenas que ocorriam fora da sessão. A morte imprevista e traumática da mãe provocou nela um estado de falso amadurecimento, por um lado, tendo que cuidar do pai perturbado, enquanto, por outro, estava permanentemente com a sombra da memória traumática de forma impensável e irrepresentável. Ideias de "futilidade" relacionadas ao futuro surgiam continuamente, além da sensação de vazio e de ter uma vida insignificante, que se somavam a uma alteração dos sentimentos de confiança.

Uma raiva e uma violência irrepresentáveis ainda perturbavam o processo de análise e sua capacidade de simbolização. A violência era perceptível pela forma de entrar no consultório: uma atitude de soberba ou arrogância que impedia qualquer tipo de aproximação, mesmo que fosse apenas para um cumprimento. Depois de alguns minutos do início da sessão, ela parecia ter acabado de chegar. Seus mecanismos defensivos em estado de alerta máximo não lhe permitiam aproximar-se do outro. Também não lhe permitiam falar com outra pessoa que não fosse sua analista. Havia afastado suas amigas e dizia com firmeza que seu pai não podia consolá-la porque era ele que precisava de ajuda.

Partindo do meu ponto de referência, várias vezes tentei perguntar-lhe e entender por que estava convencida de que o pai não podia lhe dar consolo nem proteção. Finalmente, ficou de pé e me gritou: "Você não entende nada! Um homem que está sempre fechado no quarto com milhares de fotos da minha mãe coladas em todas as paredes não pode me ajudar!". Então entendi que minha função como analista – pelo menos por algum tempo – teria que ser dar um suporte muito mais amplo do que o que costumava oferecer no meu trabalho.

Tal situação traumática evoca a impossibilidade de realizar o luto, ao não conseguir – no caso do pai – proteger a filha. Os comportamentos de risco de Francesca foram aumentando com atitudes autodestrutivas, expondo um viés arriscado mortífero que pairava no ar em cada uma das sessões.

Certas uniões perigosas entre mãe e filha podem perturbar tanto o espaço interno da jovem como seu mundo externo. Tornar-se mulher supera o maternal e requer uma operação particularmente complexa. Nessa operação estão incluídos os diversos movimentos identificadores que Laplanche (1988) denominou "mensagens enigmáticas". Não podemos evocar o transgeracional traumático de uma história familiar sem pensar em um núcleo melancólico que também se transmite. Será a sombra do evento traumático do qual às vezes a memória se perdeu, foi negada ou clivada pelo efeito de certos pactos narcisistas.

Como menciona Perelberg (2017), durante a análise de mulheres por mulheres, a analista pode ser confrontada com um núcleo melancólico em relação com uma imago materna interna, não elaborada. Essas análises despertam com força a relação com o somático. A interiorização do corpo materno, que é uma necessidade para o desenvolvimento da mulher, pode adquirir qualidades aterradoras e fragmentadas. O corpo da mãe e sua sexualidade devem ser mantidos à distância e conservados dentro.

O processo de fragmentação corporal que ocorre durante a análise faz com que às vezes seja difícil distinguir entre esse núcleo melancólico e a histeria. De acordo com o que a autora expressa, é a contratransferência da analista que fará a distinção: o que está em jogo aqui não se expressa em termos de uma batalha entre o amor e o ódio (como na histeria), senão mais precisamente entre a vida e a morte (indicando a existência de um núcleo melancólico). Um colapso para o somático pode ocorrer quando há um núcleo melancólico na relação com a mãe, manifestando-se como uma batalha interna, potencialmente mortal, na relação entre desejo e renúncia, que não foi resolvida, e uma tensão entre prazer e desprazer, que não terminou. Será um núcleo de conflito entre um desejo de fusão com uma mãe pré-edípica idealizada, por um lado, e um pavor dessa mãe, por outro.

Na clínica, essa repetição é alimentada por um forte sentimento de culpa que, muitas vezes, está relacionado com sentimentos ambivalentes que já existiam antes da morte do ente querido. Às vezes pode inclusive ter havido desejos de morte mais ou menos conscientes, inaceitáveis no pensamento depois de um ato tão autoagressivo, mas também heteroagressivo. Podemos presenciar o doloroso aparecimento da ira contra o ente querido. Em casos graves, essa ira pode se transformar em um verdadeiro "ódio" mais ou menos consciente. Nas depressões profundas, como foi a de Francesca, a violência dos sentimentos tem uma conotação arrasadora que faz com que, durante muito tempo, sair do luto seja impensável e, portanto, indescritível.

A experiência do analista diante desse tipo de situação o leva a descobrir que a abordagem primária dessas situações não tem como objetivo a cura, mas acompanhar e promover as trocas. Também existe a tentativa de "humanizar" o ambiente perante o paciente que percebe o mundo excessivamente desumanizado, envolvido em uma relação mortífera da qual não consegue sair. Determinados aspectos inconscientes parecem ter ficado enterrados junto com o suicida, e pode ser uma tarefa muito árdua chegar a esses núcleos. A fragilidade do próprio adolescente e a somatória de seus lutos nos colocam diante de uma situação por vezes sumamente perigosa: o desejo de fusão com o objeto amado-odiado perdido nos obriga a trabalhar com um paciente com alto risco de uma atuação que o leve também à morte.

Algumas reflexões

A reflexão sobre a pulsão de morte não se detém nem termina com os autores contemporâneos, já que cada vez mais notamos que o problema reside nas diversas formas da destrutividade.

Os jovens de hoje se encontram com a morte, real ou fictícia, em filmes, séries de televisão, videogames, notícias e outros, e não têm as dificuldades de falar da morte que tínhamos nessa mesma idade. Os mortos que invadem as telas lhes são familiares. Talvez nunca tenham visto um cadáver real, mas deparam com a morte diariamente em variadas ficções.

O luto foi prioritariamente um assunto familiar, no qual a religião desempenhava um papel fundamental. Agora parece ser algo comunitário ou urbano, desenvolvendo-se em uma multiplicidade de espaços profanos. O anúncio da morte é compartilhado no Facebook, no Twitter etc., destronando os anúncios nos jornais da cidade, suplantados pelas redes sociais abertas para todos e permanentemente atualizadas. Portanto, aqueles ritos que gozavam de certa privacidade passaram a ser públicos e estar expostos à opinião de todos.

Segundo Cassorla (2019), a história nos mostra como grupos humanos, para escapar da vivência de não saber, criam um mundo onde tudo se sabe e controla. Nesse mundo maniqueísta, sentem-se idealizadamente superiores (os fiéis, os puros, os que tem a Verdade), enquanto os "outros" são inimigos (os infiéis, hereges, judeus, negros, homossexuais e outros grupos demonizados culturalmente). As cisões e as projeções são mais prováveis e intensas quando existe ameaça de desagregação social.

A questão da participação da criança ou do adolescente nos rituais funerários é muito importante. Acredito que não deveríamos privar nem impor sua participação, mas oferecer-lhes a possibilidade de estar lá se assim o desejarem: ver o corpo do defunto, olhar para o caixão, participar das cerimônias de enterro ou cremação... Atualmente, muitas crianças são excluídas desses rituais. Seus familiares acham que estão agindo corretamente ao protegê-los deste clima particular que se estabelece quando um ente querido morre. Mas, ao fazê-lo, somente dificultam a compreensão da realidade da morte. Como adultos, sabemos como é necessário enfrentar essa realidade para superar a reação instintiva de negação que nos atravessa. A criança, ao ser privada desse enfrentamento, corre o risco de atrasar o início de seu luto e de não conseguir expressar sua dor, suas emoções, seus medos.

Quando um progenitor evita evocar espontaneamente a memória do defunto na presença do filho, este deixa de fazer perguntas ou de falar no assunto. No entanto, rememorar, lembrar, compartilhar a memória do outro são formas de prolongar em nós a presença da pessoa que partiu. O silêncio das crianças enlutadas é o que deve nos preocupar, não a palavra que surge, liberadora, portadora de afetos, sinal de uma criança viva, em contato com o que está vivenciando.

As problemáticas adolescentes aparecem sob máscaras ou roupagens diferentes que consideraremos no encontro com um paciente em risco. Uma depressão poderia ficar encoberta por acontecimentos ansiosos de caráter maníaco. Por sua frequência, sua gravidade e seu risco, as depressões na adolescência são um grande problema para a saúde mental. A problemática depressiva está ligada a numerosos fatores cujas expressões são vistas em sintomas como transtornos alimentares, anorexia, bulimia, toxicomanias, alcoolismo, agressividade, violência.

Quem é então o adolescente que atravessa essa estreita margem de tempo e espaço que aguça os nossos sentidos dentro e fora do consultório com situações que nos rondam de forma invariável e preocupante, gerando mais incógnitas do que certezas?

Será necessário situar-nos no contexto atual do século XXI, pós-pandêmico, acelerado, mutante e incerto. O efeito da pandemia na saúde mental dos adolescentes foi feroz, triplicando o número de consultas no mundo. O que observamos? A insuficiência da repressão nessa transição, recorrendo a mecanismos de clivagem, induzindo a situações-limite como o ódio de si mesmo, de seu corpo sexuado, de seus pais, situações de desbordamento narcisista que levam a relações de destruição e de violência consigo mesmo ou com o outro. Será suficiente explicá-lo por meio das falhas no mecanismo da repressão?

Estamos diante de um cenário sumamente agravado, que nos transporta a situações insólitas, crises, tentativas de suicídio, assassinatos e mortes referentes ao apagamento total dos limites. Às perturbações precoces da relação mãe-bebê serão somados novos fatores, separações, lutos, violências, abusos e muitos mais.

Os tempos mudaram. Tratar um adolescente hoje em dia não é o mesmo que há cinco ou dez anos. Tudo mudou: seu ambiente, seus pais, seus amigos, a sociedade, a tecnologia, a cultura. Por acaso nós, profissionais dedicados à saúde mental, conseguimos responder, reconhecer e adaptar-nos a essas mudanças tão inesperadas e velozes?

A morte simbólica e a morte real parecem se entrelaçar durante a adolescência. A morte simbólica implica uma mudança própria desse período que se dá entre os velhos laços e uma nova identidade. A morte real, pelo contrário, leva a cabo a ruptura, um caminho sem retorno que encontrará a eterna e definitiva imobilidade. A morte produz uma certa fascinação, por seu caráter incognoscível e impensável. O ato suicida, portanto, nos submerge no mistério da vida e da morte, da origem e do fim.

Teremos que admitir que os pares construção-destruição e amor-ódio, em agonismo e antagonismo, são elementos fundamentais que nos constituem, e seu intrincamento/desintrincamento nos conduz pelas diferentes vias entretecidas entre a vida e a morte.

Referências

Bleichmar, S. (2005). *La subjetividad en riesgo*. Topía.

Cassorla, R. M. S. (2019). Suicídio: em busca do objeto idealizado. *Revista Brasileira de Psicanálise*, 53(4), 49-65.

Chavagnat, J. J. (2005). Les risques de dépression grave lors du deuil après suicide. *Études sur la mort*, *1*(127), 59-67.

Flechner, S. (2019). Além dos limites: tentativas de suicídio na adolescência. *Revista Brasileira de Psicanálise*, 53(4), 83-101.

Freud, S. (1919/1976). Lo ominoso. In S. Freud, *Obras completas* (Vol. XVII, pp. 17-215). Amorrortu.

Freud, S. (1920/1976). Más allá del principio del placer. In S. Freud, *Obras completas* (Vol. XVIII, pp. 7-42). Amorrortu.

Green, A. (2014). Suicidios, patología y normalidad. In A. Green, *¿Por qué las pulsiones de destrucción o de muerte?* (pp. 130-136). Amorrortu.

Kahn, L. (2012). *L'écoute de l'analyste: de l'acte á la forme*. PUF.

Kestemberg, E. (1999). *L'adolescence à vif*. PUF.

Laplanche, J. (1988). *Three destinations of the enigmatic message*. Conferência realizada de 1 a 3 de agosto, em Gramado.

Perelberg, R. J. (2017). Le líen primitif à la mère et ses expressions somatiques dans la cure analytique. *Revue Française de Psychosomatique*, *51*(1), 35-52.

Skale, E. (2019). Vicissitudes of the death drive in culture. In V. Blüml, L. Giorgi, & D. Huppert (Eds.), *Contemporary perspectives on the Freudian death drive: in theory, clinical practice and culture*. Routledge.

Winnicott, D. W. (1965/1990). *The maturational processes and the facilitating environment: studies in the theory of the emotional development*. Routledge.

13. Simbiose, adolescência e autodestruição[1]

Roosevelt M. S. Cassorla

A turbulência que acompanha o processo adolescente se manifesta de modo peculiar para cada pessoa, da mesma forma que as ideias sobre a morte e o suicídio. Essas ideias, que podem levar a eventuais atos autodestrutivos, fazem parte do que se considera a "normal anormalidade" (Aberastury & Knobel, 1976) da adolescência. Por vezes, a gravidade médica resultante do ato é mínima e se tem a impressão de que sua função principal é provocar a atenção do ambiente. O rótulo de histrionismo pode ser aplicado apressadamente. Outros atos, de maior gravidade médica, indicam que a "anormalidade" não está sendo suportada, tendo que se recorrer – com maior intensidade – a defesas primitivas contra a ameaça de desintegração.

O trabalho com esses jovens com comportamento suicida – geralmente mulheres – nos mostra uma entrega rápida e intensa ao tratamento, como se a jovem se "grudasse" ao terapeuta, vivenciado como idealizado. No entanto, logo que o terapeuta frustra

1 Versão modificada de capítulo publicado em *Estudos sobre suicídio: psicanálise e saúde mental* (Blucher, 2021).

as expectativas fantasiadas do paciente, a idealização é substituída por ataques. Essa oscilação encobre e, ao mesmo tempo, revela ameaças de desestruturação, de não existência, vivenciadas com intensa ansiedade. O "grude", a simbiose, melhor ainda o parasitismo, encobre e busca unir as partes desse ser ameaçado. Entretanto, em outras partes da mente, o jovem mantém um contato adequado com a realidade.

Um modelo compreensivo útil nos mostra que o jovem está revivendo o desprendimento do objeto primário, fenômeno que faz parte do processo adolescente. Agora o adolescente tem que se separar de sua família, para assumir sua identidade adulta. Trata-se de um segundo processo de dessimbiotização, durante o qual se defrontará com várias perdas: dos pais da infância, da criança que foi, do corpo infantil, da fantasia de bissexualidade. Revivem-se também as vicissitudes edípicas em um corpo capaz de tornar reais as fantasias incestuosas e assassinas.

A intensidade pulsional impele o jovem em direção a objetos que fazem parte da realidade triangular, objetos desejados e ameaçadores ao mesmo tempo. Na melhor das hipóteses o jovem se funde ao amigo, líder ou namorado idealizado (como ocorre normalmente na paixão sexual), mas de uma forma tal que a ruptura da fusão idealizada, ainda que sofrida, seja possível de ser suportada, resultando em desenvolvimento. Faz parte do trabalho adolescente o aprender com as perdas, amadurecendo os recursos para lidar com novas experiências, que, por sua vez, fortalecem a capacidade de sonhar, pensar e viver a vida.

O processo adolescente implica, portanto, um penoso trabalho de elaboração de lutos que, se bem-sucedido, transforma o indivíduo em um adulto capaz de viver na alteridade (isto é, separado do outro), aproveitando suas experiências para dar significado às vicissitudes da vida.

Vannucchi (2019) nos mostra como os lutos deixam o ego fragilizado, mas ao mesmo tempo livre para as futuras identificações. O processo identificatório promove desfusão pulsional por transformar a libido objetal erótica em libido narcísica, ocorrendo dessexualização e liberação da agressividade. Esta se volta para objetos parentais e similares, mas pode voltar-se contra a própria pessoa.

A oscilação entre a necessidade de manter a simbiose (relação dual com o objeto) e o impulso em direção ao outro discriminado (realidade triangular) é acompanhada por alterações de humor, mudanças bruscas entre insegurança e orgulho, sofrimentos e alegrias, manifestações de confusão em relação ao corpo, à agressividade e à sexualidade etc. Em alguns momentos, o jovem poderá sentir-se muito frágil em relação a sua capacidade de viver por si só. Em outras, reativamente, se verá como muito poderoso. Poderá sentir-se também culpado pelas novas conquistas, por sua sexualidade genital, vivenciando fantasias incestuosas e de derrota dos rivais edípicos. Esses momentos podem ser acompanhados de fantasias suicidas que visam punição, recuperação dos objetos perdidos, eliminação de sofrimentos insuportáveis, pedido de ajuda etc., como já vimos.

A percepção traumática do desprendimento será proporcional às perturbações que ocorreram no início da vida. O bebê que, por fatores constitucionais e ambientais, não pôde constituir um mundo interno suficientemente coeso e confiável, sente-se ameaçado de não poder existir sem a fusão com o objeto protetor. Nesta parte da mente - onde a capacidade de simbolização é deficitária –, as dificuldades em dar sentido às experiências emocionais farão com que o jovem não suporte as frustrações e os ataques provindos da realidade triangular. Portanto, acompanhando fantasias edípicas, manifestam-se produtos decorrentes de fantasias primitivas. O adolescente poderá viver momentos ou fases em que se vivenciam medos indefinidos, desespero, desesperança, vazios e descargas em atos e no corpo.

Podemos considerar, portanto, que fantasias suicidas fazem parte do processo "normal" da adolescência (Cassorla, 2009). Eventualmente elas poderão ser transformadas em ato, com diferentes graus de intencionalidade.

Identificamos uma "história natural da tentativa de suicídio" nessas jovens, diferente para cada uma, mas com elementos comuns (Cassorla, 1985, 1997). Como vimos, não se sentindo em condições de viver na realidade triangular, o adolescente se simbiotiza ao objeto. Nesse objeto, inicialmente idealizado, projetam-se também as características frágeis e não confiáveis do mundo interno. Por exemplo: "Se este rapaz me aceita, a mim, tão sem valor, é porque ele tem menos valor ainda", ou "Se ele tem valor, vai terminar me abandonando". A jovem se sente enredada em situações produto de cisões e identificações projetivas que potencializam sua baixa autoestima e ameaças de desestruturação.

Em outras palavras, frente à fantasia ou ameaça de perda do objeto com o qual está confundida, a jovem vivencia terror. Os objetos idealizados são reintrojetados violentamente, mas como frustrantes e carregados de maldade. Ao mesmo tempo, a paciente vivencia a fantasia de que seus bons objetos são irrecuperáveis.

Como vimos, as tentativas de manter a simbiose e as ameaças a sua ruptura fazem o jovem reviver, também com o analista, defesas primitivas, fantasias edípicas mal elaboradas, terrores de abandono e de sufocamento, estados confusionais. Defesas obsessivas, maníacas e psicopáticas também entram em jogo.

Faz parte da "história natural" uma sequência, não linear, de eventos. Frente à ameaça de perda do objeto, a jovem tenta reconquistá-lo. Ocorrem descargas envolvendo sedução, ameaças, chantagens e atos de violência que podem culminar com o ato autodestrutivo. O objeto parasitado costuma ser o namorado, mas pode ser um dos pais ou outra pessoa.

Existe a possibilidade de que essas jovens se unam a parceiros com características psicopáticas que intuem as necessidades das jovens e as manipulam, constituindo-se relações sadomasoquistas.

Também outros fatos sociais resultam da necessidade de simbiose. A gravidez em adolescentes, supostamente indesejada, parece ser o resultado de atos não pensados. No entanto, pode revelar formas de chantagear o parceiro para mantê-lo controlado. Não raro encontramos a jovem feliz com a gravidez, sentindo-se preenchida por seu bebê, com o qual manterá uma relação simbiótica que pode prolongar-se, em fantasia, por toda a vida. O parceiro não será mais necessário. Em certos ambientes, a jovem grávida se sente acolhida, tornada especial. Evidentemente podem ocorrer abortamentos espontâneos e provocados, agressões entre os parceiros, ofensas morais, uniões precoces que logo serão desfeitas etc., potencializando os conflitos.

Outras formas de suprir a falta é a adesão a grupos religiosos, místicos e/ou ideológicos. Essa busca grupal faz parte do processo adolescente, mas, em jovens perturbados, ela se torna fanática. O adolescente se sujeita, em forma masoquista (sem dar-se conta disso), a líderes perversos. Em nossa sociedade, meninos carentes se sentem existentes quando pertencem ou são protegidos por gangues criminosas. Moças se envolvem com bandidos e os ajudam. Grande parte das mulheres presas em penitenciárias traficava drogas para seus parceiros amorosos. Jovens do primeiro mundo se juntam a grupos terroristas islâmicos, como acontece com outros grupos religiosos e ideológicos – juventude nazista, juventude comunista, por exemplo (Cassorla, 2019).

O uso de drogas pode diminuir a ansiedade, fazendo o jovem sentir-se em um refúgio narcísico, como que imune aos estímulos da realidade. Outras adicções anestesiantes envolvem jogo, comida, sexo, internet etc.

Por vezes, os jovens se defendem da dependência fusional criando uma carapaça protetora que os torna, aparentemente, autossuficientes e independentes. É comum a intelectualização constituir uma defesa importante. Mas a qualquer momento as defesas podem desabar, resultando em ameaça de desagregação e pânico.

O contato com o próprio corpo vivenciado como confuso, possuído por desejos sexuais e agressivos culpógenos, pode fazer com que o adolescente o maltrate masoquistamente. O corpo pode ser sentido como descontrolado, "forçando" o jovem a ter desejos sexuais indesejados, vivenciados como incestuosos e confusos em relação à identidade sexual. Fantasias agressivas em relação aos pais podem tornar-se "reais", quando ocorre uma doença ou morte inesperada de pai ou mãe. O suicídio elimina esse corpo (e o objeto interno). O ato suicida pode constituir também uma tentativa de regular a distância em relação aos objetos internos (identificados com o corpo), abandonando-os como eles se sentiram abandonados ou atacando-os como eles se sentiram atacados (Laufer, 1968).

O abuso físico e sexual também se revela como fator importante. Quando o abuso sexual ocorre na infância, muitas vezes em forma continuada, o adolescente somente se dará conta do fato quando atinge a puberdade e entra em contato com a sexualidade genital. Essa percepção lhe traz um sofrimento carregado com culpas intensas. Como o abusador comumente foi pessoa de confiança do abusado, o adolescente tem que ser haver com outros lutos. Flechner (2019) relata o caso de uma moça transplantada do coração com fortes ideias suicidas, em que fantasiava eliminar o coração equacionado com um pênis abusador, produto de abuso sexual na infância.

Existem muitos outros fatores que podem contribuir para o desencadeamento dos atos suicidas. O *bullying*, por exemplo, é menos tolerado por indivíduos que não têm condições de lidar com os fatos da realidade. As redes sociais têm sido um local propício para esse maltrato, mais ainda quando o jovem se expõe em virtude da necessidade de sentir-se existente. O compartilhamento de falas agressivas e ridicularizantes, de fotos comprometedoras (como os "nudes"), pode ocorrer como vingança ou simplesmente porque o agressor precisa chamar a atenção. Dessa forma, as relações de violência mútua, que de alguma forma fazem parte dos testes que os membros dos grupos adolescentes realizam entre si, podem tornar-se excessivamente traumáticas.

Os ataques a escolas com armas de fogo revelam fatos parecidos, acrescidos da necessidade de salientar-se na "sociedade do espetáculo" (Gerchmann & Antunes, 2019).[2] Jogos como Baleia Azul (Bouville & Iucksch, 2017) preenchem a necessidade de um líder idealizado ao qual o jovem se submete, podendo praticar o ato suicida como obediência masoquista. Nesses jogos, o jovem também se sente importante, "vivo", pela suposta admiração do líder e do grupo.[3]

Como vimos, a ideia suicida e a tentativa ocorrem como uma forma desesperada de escapar do sofrimento e voltar a um estado de fusão idealizada primitiva, no "outro mundo", ou de volta ao útero materno. O conteúdo agressivo do ato se manifesta na expulsão da confusão e da persecutoriedade para o ambiente.

O jovem, em fantasia, se livra dos objetos maus e se reencontra com o objeto idealizado após a morte. Juntem-se a essas fantasias

---

2 A série de televisão *13 reasons why* descreve parte desses aspectos.

3 O documentário da HBO *Eu te amo. Agora, morra – o caso de Michelle Carter* mostra a complexidade das fantasias. A identificação fusional com um personagem de série de TV e a necessidade compulsiva de admiração estimulam a indução ao suicídio do namorado, também fusionado.

as decorrentes de sentimentos de culpa (por exemplo, pela sexualidade), necessidade de punição ou mesmo ordálios – jogos com a morte – em que o jovem testa se tem ou não o direito de continuar vivo.

A tentativa de suicídio predomina em jovens do sexo feminino (5 mulheres para cada homem) e não costuma levar à morte. Por serem impulsivas, não são planejadas, ainda que a morte possa ocorrer por aparentes intoxicações acidentais ou acidentes de trânsito, por exemplo.

A preponderância de jovens do sexo feminino não implica que o mesmo processo não ocorra no sexo masculino, e há indícios de que a diferença de número entre os sexos tende a diminuir. Os rapazes costumam reagir de forma diferente das moças, atacando o objeto simbiotizado que se tornou frustrante e decepcionante. Isso se constitui em fator para situações de violência doméstica e crimes passionais, quando o homem não suporta que a parceira tenha vida própria, sentindo-se rejeitado e traído. Evidentemente, mulheres também podem reagir atacando o objeto sentido como rejeitante e rapazes podem atacar si mesmos.

Ainda que existam variadas hipóteses, sociológicas e psicológicas, que buscam compreender as características diferenciais entre os sexos, sua compreensão deixa a desejar (Cassorla, 1985). A conquista, por parte das mulheres, do respeito a seus direitos, somada às alterações nos papéis sociais de ambos os sexos, pode estar contribuindo para que fatos sociais traumáticos antes predominantes em um dos sexos circulem entre ambos, reduzindo as diferenças.

Os suicídios exitosos, por sua vez, ocorrem três vezes mais em homens que em mulheres. Os homens usam métodos mais violentos e há indícios de que muitas mulheres evitam meios que possam desfigurar o corpo. Mulheres, por outro lado, buscam ajuda em redes de apoio com mais facilidade que homens. Estes são mais solitários e muitas vezes se sentem envergonhados por não dar conta de seu sofrimento emocional.

Intensas mudanças têm ocorrido, também, em relação à população LGBT. Às difíceis conquistas contrapõem-se reações preconceituosas. O ataque traumatizante efetuado pelo ambiente, somado aos conflitos pessoais próprios, torna esses indivíduos mais vulneráveis a sofrimento mental. Esse sofrimento é maior na adolescência, quando o jovem se sente confuso em relação ao seu corpo, à sua sexualidade e aos supostos papéis sexuais esperados.

Quando os aspectos descritos até aqui são muito intensos, ocorrendo violência e atos autoagressivos graves, nos aproximamos do que a psiquiatria chama de transtornos *borderline* de personalidade, que estão abordados em Cassorla (2021). No entanto, há que se evitar rotular os jovens que estão passando por uma adolescência perturbada e cujos conflitos e defesas poderão diminuir com a idade ou/e com a ajuda do ambiente.

Estudos clínico-epidemiológicos (Cassorla, 1985; Mioto, 1994) nos mostram que as mães das jovens suicidas haviam passado por vicissitudes similares em sua infância e adolescência e pôde-se supor que seus bebês tenham sido utilizados como depositários de suas ansiedades e fantasias, identificando-se com elas. Em outras palavras, ocorre identificação transgeracional.

A ligação entre os pais (quando existiu) ocorreu quando a mãe era jovem. Como vimos, essas mães se ligaram, também simbioticamente, a seus parceiros, repetindo-se na criança os conflitos que foram vividos pelos pais. A ambivalência em relação aos bebês faz com que, muitas vezes, eles se sintam não desejados, vivenciados como uma carga.

As famílias se organizam sobretudo em função da figura materna, já que o pai se ausenta física e/ou emocionalmente. Ao mesmo tempo, a mãe, ainda que mais presente, não tem condições de dar suporte às necessidades dos filhos ou mesmo de reconhecê-las. Comumente essas crianças são vistas mais como um complemento às necessidades de simbiose da mãe, e podemos formular a hipótese de que esse é um dos motivos que impedem o seu desprendimento. Outras vezes as crianças se sentem sobrecarregadas por, em fantasia ou mesmo na realidade, terem que cuidar de uma mãe carente, sem a qual não poderiam sobreviver quando bebês.

Outro fator importante é a frequência de perdas, mortes e comportamentos suicidas na família. Os lutos próprios da adolescência são exacerbados. Pode existir um "ambiente melancólico" ou um "ambiente suicida" estimulando a imitação e a identificação. A identificação com uma mãe psicótica, por exemplo, incrementará as fantasias. Evidentemente, situações traumáticas externas relacionadas à desumanização social influenciam a capacidade das famílias de darem suporte a seus membros.

A tentativa de suicídio pode proporcionar um alívio, mesmo que momentâneo, nas angústias que permeiam as relações. Eventualmente as culpas poderiam estimular reparações que melhorassem o ambiente familiar. No entanto, o mais comum é que nada ocorra. As famílias não têm condições de perceber seus conflitos e eles acabam sendo exacerbados após a tentativa. Novas tentativas de suicídio costumam ocorrer, por vezes com maior gravidade médica.

O profissional de saúde mental deve aproveitar a situação de crise para intervir. Infelizmente, após a atenção médica emergencial, o paciente raramente busca o profissional de saúde mental, que nem sempre existe no meio onde o paciente vive. Por outro lado, muitas vezes esse profissional tem poucas condições de efetuar o atendimento necessário, mais ainda no serviço público. Esses fatos podem contribuir para a cronificação dos conflitos, situações que podem atingir as futuras gerações.

A prevenção primária se faz por todos os meios que proporcionem condições para o desenvolvimento das potencialidades do ser humano, incluindo o autoconhecimento.[4] A prevenção secundária e terciária implica cuidar da saúde emocional de adolescentes que, como pedido de socorro, praticam atos violentos. Eles devem ser compreendidos, e não condenados moralisticamente. Há que se preparar professores, policiais, juízes, assistentes sociais, médicos e terapeutas, dando-lhes instrumentos para lidar com essas situações.

Referências

Aberastury, A., & Knobel, M. (1976). *La adolescencia normal.* Paidós.

Bouville, J. M., & Iucksch, M. (2017). *Baleia azul: o trágico convite aos adolescentes – O jogo e o perigo do uso da internet e do aumento dos suicídios.* Juruá.

Cassorla, R. M. S. (1985). Depression and suicide in adolescence. In Pan American Health Organization, *The health of adolescents and youths in the Americas* (pp. 156-169). PAHO.

Cassorla, R. M. S. (1997). Comportamento suicida na adolescência: aspectos psicossociais. In Levisky, D. L. (Org.), *Adolescência e violência: consequências da realidade brasileira* (pp. 81-98). Artes Médicas.

Cassorla, R. M. S. (2009). O analista, seu paciente adolescente e a psicanálise atual: sete reflexões. *Revista de Psicanálise da Sociedade Psicanalítica de Porto Alegre, 16*(2), 261-278.

4 A violência contra as populações desprotegidas se revela com maior intensidade nas mortes, em geral homicídios, que ocorrem principalmente entre jovens. Os fatores externos são, com certeza, preponderantes e as considerações efetuadas neste texto não devem obscurecer essa responsabilidade.

Cassorla, R. M. S. (2019). Fanaticism: reflexions based on phenomena in the analytic field. *International Journal of Psychoanalysis, 100*(6), 1338-1357.

Cassorla, R. M. S. (2021). Configurações borderline e narcísicas. In R. M. S. Cassorla, *Estudos sobre suicídio: psicanálise e saúde mental* (pp. 95-112). Blucher.

Flechner, S. (2019). Além dos limites da tentativa de suicídio na adolescência. *Revista Brasileira de Psicanálise, 53*(4), 83-101.

Gerchmann, A., & Antunes, C. A. (2019). O suicídio na era do espetáculo: a respeito do massacre nas escolas. *Revista Brasileira de Psicanálise, 53*(4), 103-116.

Laufer, M. (1968). The body image, the function of masturbation and adolescence. Problems of the ownership of the body. *Psychoanalytic Study of the Child, 23*, 114-137.

Mioto, R. C. T. (1994). *Famílias de jovens que tentam suicídio* [Tese de doutorado]. Universidade Estadual de Campinas.

Vannucchi, A. M. S. (2019). Suicídio na adolescência: tentando pensar o impensável. *Revista Brasileira de Psicanálise, 53*(4), 143-157.

GRÁFICA PAYM
Tel. [11] 4392-3344
paym@graficapaym.com.br